SUPERSAGGI

BIBLIOTECA UNIVERSALE RIZZOLI

STORIA D'ITALIA

Indro Montanelli
Roberto Gervaso

L'ITALIA
DEI SECOLI BUI
Il Medio Evo sino al Mille

Biblioteca Universale Rizzoli

ISBN 88-17-11806-0

Prima edizione BUR Supersaggi: marzo 1997

AVVERTENZA

Questa Italia dei secoli bui, *cioè dell'alto Medio Evo, è la continuazione della* Storia dei greci *e della* Storia di Roma, *pubblicate dallo stesso editore. Va dal 476 al Mille, ma la prima parte si rifà parecchio più indietro, e cioè a Costantino e a Teodosio.*

Abbiamo voluto cominciare di lì perché nella Storia di Roma *avevo un po' troppo frettolosamente riassunto questo capitolo della decadenza. E mi sono accorto di averne dato un quadro incompleto, che non spiega abbastanza il fenomeno delle invasioni barbariche. Il lettore ne ha un'idea drammatica e sommaria, come di un'alluvione devastatrice, di uno spaventoso trauma. In realtà il cosiddetto «imbarbarimento» dell'Italia era in atto già da due secoli e si stava svolgendo abbastanza pacificamente prima che Alarico inaugurasse le incursioni tedesche nella penisola. Se non ci si rende conto di questo, è difficile capire il resto.*

Quello che ci siamo proposti è il periodo storico più difficile da raccontare. Non solo perché le fonti sono scarse e infide ma anche perché gli avvenimenti italiani non si possono isolare da quelli di tutto il resto d'Europa, su cui bisogna tenere la finestra continuamente aperta. Nulla di quanto accade ha precisi lineamenti di tempo e di spazio. Non ci sono né Nazioni né Stati. Forse mai il nostro continente è stato così unito e interdipendente come in questa epoca afflitta da mancanza di strade e di mezzi di trasporto e di comunicazione. Questo ci ha obbligato a ricorrere sovente alla tecnica del flash-back, del salto all'indietro. Ne chiediamo scusa al lettore, ma non si poteva fare altrimenti.

Tuttavia, più che a dipanare l'ingarbugliata matassa delle vicende, abbiamo mirato a ritrattarne i protagonisti per cogliere in loro i segni del costume e del suo evolvere. Attraverso Alarico,

Odoacre, Galla Placidia, Teodorico, Alboino, Amalasunta, Gregorio il Grande, Carlomagno, gli Ottoni, i Santi, i Padri e i riformatori della Chiesa, abbiamo cercato di ricostruire la situazione reale dell'Italia che si veniva formando in un groviglio di elementi latini e tedeschi: la società feudale, la vita di castello e di villaggio, il rapporto fra città e campagna, la nobiltà guerriera e terriera contro la nascente borghesia urbana, la donna, il sentimento religioso, il parroco grasso e il monaco ascetico, gli abiti, la dieta, le violenze, le superstizioni ci hanno interessato più delle guerre e della politica.

Parlo al plurale perché, come si vede sulla copertina, gli autori di questo libro sono due. Ciò che mi propongo con questi volumi a catena è la ricostruzione delle vicende del nostro Paese e della nostra civiltà da Omero (poiché io considero la civiltà greca parte integrante di quella nostra) a Mussolini: un'impresa troppo grande per le forze di un uomo solo. Da tempo cercavo un collaboratore. Era difficile trovarlo perché mi ci voleva qualcuno che non solo conoscesse bene la Storia, ma anche la vedesse come la vedo io e la raccontasse come io la racconto. E non perché io ritenga i miei metodi e criteri superiori a quelli degli altri; ma perché non si può scrivere a due senza una perfetta identità di scopi, d'interessi e di stile.

Roberto Gervaso ha ventisette anni ed è fresco di studi. L'ho conosciuto che faceva il liceo. E da allora posso dire di essermelo costruito pezzo a pezzo. Forse ho commesso su di lui una specie d'infanticidio, obbligandolo a formarsi esclusivamente sui testi miei e su quelli degli autori sui quali io stesso mi sono formato. Ma se delitto è, mi è riuscito perfetto. La nostra scrittura non risente la doppia mano. E ora che siamo in due a tirare questo pesante carro, forse riusciremo a portarlo fino in fondo.

L'ambizione che ci pungola non è quella di svolgere delle teorie nuove e originali, ma quella di fornire al grande pubblico, che ne ha tanto bisogno, uno strumento d'informazione facile, chiaro, e possibilmente piacevole. Se riusciremo a appassionare qualche migliaio d'italiani alla storia d'Italia illuminando ai suoi occhi ciò *che finora gli era rimasto oscuro, avremo reso un immenso servigio a quella cultura media che la cultura ufficiale e universitaria ha colpevolmente trascurato e disprezzato.*

Il lettore ci dirà se abbiamo colpito il bersaglio.

I. M.

Ottobre '65.

PARTE PRIMA

LA FINE DELL'IMPERO

CAPITOLO PRIMO

GLI UNNI ALLE VISTE

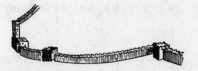

La storia d'Europa comincia in Cina.

In questo remoto e sconosciuto Paese si era costituito un Impero che, come quello Romano in Occidente e pressappoco negli stessi secoli, aveva unificato l'Oriente; eppoi, decadendo, si era trovato esposto alla medesima insidia: quella dei barbari in agguato alle sue frontiere. La sola differenza era questa: che su Roma la minaccia incombeva da Est; sulla Cina, da Ovest.

Contro queste nomadi e selvatiche popolazioni scorrazzanti dal Don alla Mongolia nelle steppe dell'Asia Centrale, gl'Imperatori cinesi avevano elevato la «grande muraglia», come quelli romani avevano elevato il *limes*. Ma le muraglie reggono finché a presidiarle c'è un esercito valido. Da sole, servono a poco. Verso la fine del III secolo, l'esercito cinese somigliava a quello francese del 1940, e la grande muraglia diventò un ostacolo da concorso ippico per gli spericolati cavalieri mongoli che la presero d'assalto. Gli storici cinesi chiamarono *Jong-Nu* questi indisciplinati e temerari saccheggiatori che entrarono nel loro Paese e lo misero a soqquadro, distruggendovi tutto senza costruire nulla, finché ne furono cacciati da altri barbari. Costoro si chiamavano *Juan-Juan,* che piano piano riunificarono la Cina e ne respinsero oltre la muraglia tutti gl'invasori.

Per gli *Jong-Nu,* condannati al nomadismo dal fatto di non aver nessuna nozione di agricoltura, non c'era quindi altra scelta che ritentare a Ovest l'impresa fallita ad Est. Grandi muraglie da sormontare in questa direzione non ce n'era, eserciti da battere nemmeno. Dalla Mongolia, loro

11

culla, fino all'Elba e al Danubio, non si stendevano che steppe e pianure, abitate da sparse tribù germaniche di pastori. Verso la metà del quarto secolo la grande alluvione cominciò.

In Occidente, gli *Jong-Nu* si erano già visti circa due secoli e mezzo prima ed erano stati chiamati *Unni*. Ma ne erano giunti solo pochi e slegati gruppi, che sul Don incontrarono gli Alani, e non riuscirono a venirne a capo. Forse a Roma non lo si seppe nemmeno. A quei tempi gl'Imperatori e il Senato si preoccupavano poco di ciò che avveniva oltre il *limes*, che isolava il mondo incivilito dal mare di barbarie che lo circondava.

Ma nel 395 cominciarono a spargersi voci allarmanti. Un ufficiale dell'armata imperiale di guarnigione in Tracia, Ammiano Marcellino, raccontò la terrificante apparizione, sulle rive del Danubio, di certi uomini «piccoli e tozzi, imberbi come eunuchi, con orribili volti in cui i tratti umani sono appena riconoscibili. Piuttosto che uomini, si direbbero bestie a due zampe. Portano una casacca di tela con guarnizione di gatto selvatico e pelli di capra intorno alle gambe. E sembrano incollati ai loro cavalli. Vi mangiano, vi bevono, vi dormono reclinati sulle criniere, vi trattano i loro affari, vi prendono le loro deliberazioni. Vi fanno perfino cucina, perché invece di cuocere la carne di cui si nutrono, si limitano a intiepidirla tenendola fra la coscia e la groppa del quadrupede. Non coltivano i campi e non conoscono la casa. Scendono da cavallo solo per andare a trovare le loro donne e i bambini, che seguono sui carri la loro errabonda vita di razziatori».

Essi non minacciarono subito e direttamente l'Impero. Si fermarono sul *limes*, occupando soltanto un angolo di Pannonia, l'attuale Ungheria. Il loro Re, Rua, si dichiarò pronto a fermarsi lì, se l'Imperatore di Costantinopoli s'impegnava a versargli, anno per anno, trecentocinquanta libbre d'oro, e quello d'Occidente, cui la Pannonia apparteneva, gli riconosceva la sovranità su quel cantuccio di terra. Forse Rua fu sorpreso di vedere prontamente accolte quelle richieste. Via via che si appressava al *limes* nella sua travolgente cavalcata, doveva aver sentito magnificare dalle popolazioni germaniche con cui era venuto in contatto e che aveva sottomesso, la potenza dell'Impero romano e delle sue legioni.

Prima di affrontarlo, volle vedere un po' più da vicino, da quel comodo posto di osservazione, di cosa si trattava.

A prima vista, questo Impero sembrava solido e compatto come ai tempi di Augusto. Una rete di magnifiche strade collegava le raggelate frontiere della Scozia ai deserti dell'Arabia, e su di esse si svolgeva un serrato traffico, quale il mondo non aveva mai prima di allora conosciuto. Le province occidentali fornivano derrate agricole e materie prime a quelle orientali che le lavoravano nelle loro fiorenti industrie. Erano vino e olio di Provenza, minerali di Spagna, cuoio, lana e legno di Gallia, che salpavano verso Damasco, Antiochia e Alessandria per tornare sotto forma di tessuti, tappeti, profumi, cosmetici, vetrerie, armi e utensili domestici. Lo smistamento di questi prodotti, cioè il commercio, era quasi tutto in mano ai Siriani, che furono un po' i «magliari» del tempo, e a piccoli gruppi, molto ben collegati fra loro, avevano invaso l'Occidente. I Greci e gli Egiziani fornivano invece il nerbo della *intellighenzia* e delle professioni liberali.

Col tempo, questa divisione di compiti fra Est e Ovest si era un po' alterata, nel senso che anche l'Occidente aveva cominciato a sviluppare una propria industria. Erano i grandi latifondisti, specie nel Mezzogiorno della Francia e nella valle del Reno, che, avendo accumulato grosse ricchezze, pensarono d'investirle in manifatture.

L'intensità dei traffici e l'unità della moneta basata sul

denario d'oro che godeva lo stesso credito dappertutto dal Portogallo alla Crimea, avevano potentemente contribuito al livellamento delle varie province. Come vi era uniforme la legge romana, così vi stavano diventando pressappoco uguali gli usi e i costumi. In molti paesi, la lingua indigena, o meglio il dialetto, era scomparso anche nell'uso quotidiano per lasciare il posto al latino in Occidente e al greco in Oriente. Il centralismo romano aveva trionfato delle resistenze locali. E Caracalla, concedendo nel 212 la piena cittadinanza a quasi tutti gli abitanti dell'Impero, non aveva regalato nulla; aveva soltanto riconosciuto una situazione di fatto.

Quanti erano questi abitanti? Un censimento preciso non lo si ha. Ma da varie testimonianze sembra di poter dedurre una cifra sorprendentemente bassa: non più di centoventi milioni, disugualmente distribuiti, perché l'Oriente era sovrappopolato rispetto all'Occidente. In Italia non ce n'era più di sei milioni, il che la riduceva quasi a un deserto anche perché la maggior parte erano addensati nelle città: le campagne erano vuote. E questi sei milioni d'italiani non godevano più di nessun privilegio, da quando era stato abolito lo statuto di «provinciale» e il cittadino di Aquisgrana era stato parificato nei diritti e nei doveri a quello di Cremona che era già parificato a quello di Roma.

Ma se questo era il panorama visto di lontano, a osservarlo più da vicino come ora poteva fare Attila, venuto ad acquartierarsi in un angolo del suo confine, le prospettive cambiavano parecchio.

Ai primi del quarto secolo, Costantino, Imperatore di sangue illirico, aveva introdotto due innovazioni sensazionali: il riconoscimento del Cristianesimo come religione di Stato e il trasferimento della capitale a Bisanzio.

Niente lascia credere che la prima di queste due decisioni gli sia stata suggerita dalla Fede. Se ne avesse avuta, egli non si sarebbe comportato nella sua vita privata come si comportò, uccidendo senza nessuna pietà cristiana non soltanto i nemici, ma anche i familiari, ogni volta che gli tornava comodo farlo. Egli stesso rimase pagano per tutta la vita, e il battesimo si decise a prenderlo soltanto alla vigilia della morte. La sua nuova politica religiosa fu quindi dettata unicamente dalla «ragion di Stato», ma questa ragione non va ricercata nel fatto che la maggioranza dei suoi sudditi fosse ormai cristiana. Al contrario. La maggioranza era ancora schiacciantemente pagana, specialmente nelle province occidentali, dove il rapporto fra pagani e cristiani era, al minimo, di cinque a uno. Senonché quell'uno nel suo Dio ci credeva, e per Lui aveva dimostrato di essere pronto ad affrontare anche il martirio; i cinque nei loro dèi avevano smesso di credere da un pezzo, e quindi erano del tutto indifferenti ai problemi del culto.

La scelta di Costantino fu unicamente dettata da questa costatazione. Ma essa non riuscì a restaurare nell'Impero una unità religiosa. Per quanto scettici, i pagani non potevano non risentire con una certa amarezza la loro progressiva estromissione dallo Stato. E questo spiega i tentativi di restaurazione dell'antica Fede, che culminarono con Giuliano l'Apostata. Essi non potevano trionfare perché sullo scetticismo non si costruisce nulla. Ma la vecchia unità spirituale era rotta, come si stava sempre più rompendo quella politica.

Dacché infatti Costantino vi aveva inaugurato nel 330 la nuova capitale, Costantinopoli si era sviluppata a spese di Roma e di tutto l'Occidente. Commercialmente, era meglio situata. Verso di essa veniva convogliato il grano dell'Egitto, che una volta prendeva la via dell'Italia. E la presenza dell'Imperatore favoriva l'accentramento di un vasto sistema militare e amministrativo, che si chiamava «romano», ma in realtà non lo era più.

È vero che ancora prima di trasportare la loro sede in Oriente, gl'Imperatori avevano cessato da un pezzo di farsi eleggere dal Senato e acclamare dal popolo, come aveva voluto Augusto. Piano piano, il potere si era tramutato, come dice Mommsen, in una «autocrazia temperata dal diritto al regicidio». La volontà popolare non c'entrava più. Era di solito qualche generale che, alla testa della sua armata, si ribellava. E se il colpo falliva, egli era un ribelle e veniva trattato come tale. Se riusciva, diventava il legittimo sovrano, e come tale veniva osannato. Ma è certo che il trasferimento a Costantinopoli, mettendo la Corte a più vicino contatto delle satrapie orientali, favorì e affrettò questa corsa al dispotismo.

La centralizzazione tocca ora il suo apogeo. Tutte le redini del Governo sono in mano al Sovrano, che riceve direttamente da Dio il suo potere e lo amministra senza consultare nessuno. Un diadema di perle gli orna la fronte. Chiunque lo avvicini è tenuto a baciargli le pantofole di porpora. Il palazzo in cui abita è chiamato «sacro» in tutti i documenti ufficiali. I personaggi più importanti della sua reggia, di cui un'etichetta sempre più severa e minuziosa rende sempre più difficile l'accesso, sono diventati le donne e gli eunuchi. Eunuco è anche il Gran Ciambellano o «Preposto del sacro cubiculo».

La posizione di protettore della Chiesa che Costantino ormai gli ha dato, attribuisce all'Imperatore anche i poteri del Papa. Il Patriarca non è che il suo Ministro per gli affari del culto e riceve gli ordini da lui, che presiede anche i Concili imponendo la propria volontà perfino nelle questioni di dogma. Le finanze dell'Impero si confondono con quelle personali dell'Imperatore. La sua parola è legge, e non c'è altra legge che la sua parola. Assorbito da questi immensi compiti burocratici, egli diventa sempre più, come dicono gli spagnoli, *hombre de cabinete*, perde contatto con la realtà, soprattutto con quella dell'esercito dislocato sugli immensi e lontanissimi confini, e affidato ai *magistri militum*, cioè a Generalissimi, di cui si paventa il ritorno nella capitale, dove potrebbero defenestrare il Sovrano in carica, per istallarsi al suo posto.

No, la «nuova Roma», come si è chiamata dapprincipio Costantinopoli, non somiglia molto a quella vecchia, anche se ne porta il nome. Perfino la lingua non è più la medesima: il greco ha sostituito il latino. E gl'Imperatori, sempre più sedentari e casalinghi, non si scomodano nemmeno a rendere una visita, sia pure di omaggio formale, all'Urbe gloriosa e decaduta. In cento anni, si lamenta il poeta del quinto secolo Claudiano, tre soli ci hanno fatto capolino. Oramai, anche se vengono in Occidente, si fermano a Milano oppure a Ravenna, che son diventate una dopo l'altra le capitali militari di un'Europa che sempre più se ne va per conto suo.

Sulla carta e nella convenzione giuridica, l'Impero è considerato ancora uno e indivisibile. Ma di fatto i suoi due tronconi vivono d'ora in poi due vite indipendenti. Essi hanno in comune soltanto l'immenso *limes* che li isola, o che dovrebbe isolarli, dal mondo barbarico che li circonda, e l'esercito che vi monta la guardia.

CAPITOLO SECONDO

IL «LIMES» E IL SUO ESERCITO

Augusto, per dare una unità difensiva al suo Impero, era andato alla ricerca delle cosiddette «frontiere naturali», e le aveva trovate soprattutto in tre grandi fiumi: l'Eufrate, il Danubio e il Reno. Ma nei punti in cui si era dovuto varcarli per annettere e presidiare qualche zona al di là, si era costruito un *limes,* cioè un confine fortificato.

Basta considerare l'estensione di questo Impero euro-asiatico-africano, per rendersi conto che doveva trattarsi di un'opera gigantesca. E infatti non fu decisa né realizzata da un uomo solo, e nemmeno da due o da tre. Fu il risultato del lavoro di molte generazioni, e non fu mai portata a compimento perché ogni poco, per esigenze di guerra o ragioni di sicurezza, il *limes* doveva essere spostato, e bisognava ricominciare tutto daccapo.

Nato non da un «piano» dello Stato Maggiore, ma dalle necessità tattiche e strategiche delle singoli guarnigioni, esso non era dappertutto il medesimo. Ma certi criteri fondamentali li seguiva dovunque. C'erano anzitutto degli avamposti, muniti di fossati, di bastioni di terra battuta, di palizzate e di torrette di osservazione. Poi venivano gli accampamenti, che non erano più di tende, come quando le legioni erano state all'offensiva e animate da uno spirito di conquista, ma di pietra e di calcina: cioè si stavano lentamente trasformando in veri e propri villaggi, sia pure soltanto militari. Molto più indietro c'erano i grandi accantonamenti, dove bivaccava il grosso delle varie armate, pronte ad accorrere sul punto minacciato del *limes.*

Al momento in cui Adriano perfezionò questo sistema

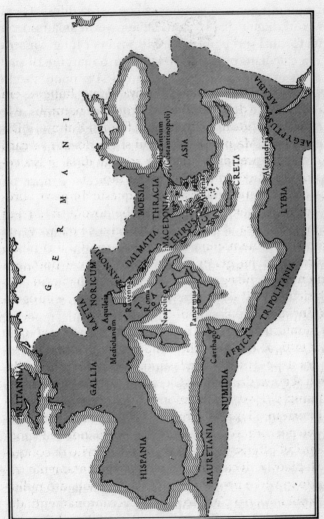

L'Impero al tempo di Costantino.

col famoso «vallo» che doveva proteggere l'Inghilterra romanizzata dalle bellicose tribù scozzesi, il *limes* era ancora organizzato più per la sorveglianza che per la difesa. C'erano dei posti di guardia, c'erano delle caverne; ma non c'erano dei fortilizi veri e propri predisposti per lunghi assedi. Tutto era calcolato per garantire un certo margine di sicurezza a un esercito in sosta, ma di cui si supponeva che avrebbe ripreso la marcia in avanti. Fu quando alla marcia definitivamente si rinunciò, che i fortilizi si trasformarono pian piano in cittadelle e le cittadelle in *burgi*, in borghi. E questa trasformazione, lenta e sincopata da momentanee riprese di programmi offensivi, ma continua, era il sintomo dell'arteriosclerosi di un Impero che si faceva sempre più conservatore e sedentario.

Infatti il *limes*, proprio come la sua quasi coetanea Grande Muraglia e tutte le altre Maginot di tutti i tempi, dimostrò subito la propria inadeguatezza al compito. Al tempo di Commodo, i Pitti, calati dalla Scozia, lo scardinarono. Erano dei barbari che la civiltà non aveva ancora nemmeno scalfito. Cacciatori nomadi senza il più piccolo rudimento di agricoltura, mangiavano ancora la carne cruda, tenevano in comune le donne, e combattevano nudi, cioè coperti soltanto di mostruosi tatuaggi che riproducevano belve feroci. Ci volle la spietata energia di Settimio Severo per infliggergli un castigo. Ma il vallo era in rovina. E si era appena ai primi del terzo secolo.

Pochi anni dopo erano i Franchi e gli Alemanni che aprivano una falla sul Reno e devastavano settanta città della Gallia. Le orde gotiche lo sfondavano sul Danubio. Ma è inutile cercar di seguire cronologicamente le violazioni che si susseguivano. Quello che importa è segnalare le conseguenze che tutto questo comportò.

La «fortificazione», prima che un'opera d'ingegneria militare, è uno stato d'animo che nemmeno la prova provata della sua inadeguatezza riesce a distruggere. Un popolo reso conservatore dal benessere, e cittadino e sedentario dalla civiltà, comincia ad accarezzare il sogno della sicurezza, e per realizzarlo, non potendosi più affidare alle proprie virtù militari, si affida alla Tecnica. Più frequenti si facevano i *raids* dei barbari, più larghe le brecce nel *limes*, e più nei romani si sviluppava il mal della pietra per tappare i buchi. Senonché, siccome era ormai chiaro che nemmeno il *limes* meglio fortificato poteva reggere, a quello di frontiera cominciarono ad aggiungersi quelli dell'interno, ogni città mirando a costruirsi il proprio e a provvedere a se stessa.

Gli architetti diventarono i professionisti più ricercati e i personaggi più importanti di quel periodo. L'imperatore Gallieno colmò di favori e di quattrini Cleodamo e Ateneo cui aveva commissionato le mura di cinta delle città danubiane particolarmente minacciate. Nei consigli municipali dei vari centri urbani, grandi e piccoli, l'assessorato all'edilizia era la carica più importante e ambita anche perché era quella che aveva più fondi a disposizione. Verona, porta settentrionale della Penisola, proprio in questo momento sviluppò i suoi splendidi bastioni. E le mura esterne di Strasburgo nacquero prima della città che si sviluppò dentro di esse, come dentro una culla, in un'isola fortificata del fiume Ill. Roma stessa cominciò a fortificarsi. E furono le corporazioni urbane che fornirono la manodopera.

Questo genere di edilizia provocò un fenomeno nuovo: l'autonomismo delle varie città. Nel nome e nella legge di Roma, quando Roma era forte, cioè fino a dopo tutto il secondo secolo dopo Cristo, i particolarismi cittadini o erano insorti, o erano stati debellati. L'Impero aveva impedito la formazione di quelle città-Stato che, chiuse in se stesse e incapaci di formare una nazione, erano state la disgrazia della Grecia. Non si era cittadini di Napoli o di Firenze, o di Marsiglia o di Magonza. Si era cittadini romani, e basta. Come non avevano mura perché le legioni bastavano a difenderle e davano a tutti la sicurezza, così queste città non avevano autonomia né politica, né amministrativa, né spirituale. Vi si osservava la stessa legge, vi si parlava la stessa lingua, vi si andava fieri dello stesso Stato. Le fortificazioni che cominciarono a circondarle per ragioni di autodifesa furono insieme la plastica prova della rottura di questa unità e una delle cause fondamentali che la determinarono. Il *limes* cominciava a spezzettarsi in *limites*. E dentro di essi si sviluppavano dei mondi sempre più indipendenti l'uno dall'altro.

A questa evoluzione si aggiunse, favorendola, quella dell'esercito, che vi diede un apporto decisivo.

Come struttura, esso conservava ancora quella che, con le loro riforme, gli avevano dato Diocleziano e Costantino. Essi avevano separato una volta per sempre la carriera civile da quella militare che un tempo erano confuse in una sola. Nella Roma repubblicana e anche in quella augustea coloro che ricoprivano cariche politiche e amministrative in tempo di pace erano anche coloro che in tempo di guerra ricoprivano i gradi militari. L'edile, il pretore, il questore, il console diventavano, in caso di mobilitazione, capitani, maggiori, colonnelli, generali. Ed era naturale perché l'esercito era composto unicamente di cittadini, e ogni cittadino era un soldato che, fin quando non lo richiamavano alle armi, si considerava in congedo provvisorio.

Ma ai tempi di Diocleziano e Costantino le cose erano cambiate, anzi si erano capovolte. Il cittadino non era più soldato, e non voleva farlo. Categorie sempre più numerose e più larghe erano state esentate dal servizio militare, e l'esercito ormai si riforniva quasi esclusivamente di barbari. «Sono partiti coi barbari» dicevano le mamme dei loro figli richiamati in servizio militare. E la cinquina si chiamava «fisco barbarico».

Era naturale che, se il cittadino non coincideva più col soldato, nemmeno l'ufficiale potesse coincidere più col funzionario. E quindi la separazione delle due carriere l'avevano già imposta i fatti. Ma i due Imperatori, di sangue barbaro anch'essi, non si fermarono a questa riforma, già di per sé molto grave perché praticamente metteva gl'imbelli e disarmati cittadini dell'Impero sotto la protezione di una milizia straniera. Essi anche divisero l'esercito in una «armata di campagna» (*comitatenses*) e in un «corpo territoriale» o di guarnigioni di frontiera (*limitanei*).

Queste ultime, godendo di una quasi assoluta inamovibilità, avevano messo radici sul posto, vi avevano ricevuto terre, i soldati si erano sposati con ragazze indigene, erano diventati a loro volta piccoli coltivatori diretti, e oramai costituivano una specie di milizia contadina, che dal punto di vista militare non valeva granché. Ma così si era venuta a formare proprio a ridosso del *limes* una specie di «terra di nessuno», abitata da una strana popolazione che, a furia di matrimoni misti, non si sapeva più cosa fosse. Quella che avrebbe dovuto essere la «cortina di ferro» dell'Impero, la sua «Grande Muraglia» era in realtà una zona d'incontro fra barbari e romani. E perfino la lingua che vi si parlava era qualcosa di mezzo fra il barbaro e il romano, un dialetto mescolato di latino e di tedesco.

Dietro, l'armata di campagna non era in condizioni diverse. Essa aveva attinto alla grande esperienza romana i criteri strategici e tattici, il culto della disciplina e la ripartizione in legioni. Ma tutto il resto era cambiato, perché erano cambiati gli uomini che la componevano, tutti di razza germanica. Essi non somigliavano più in nulla all'antico legionario di Roma, tozzo e bruno, con la corazza e lo scudo rettangolare. Il corto *gladius* aveva ceduto il posto alla lunga *spatha*, e già apparivano le *picche* che di lì a poco si sarebbero tramutate in lance. La cavalleria era enormemente cresciuta a spese della fanteria, e aveva adottato come arma d'offesa l'arco ricopiato sul modello dei Parti, e come mezzo di difesa il *catafratto*, cioè la corazza di maglie di ferro.

Essa ricopre ora uomini di ben diverso aspetto, alti e

biondi, con occhi azzurri in cui si alternano espressioni di innocenza e di ferocia. Il loro grido di guerra si chiama «barrito» come quello dell'elefante, e gli somiglia per la sua violenza. Invece del gagliardetto, hanno per vessillo un dragone gonfio d'aria e fissato in cima a una picca. Sono bei soldati, che uccidono e muoiono con la stessa facilità. Ma è difficile maneggiarli perché si rifiutano alla manovra. Se un avversario li provoca, escono dai ranghi per andare ad affrontarlo di propria iniziativa, e non rispettano altro legame di fedeltà che quello verso il loro capo. L'idea di patria, di Impero, di Stato, di disciplina e di regolamento è loro del tutto estranea. Hanno insomma i caratteri tipici del mercenario. E infatti si considerano una milizia personale del loro comandante, il quale a sua volta li considera un suo personale *comitatus*, come lo sono stati fino all'ultima guerra i *comitagi* jugoslavi che ne derivano. Molti fra gli stessi Generali non sapevano il latino. Andavano vestiti secondo la loro foggia barbarica, le gambe fasciate di pelli, la testa incappucciata di corna.

Erano cittadini romani, da quando Caracalla aveva reso tali tutti gli abitanti dell'Impero. Ma venivano da province di fresca conquista, balcaniche e tedesche, che non avevano ancora assorbito la civiltà romana. La mancanza di cultura impediva loro qualunque «carriera» civile. Era solo attraverso quella militare che potevano farsi largo, e già nel terzo secolo l'avevano completamente monopolizzata.

Le cosiddette «invasioni barbariche» furono dunque, prima che un fenomeno esterno, un fenomeno interno, che si compì attraverso l'esercito.

Ora quest'esercito, cui era affidata la difesa del *limes*, si trovava a proteggerne l'integrità contro popolazioni di cui si sentiva consanguineo e di cui conosceva la lingua, le idee e i sentimenti meglio di quanto non conoscesse la lingua, le idee e i sentimenti romani. Non si può dire che patteggiasse regolarmente col nemico. Ma molto spesso s'intendeva con esso in modo da renderlo amico. La «cortina di ferro» non era sempre tale per quelli che ne stavano al di là. Molti l'attraversavano più o meno clandestinamente, si presentavano agli accampamenti romani e, trovandoli pieni di parenti, chiedevano di essere arruolati. I Generali dell'Impero li accoglievano volentieri perché non avevano molta disponibilità di uomini e, indipendenti com'erano dal Governo centrale, potevano praticamente fare quel che volevano. Così l'esercito di Roma sempre più diventava di sangue tedesco.

Sulla fine del terzo secolo, questa pacifica osmosi, da individuale, si trasformò in collettiva. Alcune tribù germaniche al di là del *limes*, ormai convertite all'agricoltura, chiesero in blocco di essere ammesse in Gallia, cioè in Francia. E le autorità imperiali diedero loro da bonificare alcune terre abbandonate. Essi conservavano i loro usi, la loro lingua, e una certa autonomia amministrativa. Ma politicamente dipendevano da un Prefetto romano, cui pagavano le tasse e fornivano un contingente di reclute. L'esperimento riuscì.

A distanza di secoli, molti storici hanno creduto di vedere in questo processo un vasto e abile piano, da parte di Roma, per assorbire e incivilire i barbari. Ma son ragionamenti suggeriti dal senno di poi. La verità è che gl'Imperatori lo accettavano perché nella maggioranza dei casi non potevano far altro. Tuttavia questa politica di *appeasement* e di assorbimento aveva il vantaggio di legittimare in maniera decente l'inevitabile, lasciando intatta, almeno formalmente, la sovranità imperiale che i barbari, varcando il *limes*, riconoscevano, anche se poi ogni tanto con le loro ribellioni la violavano. Ed è probabile che col tempo questa integrazione si sarebbe realizzata e che il mondo barbarico si sarebbe pacificamente inquadrato nelle complesse e civili strutture di Roma, se gli Unni non si fossero mossi dalla loro Mongolia o, una volta penetrati in Cina, vi fossero rimasti. Il lo-

ro avvento in Europa sconvolse ogni cosa rendendo febbri-
le, tumultuosa e distruttrice l'alluvione barbarica al di qua
del *limes*.

Ma chi erano, e cos'erano, questi «barbari»?

CAPITOLO TERZO
I BARBARI

I primi scrittori romani che ebbero qualche dimestichezza coi barbari, li descrissero, con un misto di stupore, di ammirazione e d'ironia, come dei ragazzoni troppo cresciuti, d'occhi chiari e di capelli biondi, che mangiavano insieme, bevevano insieme, dormivano insieme davanti ai fuochi del bivacco, s'intenerivano per un nonnulla, e per un innocente scherzo impegnavano duelli dai quali era manna se uno dei due contendenti usciva vivo, perché di solito ci morivano entrambi.

Il loro punto di partenza, ricostruito attraverso incerte leggende tramandate oralmente, sembra che siano stati la Scandinavia e i territori fra l'Elba e l'Oder. Lì, sulle vette delle colline e nelle radure delle foreste, avevano impiantato dei villaggi di capanne effimeri come accampamenti. Non ci restavano mai a lungo perché, siccome vivevano quasi esclusivamente di caccia, una volta esaurita la selvaggina in una zona, emigravano. La loro organizzazione era primitiva, e basata su esigenze soprattutto militari. Il nucleo fondamentale era il *gau*, che Hitler ritirò fuori duemil'anni dopo, gruppo di famiglie che forniva da 1000 a 1500 guerrieri, soprattutto a cavallo. I *gau* erano molto indipendenti l'uno dall'altro. Solo in circostanze eccezionali si riunivano nel *thing* o *mallus*, specie di assemblea plenaria, per decidere per esempio l'elezione di un nuovo Re, la pace o la guerra.

A differenza del Romano, ch'era sempre un «cittadino», e in qualunque occasione si sentiva parte di qualcosa, la società o lo Stato, il barbaro era soltanto un «individuo» gelosissimo della propria assoluta indipendenza. Egli non riconosceva altro vincolo che quello della parola liberamente data. Il suo patriottismo era la fedeltà giurata al Signore liberamente eletto e a cui si sentiva legato da un vincolo puramente personale. Di qui l'incomprensione fra loro e i latini, che avevano della lealtà un concetto tutto diverso. A parte Cesare e Tacito, dotati di un fiuto troppo fino per fraintendere e sottovalutare il senso dell'onore germanico, tutti gli storici e i memorialisti romani non fanno che denunziare la perfidia e la propensione al tradimento dei barbari. È vero, nei rapporti da Stato a Stato. Ma è falsissimo, nei rapporti da persona a persona.

Non si muovevano a masse numerose e compatte. Le cosiddette «alluvioni barbariche» di cui si è tanto farneticato erano carovane composte fino ai centoventimila individui, ma più spesso di trenta o quarantamila, di cui i guerrieri costituivano appena un quinto. Era un mondo fluido ed equestre. A cavallo, gli uomini precedevano e seguivano i carri, dentro cui si ammassavano le donne, i vecchi e i bambini. Questi carri, la notte e durante le battaglie, venivano disposti in un cerchio, al riparo del quale si dormiva e ci si difendeva.

Il trattamento dei popoli che, in questi continui spostamenti, venivano sottomessi, variava secondo la resistenza ch'essi opponevano. C'erano dei casi di totale sterminio. Ce n'erano altri di pacifica fusione. Teodorico, Re degli Ostrogoti, quando giunse in Italia di Ostrogoti ne avrà avuti sì e no cinque o seimila. Il resto erano Gepidi, Alani, Rugi, Sciri, resti di tribù vinte e poi integratesi col vincitore. E nell'esercito di Attila, alla battaglia dei Campi Catalaunici, gli Unni quanti saranno stati? Non si sa con esattezza. Ma tutto lascia credere che si trattasse di una minoranza rispetto agli alleati e federati germanici che ne avevano accettato o dovuto subire la supremazia. I vinti non venivano ridotti in schiavitù perché la schiavitù non era compatibile col nomadismo, e infatti si sviluppò solo dopo la conversione alla sedentarietà e all'agricoltura. Venivano arruolati.

In questo quadro d'insieme, c'erano poi le differenze fra popolo e popolo. I Longobardi non derivavano il loro nome dal fatto di portare la barba ma la *barda*, una lunga ascia, ch'era la loro arma di combattimento. I Franchi, ch'erano corbellati da tutti gli altri perché si radevano accuratamente il volto, avevano invece come arma la «francesca». E Sidonio Apollinare riconosceva i Burgundi dalla loro smisurata statura, dalla forza tonitruante della voce e dal puzzo del burro rancido con cui s'ingrassavano i capelli.

Ostrogoti e Visigoti, che furono i primi a dar la spallata all'Italia, all'inizio formavano un popolo solo, il popolo Goto, originario della Svezia, una delle cui province, il Götheland, ne porta ancora il nome. Non avevano una lingua scritta. E soltanto nel sesto secolo dopo Cristo, uno di loro, Giordane, incivilito dalla cultura latina, raccolse il racconto che i suoi connazionali si erano tramandati oralmente del loro passato.

Mescolando storia e leggenda, essi dicevano che, circa quattro secoli prima di Cristo, mentre Roma era occupata a unificare l'Italia, il loro Re Berig li aveva condotti attraverso il Baltico dalla Scandinavia in Germania. Per fare questo traghetto, non avevano che tre barche, le quali dovettero compiere la traversata chissà quante volte. Una di esse restava regolarmente indietro. I rematori delle altre due la chiamarono per dileggio *gepanta*, che nel loro linguaggio voleva dire «la sfaticata», e *gepidi*, cioè «bighelloni», soprannominarono i passeggeri.

Rimasero nelle regioni della Prussia Orientale per alcune generazioni, a ridosso dei Vandali, coi quali occasionalmente guerreggiavano. Poi ripresero la marcia verso Sud-Est. Una metà dei loro effettivi fu inghiottita dalle paludi della Lituania. Fu un disastro. Giordane assicura che ancora ai suoi tempi, cioè una diecina di secoli dopo, chi passava da quelle parti incontrava gli spettri dei morti e udiva il lamento del bestiame agonizzante.

Viaggiarono anni, forse decenni, perché erano spostamenti pesanti e lenti, intramezzati da soste, combattimenti, deviazioni. Dalle espressioni che i cantastorie si son tramandati, si capisce che la loro gioia, nel vedere finalmente il mare, non fu minore di quella dei Greci di Senofonte al termine dell'*Anabasi*. Non gridarono *Thalatta! Thalatta!* perché non sapevano il greco; ma per generazioni preservarono nei loro poemi il ricordo di quel gran giorno.

Quel mare era il Mar Nero. Ed essi si acquartierarono sulle sue coste settentrionali in quella parte meridionale della Russia che allora si chiamava Scizia. Dalle zone che le varie tribù occupavano, presero tre nomi diversi: gli Ostrogoti guardavano a Est, i Visigoti a Ovest, e i Gepidi, che seguitavano a essere considerati i fannulloni della famiglia, a Nord. Ma non ci stavano mai fermi. E siccome dalla parte d'Oriente c'era il deserto, il loro uzzolo di saccheggio si sfogava verso Occidente, dove si stendeva il *limes* romano.

I rapporti con le dirimpettaie autorità imperiali variavano come in tutte le altre zone di confine dall'amicizia, all'ostilità, alla guerra fredda, alla guerra calda. Ma molti Goti andavano, come al solito, ad arruolarsi nelle milizie romane, salvo a crearvi ribellioni e ammutinamenti se la cinquina non veniva pagata. Verso la metà del terzo secolo dopo Cristo queste disfunzioni amministrative si verificarono di frequente per via del disordine che regnò dopo la morte di Settimio Severo.

La prima vera e propria azione di guerra dei Goti contro i Romani avvenne nel 250 quando sul trono di Roma c'era Decio, un Imperatore di pochi scrupoli specialmente verso i Cristiani, ma in cui rivivevano le virtù guerriere dell'antica Urbe. I Goti erano condotti da Cniva che alla testa di settantamila uomini attraversò il Danubio, penetrò in Serbia, e mise assedio a Filippopoli. Decio accorse con un forte esercito, e la battaglia fu terribile. Gli storici romani dicono che i Goti lasciarono sul terreno trentamila cadaveri. Ma hanno dimenticato di aggiungere quanti ne lasciarono i Romani, che dovettero perderne parecchi di più, visto che si riconobbero battuti. La città cadde nelle mani dei barbari, che trucidarono centomila persone, ma trascurarono nella voluttà del saccheggio di prendere precauzioni contro i ritorni offensivi di Decio, il quale non era uomo da darsi per vinto. A un certo punto si trovarono irretiti da lui, e cercarono di comprare un armistizio che consentisse loro di ritirarsi senza combattere. Decio, che aveva già appostato il suo miglior generale, Gallo, alle loro spalle, rifiutò. Ma, dice lo storico Zosimo, Gallo tradì, e in seguito alla sua defezione fu Decio a trovarsi imbottigliato dentro gli acquitrini. Nella battaglia, suo figlio cadde. «Uno di meno» disse l'Imperatore seguitando a combattere. Poi cadde anche lui con quasi tutto il suo Stato Maggiore. Il traditore Gallo che gli succedette comprò dai Goti quella pace che Decio non aveva voluto vender loro, impegnandosi a pagare una somma che i Romani poi chiamarono *sussidio* e i Goti *tributo*.

Cniva tornò nelle sue terre con molto bottino, ma soprattutto con la prova in tasca delle debolezze di un Impero, che sino a quel momento si era retto sul mito della sua invincibilità. Da allora in poi i Goti non gli dettero più pace e sfogarono il loro istinto di saccheggio soprattutto sull'Asia Minore e la Grecia. Troia, Bisanzio, Efeso subirono le loro saltuarie incursioni. Poi fu la volta di Corinto, Sparta, Argo, e alla fine, nel 267, di Atene.

Le incursioni gotiche durarono fino al 268, quando sul trono dell'Impero salì finalmente Claudio II, che volle porvi riparo in maniera definitiva. Era un buon soldato che aveva imparato la lezione di Filippopoli, cioè aveva capito l'importanza decisiva della cavalleria, e in questo senso aveva riformato l'esercito. A Nisch, in Serbia, egli non riportò una completa vittoria, ma cinquantamila Goti rimasero sul terreno e gli altri furono sospinti dalla sua superiorità di manovra in un intrico di montagne e di paludi senza sbocco, dove cominciarono a morire lentamente di fame nei loro pesanti carri sprofondati nella melma. Dei pochi superstiti, alcuni tornarono sbandati alle loro case, altri rimasero come *federati* al servizio del vincitore. Ma i morti si vendicarono del loro carnefice sviluppando coi loro cadaveri insepolti una pestilenza che lo contagiò e lo uccise.

Il successore Aureliano trascinò dietro il suo carro di trionfatore a Roma i condottieri goti prigionieri. Ma non rifiutò la pace al loro Re, concedendogli la Dacia che, tradotta in termini di geografia moderna, significa Ungheria e Romania. Qui, dentro i confini dell'Impero, per un secolo rimasero abbastanza tranquilli, qui diventarono qualcosa di simile a una Nazione, trasformandosi almeno parzialmente in agricoltori e mescolandosi con la popolazione locale già mezzo romanizzata. E qui, in questi cento anni di relativa tranquillità, si arricchirono dei due fondamentali strumenti di civiltà: la lingua scritta e la religione cristiana.

A fargliene dono fu un uomo solo.

Ulfila non era un goto di razza pura. Era figlio di un orientale della Cappadocia preso prigioniero dai Goti dopo una delle loro tante incursioni laggiù, e sposatosi probabilmente in Dacia con una donna del posto. Così il figlio Ulfila crebbe fra i Goti, e goto si sentiva fino alla midolla.

In Dacia la popolazione indigena era, come ho detto, romanizzata, parlava un dialetto latino (i romeni lo parlano ancora), e coltivava il grano e la vite. La maggioranza era pagana. Ma c'erano già anche dei cristiani, che svolgevano opera di proselitismo. Certamente Ulfila, ch'era nato nel 311, venne in contatto con qualcuno di loro, perché quando, ancora giovinetto, fu mandato a Costantinopoli, fu subito ordinato prete, e a trent'anni fu consacrato Vescovo da Eusebio di Nicomedia.

In quel momento la Chiesa non era unita. Era anzi gravemente divisa dall'eresia di Ario, che negava la divinità di Gesù Cristo. Era il più pericoloso di tutti i conflitti che fossero mai scoppiati in seno alla nuova religione. E l'imperatore Costantino, che di questa nuova religione si atteggiava a protettore, ma con la pretesa di farne uno strumento di governo e quindi riservandosi il diritto d'intervenirvi, aveva convocato il Concilio di Nicea, per ristabilire l'unità. Ario si difese con molto coraggio ma fu battuto specialmente per opera dei Vescovi dell'Occidente, e dichiarato eretico. Aveva però molti seguaci, e fra costoro c'era appunto Eusebio, alla scuola del quale Ulfila diventò ariano anche lui.

Gli affidarono una delle imprese più ardue: quella di tornare in patria e di convertire i suoi compatrioti, tuttora fedeli ai loro dèi pagani, Odino e Thor. Il re Ermanrico era fra i più tradizionalisti e bigotti, e le persecuzioni cominciarono subito contro chi si lasciava conquistare dalla predicazione del missionario. *Goti minori* si chiamarono con disprezzo questi conversi che si raccolsero in piccole comunità nelle zone di frontiera per essere pronti ad attraversarla in caso di pericolo e a cercare rifugio nei territori dell'Impero. Essi si attenevano alla resistenza passiva e a una dieta sobria, in cui la carne era quasi abolita e il vino sostituito dal latte.

Ulfila, che aveva su di loro un ascendente profondo (e meritato, a quanto pare, per la santità della sua vita), per facilitare la propria opera missionaria, si diede a tradurre in gotico la Bibbia. E, siccome una lingua gotica scritta non c'era, la inventò lui, disegnando quei famosi caratteri dell'alfabeto, che d'allora in poi furono chiamati appunto «gotici», e mettendo accanto ad ognuno di essi l'equivalente greco. Naturalmente grammatica e sintassi erano sommarie. E lo sforzo per abituare quella rozza gente a dare una forma grafica al loro gutturale balbettamento e una *consecutio* più o meno razionale al loro pensiero, dovette essere immenso. Ma Ulfila ci riuscì. Egli tradusse nella lingua da lui inventata tutto il Nuovo Testamento e la maggior parte di quello Vecchio, e in tal modo diede alle popolazioni germaniche i due strumenti per diventare le protagoniste della storia europea.

Tutti i popoli tedeschi, meno i Franchi e i Sassoni, che si convertirono molto dopo a Gesù e all'alfabeto, impararono a scrivere e a credere secondo l'alfabeto e la fede di Ulfila. Purtroppo, questa fede non era quella cattolica, ma quella ariana: e la cosa doveva avere conseguenze assai gravi specie per l'Occidente, e soprattutto per l'Italia, dove alla fine i Goti vennero ad acquartierarsi (e a seppellirsi). Ma questo lo vedremo in seguito.

Giordane ci ha lasciato testimonianza di come i Goti videro gli Unni quando questi apparvero nei loro territori: «Quando il Re Filimer» egli scrive «ebbe condotto il nostro popolo dalla Svezia in Scizia, trovò in mezzo alla popolazione del luogo certe streghe, ch'egli scacciò per via dei loro malefizi. Esse si persero nel deserto dove incontrarono gli Spiriti del Male che errano in quei paraggi e che se le presero come concubine. Dalla loro unione nacquero gli Unni, creature giallognole di odio, piccole, ferocissime, e incapaci perfino di articolare i loro pensieri».

Giordane, da buon goto, aveva ragione di fornire un ritratto così malevolo degli Unni: i suoi antenati erano stati, dopo gli Alani, le loro prime vittime in Europa. Ermanrico, in quel momento, regnava ancora su di essi, ma aveva superato i cento anni, e purtroppo era reduce da un grave incidente. Tradizionalista e austero com'era, aveva condannato a morte e fatto squartare una giovane principessa, Saniel, rea di adulterio. E i fratelli di costei se n'erano vendicati tentando di ucciderlo. L'avevano soltanto ferito, ma in modo tale da indebolire gravemente la fibra di quell'irriducibile vegliardo. Giordane ce lo lascia soltanto capire; ma Ammiano Marcellino dice esplicitamente che un po' per questo attentato, un po' per la disperazione che gli procurava il flagello unno, cui non si sentiva in grado di resistere, Ermanrico si suicidò. Comunque, una cosa è certa: che con o senza resistenza, gli Ostrogoti furono sottomessi dagli Unni e lo rimasero per ottant'anni. Solo una frazione seguitò a combattere sotto la guida di Withimir che fu sconfitto e ucciso. I superstiti cercarono scampo in Valacchia.

Quanto ai Visigoti, essi si ammassarono sulla riva sinistra del Danubio, pressappoco dove oggi corre il confine fra la Bulgaria e la Romania. Era il *limes*. «Agitando le braccia e piangendo» racconta lo storico Eunapio, «supplicavano che un ponte di barche fosse gettato per lasciarli passare». Le autorità imperiali del posto risposero che non potevano prendersi quella responsabilità senza chiederne all'imperatore Valente che impose le seguenti condizioni: consegna delle armi, il che era logico; rinunzia ai bambini, che sarebbero stati trasferiti in altre regioni dell'Impero, il che era mostruoso.

I Goti dovettero accettare: non avevano altro scampo. E in realtà le due imposizioni rimasero sulla carta, perché sia le armi che i bambini furono nella maggior parte lasciati ai legittimi proprietari. In compenso, gerarchi e gerarchetti imperiali fecero a gara nello spogliare di tutti i loro averi quei poveri fuggiaschi tallonati dal terrore unno e nell'accaparrarsi i più solidi giovanotti come schiavi e le più belle ragazze come concubine. Gli altri furono abbandonati alla fame e al freddo dell'inverno. E lo spettacolo che l'Impero diede in quell'occasione di ladrocinio, indisciplina e disorganizzazione fu tale che, fra quei poveri internati, invece della gratitudine, incubò l'odio e la rivolta.

Testardo e male informato, l'imperatore Valente decise di accorrere personalmente a infliggere un esemplare castigo ai ribelli, e per prima cosa, sapendo che costoro si erano incamminati su Adrianopoli, ordinò ai suoi luogotenenti in quella città di allontanare le milizie gotiche che militavano sotto le sue bandiere. Erano *Goti minori*, cristianizzati da Ulfila, fedelissimi all'Impero. I loro capi si dichiararono tuttavia pronti a obbedire purché si desse loro la cinquina e i rifornimenti per la lunga marcia che dovevano affrontare. Gli si rispose con minacce. E il risultato fu che quei reparti andarono ad accrescere le falangi degl'insorti, che si disponevano in assedio intorno alla città.

L'assedio non riuscì: i barbari non furono mai capaci di espugnare una fortezza romana. Il loro capo Fridigern, nel togliere il campo, disse: «Noi siamo abituati a combattere contro gli uomini, non contro mura di pietra». Ma il suo esercito era enormemente cresciuto per l'afflusso degli schiavi goti che accorrevano da tutti i distretti della Tracia. Fu un'annata terribile, quella fra il 377 e il 378, per le province bulgare e romene. I ribelli le misero a sacco scannando e rubando a più non posso. Valente tardava, trattenuto dalle difficoltà di una pace con la Persia. Alla fine venne, dando appuntamento ad Adrianopoli a suo nipote Graziano, che governava l'Occidente. I loro due eserciti avrebbero stretto in una morsa e stritolato i ribelli.

Il piano poteva benissimo riuscire, date le alte capacità di comando di Graziano, giovane e brillante generale. Ma appunto perciò Valente, geloso di lui, invece di aspettarlo, commise la follia di attaccare da solo. Sembra che fosse stato male informato dai suoi esploratori che, mandati in avanscoperta, gli avevano riferito che il nemico non aveva più di diecimila uomini. Prima d'impartire l'ordine di attacco, egli ricevette una lettera di Fridigern che, in un supremo sforzo per evitare il conflitto, gli chiedeva per i suoi uomini la Tracia impegnandosi solennemente alla fedeltà all'Impero. Ma Ammiano dice che, insieme a questa lettera ufficiale, Fridigern ne aveva mandata un'altra confidenziale in cui suggeriva a Valente di rifiutare la proposta e di stringere più dappresso i ribelli in modo da impaurire gli estremisti e far trionfare il partito suo, quello dei moderati.

Ciò convinse ancora di più Valente della propria superiorità. Ammiano dice che sbagliò lo schieramento e non azzeccò una manovra. Comunque, quella di Adrianopoli (378) fu la più catastrofica disfatta che l'Impero avesse subìto da Canne in poi. L'Imperatore, ferito, si rifugiò in una capanna dove una pattuglia nemica lo bruciò vivo, pare senza sapere chi fosse. I due terzi dell'esercito imperiale, i più esperti veterani, trentasette Generali, rimasero sul campo.

Gli storici cristiani dissero che Valente era caduto in espiazione del peccato commesso consentendo ai Goti, quando li ammise al di qua del Danubio, di restare ariani. Fra non molto avrebbero rimpianto anch'essi quel divino castigo, che lì per lì ebbero l'aria di salutare con soddisfazione.

CAPITOLO QUARTO

TEODOSIO

Sul momento sembrò che tutto dovesse crollare. L'Impero aveva perso il suo titolare e il suo esercito. In Occidente restava, alla testa di truppe ausiliarie franche e alemanne, cioè barbare, un abile e risoluto Generale, Graziano, che sapeva sconfiggere i nemici sul campo, ma in casa non sapeva sottrarsi alla cattiva suggestione di una madre autoritaria, appassionata e in buona fede dissennata: Giustina. In Oriente, il trono era vacante, le guarnigioni vuote e l'orda gotica in marcia su Adrianopoli. Graziano si guardò intorno alla ricerca di qualcuno che potesse venirgli in aiuto, e lo scoprì nella persona di un Generale spagnolo in pensione.

Teodosio era figlio di un altro Teodosio, ch'era stato il migliore e il più fedele luogotenente dell'Impero. Non sappiamo come avesse fatto carriera. Ma fu colui che difese con successo la Britannia e poi fu mandato in Africa a domarvi la rivolta scoppiata fra i Mori. Vi riuscì, coprendosi di benemerenze. Ma la ricompensa fu una condanna a morte. La Storia non è riuscita mai a far luce su questo incomprensibile episodio. Sappiamo soltanto che Teodosio, quando gli comunicarono la sentenza, non pensò né a fuggire né a ribellarsi. Chiese soltanto, racconta Orosio, di essere battezzato perché fino a quel momento era rimasto pagano, eppoi, «sicuro della vita eterna, serenamente abbandonò quella terrena al boia».

Il suo omonimo figlio, che aveva già fatto anche lui una bella carriera militare fino a guadagnarsi i galloni di «Duca di Mesia», diede le dimissioni dall'esercito e si ritirò da privato qualsiasi nella sua Spagna. E qui tre anni dopo lo raggiunse l'invito di Graziano ad occupare, come suo collega, il trono di Costantinopoli. Teodosio aveva allora trentatré anni, una moglie somigliante al suo nome, Flaccilla, perché anemica e malaticcia, e un bambino, Arcadio. È curioso che Graziano avesse scelto proprio lui, il figlio di un innocente giustiziato, il quale poteva anche covare qualche proposito di vendetta, per occupare una sì alta carica. Ma si vede che lo conoscevano.

Teodosio e Graziano svolsero insieme una politica accorta nei confronti dei Goti che, non riuscendo a espugnare Adrianopoli, scorrazzavano ora nei Balcani. Per affrontarli in una battaglia campale, non c'era più un esercito. Cominciarono a logorarli con azioni episodiche, ma sempre tendendo la mano per una riconciliazione. Il loro capo Atanarico aveva giurato a suo padre di non mettere mai piede sul suolo dell'Impero, e infatti se n'era astenuto anche quando la valanga unna aveva spinto i Visigoti a chiedere asilo a Valente al di qua del Danubio. Ma nel 380 gli Unni tornarono e ad Atanarico non rimase che attraversare anche lui il Danubio e chiedere ospitalità a Teodosio.

Questi, all'opposto di ciò che aveva fatto Valente, lo accolse con cortesia, lo riempì di doni e lo scortò a Costantinopoli. Giordane descrive benissimo la trasecolata ammirazione del rozzo barbaro alla vista della città. «Ecco, ecco» balbettò «quello di cui tanto mi avevano parlato e a cui tanto poco avevo creduto... Un Dio certamente dev'essere questo Imperatore, e chiunque alzi una mano su di lui commette sacrilegio». Di lì a poco Atanarico morì, come del resto si era impegnato a fare se avesse contravvenuto al giuramento, e Teodosio gli rese imponenti onoranze cavalcando di persona davanti alla bara. Quella cerimonia impressionò fortemente gli Ostrogoti presenti, che accettarono di farsi assorbire nell'Impero nella solita qualità di *federati*. Sembravano tornati i tempi di Aureliano e di Costantino. Ma quegli Ostrogoti erano soltanto una minoranza.

Alla pacificazione dell'Oriente corrispondeva l'inquietudine dell'Occidente. Un altro Generale spagnolo, Massimo, si ribellava in Inghilterra, scendeva in Francia e uccideva a tradimento Graziano, il colto, brillante e pio Imperatore, che aveva commesso due soli errori, ma gravi: quello di pensare più allo sport che ai problemi di Stato, e quello di aver dimostrato troppo apertamente le sue preferenze per gli ufficiali barbari, specialmente franchi e alemanni, che militavano sotto le sue bandiere. Egli lasciava come successore il fratellastro Valentiniano II, poco più che bambino, cui suo padre gli aveva raccomandato di fare da tutore e protettore, e al quale ora non restava che la improvvida madre Giustina.

Massimo per il momento non minacciò il ragazzo che risiedeva a Milano, e si contentò di esercitare il potere effettivo su Inghilterra, Francia e Spagna, senza pretendere al titolo di Imperatore, che lo avrebbe messo fatalmente in conflitto con Teodosio. Questi non solo subì l'assassinio del suo amico e collega, cui doveva il trono, con una flemma che lì per lì parve da traditore ingrato, ma non reagì nemmeno alle voci che lo accusavano di aver istigato Massimo all'assassinio di Graziano. Era un uomo di carattere difficilmente penetrabile. Ma i suoi gesti ce lo dipingono come uno spagnolo puro, buon generale, pessimo amministratore, bigotto e spietato, incapace di perdono, ma convinto che la vendetta sia, come dicono appunto gli spagnoli, «un piatto da mangiarsi freddo».

Per quattro anni, lungi dal protestare per il regicidio e l'usurpazione del comando, egli si tenne in amichevole corrispondenza con Massimo. E questi forse ne fu indotto a credere che Teodosio non avesse in fondo nessuna voglia di vendicare il figlio di colui che gli aveva ucciso il padre. Con cautela cominciò ad avvicinarsi all'Italia, dove Giustina governava (senza dubbio accatastando spropositi su spropositi) in nome del piccolo Valentiniano. Essa non si stancava di denunziare a Costantinopoli la doppiezza dell'usurpatore, l'insaziabilità delle sue ambizioni e il suo proposito d'incoronarsi Imperatore. E quando lo vide attraversare le Alpi alla testa del suo esercito, impacchettò Valentiniano, che aveva ormai diciotto anni, e le altre tre figlie; e con essi fuggì oltre Adriatico.

Teodosio le venne incontro a Salonicco, sua residenza favorita. E qui, più che gli argomenti di Giustina, per la quale non doveva avere gran tenerezza, furono le grazie di sua figlia Galla a commuoverlo. Teodosio era rimasto vedovo, dopo la morte di Flaccilla, che gli aveva dato un altro figlio, Onorio; e ormai aveva superato la quarantina, mentre Galla era appena adolescente. Ma il matrimonio si fece ugualmente, e subito. E il dono di nozze che lo sposo fece alla sposa, o meglio alla suocera, fu di restituire il trono dell'Occidente al piccolo Valentiniano, ora suo cognato.

Il fatto che, senza por tempo in mezzo, egli s'incamminasse verso l'Italia, dimostra che non era stata la mancanza di forze e di truppe a impedirgli fino a quel momento di vendicare Graziano, come molti storici sostengono. Ma ciò che più conta sottolineare è che la stragrande maggioranza di queste truppe era gota. Contro di esse stavano quelle di Massimo, per la maggior parte franche, cioè anch'esse tedesche. Nei due Stati Maggiori, i nomi dei Generali più in vista erano Stilicone, Saro, Arbogaste, Gaina, Ricimero, Bauto eccetera. Invano vi si sarebbe cercato un Bruto, un Manlio, cioè un nome romano.

Massimo fu battuto prima a Laybach, poi ad Aquileia, dove venne catturato. Quando fu condotto in catene dinanzi a Teodosio, questi gli chiese: «È vero che uccidesti Graziano col mio consenso?» «Non è vero» rispose il prigioniero. «Lo dissi per assicurarmi l'obbedienza dei soldati.» Resa questa confessione, Massimo venne decapitato dai soldati senz'aspettare l'ordine di Teodosio (che, crediamo, lo avrebbe dato ugualmente). E Valentiniano fu istallato nuovamente sul trono.

Seguirono quattro anni di relativa pace. Teodosio era tornato a Costantinopoli a godersi la sua bella, ma sterile moglie, e a esercitare il potere assoluto su un Impero di fatto nuovamente unificato, perché la potestà sull'Occidente del ventenne Valentiniano era soltanto fittizia. Ma nel 392 Valentiniano fece la stessa fine di Graziano.

Stavolta il ribelle si chiamava Arbogaste, un generale franco, rozzo e insolente, che aveva servito con fedeltà Graziano e Teodosio, ma era montato in superbia dacché lo avevano nominato capo di Stato Maggiore dell'esercito e non sopportava di ricevere ordini da un «ragazzetto». Anzi, lo trattava con sì ostentato disprezzo che il ragazzetto alla fine gli consegnò una lettera di dimissioni ingiungendogli di firmarla. Invece della penna, che forse non sapeva maneggiare, Arbogaste impugnò la spada.

Ucciso il giovane Imperatore, Arbogaste ebbe tuttavia abbastanza buon senso per non occuparne il posto. V'istallò invece un cittadino romano, Eugenio, professore di retorica passato al servizio di. Corte. Non apparteneva alla categoria degli «illustri», come allora si chiamavano i personaggi di altissimo rilievo; ma era fra i «rispettabili». Da tempo aveva legato le sue fortune a quelle del Generale franco; ma forse questi lo prediligeva soprattutto per le sue aperte simpatie verso il paganesimo, di cui Arbogaste era ancora seguace.

Di nuovo, come nel caso di Graziano, Teodosio prese con molta calma la notizia dell'assassinio di suo cognato, nonostante le insistenze di Galla che voleva un immediato castigo. La luna di miele ormai era passata. Ed egli si decise ad esaudire i desideri di sua moglie solo il giorno in cui essa morì nel mettere finalmente al mondo una figlia che fu battezzata Galla Placidia, di cui sentiremo ancora parlare.

Questa seconda spedizione in Italia fu molto più ardua

della prima. Lo scontro fra i due eserciti ebbe luogo sull'I-sonzo, che allora si chiamava «Frigido», e fu proprio l'ultima battaglia combattuta in nome del paganesimo. Arbogaste aveva costellato il suo campo di statue di Giove, effigiato col fulmine in mano. Ma anche Teodosio aveva mobilitato il suo Dio. Dopo una prima scaramuccia finita male per lui, egli raccontò di essersi addormentato e di aver visto in sogno San Giovanni e San Filippo, che lo ammonivano di non dubitare del suo destino. Mentre narrava questo episodio, un soldato irruppe nella sua tenda a riferirgli la visione che anche lui aveva avuto: era la medesima. Gli astanti rimasero impressionati. Fra essi c'erano Gaina, Bacurio, Saul: tutti bei nomi romani, come vedete. E c'era anche un certo Alarico, giovane capitano alla testa di un manipolo di Visigoti.

Lo storico pagano Zosimo ha naturalmente molto insistito sugli aspetti miracolosi di questa decisiva vittoria, che nella sua narrazione fu dovuta soprattutto a un vento violentissimo che, soffiando negli occhi dei pagani, li avrebbe accecati. Probabilmente si trattava di bora, e non crediamo che il suo effetto possa essere stato determinante. Comunque, il successo di Teodosio fu schiacciante. Arbogaste si suicidò. Eugenio, preso prigioniero, ne seguì l'esempio.

Quale mescolanza fosse Teodosio di pietà e di crudeltà, lo dimostra il conflitto ch'ebbe con Ambrogio, Vescovo di Milano.

Ambrogio appartiene alla Storia della Chiesa. A noi basti sapere che non era un prete, in origine. Era un funzionario laico che, in qualità di Prefetto, aveva rappresentato con molta energia e competenza il potere imperiale in Liguria e in Emilia. Come tale, si era trovato a dover dirimere, non in nome della Legge divina ma di quella dello Stato, le controversie fra cattolici e ariani, che anche lì infuriavano con morti e feriti. Lo fece solo come difensore dell'ordine pubblico, ma con tale senso di giustizia e di misura, che gli stessi litiganti alla morte del vescovo ariano Ausenzio, lo acclamarono suo successore.

Non si sa con certezza se Ambrogio in quel momento fosse già cristiano, o ancora pagano. Si sa solo che Valentiniano I (si era nel 374) fu soddisfatto della scelta e l'approvò. Così, nello spazio di una settimana, il funzionario laico ricevette i sacramenti, gli ordini e il cappello episcopale. I favori della Corte gli consentirono di esercitare con piena libertà le sue altissime capacità organizzative. Morto Valentiniano, egli dovette vedersela con Giustina ch'era ariana; ma ebbe dalla sua Graziano cui aveva fatto un po' da tutore e che, stando ad alcune voci, aveva ricevuto da lui il consiglio di prendersi come collega Teodosio.

Dopo che Graziano fu ucciso da Massimo e Giustina fuggita coi figli a Salonicco, Ambrogio, rimasto a Milano, seguitò a riorganizzare la Chiesa. Certamente egli accolse bene Teodosio, quando questi, sconfitto e ucciso Massimo, riportò sul trono Valentiniano II, e un po' meno bene, anzi categoricamente male, Giustina, la quale chiedeva che almeno una chiesa della Diocesi venisse dedicata al culto ariano. Ambrogio rispose di no. Valentiniano, certamente sobillato da sua madre, gli comminò l'esilio. Ambrogio non si mosse. Di lì a poco un'insurrezione scoppiò a Salonicco per un motivo che testimonia la miseria morale di quei tempi. Buterico, il Generale goto che comandava la guarnigione, aveva fatto imprigionare un fantino del Circo, idolo delle folle, che per la sua liberazione insorsero uccidendo alcuni ufficiali e soldati. Teodosio non aveva perso la flemma quando gli avevano ucciso Graziano e non la perderà quando gli uccideranno Valentiniano. Ma guai a chi gli toccava i suoi soldati barbari. Sebbene Salonicco fosse la sua città preferita, ordinò un indiscriminato massacro, le cui vittime qualcuno fa ascendere a 15.000.

Alcuni giorni dopo si presentò in chiesa per ascoltare la messa. Ma sul portale si stagliò Ambrogio, che additandolo

44

alla folla esclamò: «La grandezza del suo Impero e il corruttore esercizio di un potere assoluto possono avergli impedito di discernere l'enormità del suo delitto. Ma sotto la sua porpora c'è soltanto un uomo il cui corpo è destinato a disfarsi in polvere e la cui anima deve pur tornare a Dio che gliel'ha data... Faccia egli penitenza in espiazione del suo peccato prima di tornare a mescolarsi al gregge dei fedeli...»

Nessuno mai aveva osato parlare in tal modo a quell'uomo orgoglioso. Dinanzi a un prete inerme egli curvò la testa, e per mesi e mesi ne attese invano il perdono. Lo mandò a sollecitare attraverso Ruffino, un ignobile cortigiano poco qualificato a quella bisogna. Ma Ambrogio scacciò di casa il messaggero dicendogli ch'era «più svergognato d'un cane». Sebbene poi la Chiesa lo abbia riconosciuto Santo, doveva trattarsi d'un Santo di carattere un po' difficile.

Alla fine l'Imperatore venne di persona a chiedere umilmente che penitenza doveva fare. «Poiché il motivo del tuo peccato» rispose il Vescovo «è stata la passione, prepara una legge che renda obbligatorio l'intervallo di trenta giorni fra la firma di una condanna a morte e la sua esecuzione. C'è da sperare che in trenta giorni la passione cada e la ragione ne prenda il posto». Teodosio obbedì. E fu il primo dei numerosi «precedenti» che dovevano consacrare, nella lunga lotta fra Stato e Chiesa, la sottomissione di quello a questa. Ambrogio comprese la importanza dell'avvenimento e, per celebrarlo, fece comporre un inno apposta: il *Te Deum laudamus*.

Nel 395, dopo la vittoria su Eugenio e Arbogaste, Teodosio tornò a Milano. Le condizioni di salute non gli consentivano di riprendere la strada di Costantinopoli. Zosimo, a lui sempre ostile, dice che lo avevano stroncato i vizi. Ma niente ci fa sospettare che quell'uomo timorato e malinconico ne avesse. Sentendosi vicino alla morte, mandò a chiamare il secondo dei suoi figli, il bambinetto Onorio, che giunse da Costantinopoli accompagnato da Serena, cugina di Teodosio e moglie del suo più fedele Generale, Stilicone. E gli affidò l'Impero d'Occidente, lasciando quello d'Oriente al maggiore, Arcadio, il primo sotto la tutela di Stilicone, il secondo sotto quella di Ruffino.

Con questo gesto chiuse la sua vita Teodosio detto il Grande. Se lo sia stato veramente, è difficile dirlo. Forse lo sarebbe diventato se Dio gli avesse dato ancora un po' di tempo per condurre a termine la sua politica d'integrazione coi barbari e per accorgersi che la scelta dei successori non era stata indovinata. Fu certamente un bravo soldato, che aveva un alto concetto del titolo che portava e non venne mai meno agl'impegni che gliene derivavano. Ma l'imparzialità non era il suo forte, e dal punto di vista amministrativo combinò un mare di guai.

Tuttavia fu certamente l'ultimo Imperatore degno di questo nome.

CAPITOLO QUINTO

STILICONE

Il poeta Claudiano, specialista in panegirici, salutò il nuovo Imperatore d'Occidente, Onorio, col titolo di *Porfirogenito*, che voleva dire «nato nella camera di porpora», cioè quando suo padre era già Imperatore a Costantinopoli, mentre il suo maggior fratello Arcadio era nato in Spagna, quando suo padre era tuttora un pensionato qualunque. E a questo titolo, dovuto a una pura coincidenza, Onorio non seppe, in tutta la vita, aggiungerne altri, meno quello di pollicultore. Se avesse saputo amministrare lo Stato come sapeva allevare galline, sarebbe stato un grande sovrano.

Invece che da suo padre, egli aveva ripreso dalla madre, l'anemica e malaticcia Flaccilla. Non aveva ambizioni. Non aveva passioni. Non aveva nemmeno vizi. Una cosa sola sembra che abbia visto con chiarezza e voluto con tenacia: sopravvivere. Onorio fu un maestro nell'arte di sottrarsi ai pericoli e di stare al riparo dalle correnti d'aria. Un po' poco, per un Imperatore, in un momento come quello.

Ma alle spalle di questo ragazzo, su lui stendendo una protezione forse un po' sopraffattrice, c'era un grande soldato e un fedele servitore. Il barbaro Stilicone era allora sulla quarantina. Figlio di un capo vandalo che aveva militato sotto le bandiere di Valente, aveva fatto carriera con Teodosio che gli aveva affidato anche delle missioni diplomatiche. Alto e solenne com'era, già il suo aspetto bastava a incutere soggezione. E si vede che fin da allora l'Imperatore riponeva in lui grosse speranze, perché gli diede in moglie sua nipote Serena. Da allora Stilicone era stato il luogotenente di fiducia di Teodosio, lo aveva accompagnato in tutte le spedizioni e probabilmente ne aveva redatto i piani operativi. Per quanto la sua figura sia alquanto controversa, la sua fedeltà non solo alla dinastia ma anche alle idee politiche del suo benefattore è fuori discussione.

Proprio in quello stesso anno 395 in cui egli diventava praticamente padrone dell'Impero di Occidente, i Visigoti eleggevano a loro Re quell'Alarico che abbiamo già fugacemente conosciuto nello Stato Maggiore di Teodosio alla battaglia del Frigido. Aveva la stessa età, la stessa esperienza di Stilicone, e avrebbe potuto benissimo essere lui al posto di tutore di Onorio. Ma la sorte lo volle invece alla testa del suo guerriero e turbolento popolo che lo acclamò sollevandolo sugli scudi e ch'egli provvide subito a accasare in una regione decisiva dal punto di vista strategico: la Serbia, passaggio obbligato di tutte le comunicazioni terrestri fra i due Imperi.

Alarico, da buon barbaro, si sentiva impegnato dal suo giuramento alla fedeltà a Teodosio, non a ciò che questi rappresentava. Sicché, Teodosio morto, si considerò libero di fare la politica che voleva, o per meglio dire di fare *una* politica, perché sino a quel momento i Visigoti non ne avevano avuta nessuna.

Che strano impasto fosse quest'uomo di nazionalismo tedesco e di ammirazione per la civiltà mediterranea, lo dimostrarono l'impeto aggressivo con cui condusse un'operazione di conquista della Grecia e la brusca rinunzia a proseguirla quando si trovò di fronte alle statue e alle colonne del Partenone, la cui bellezza lo folgorò. Di colpo, da conquistatore, si trasformò in turista e firmò con gli ateniesi un patto di amicizia.

L'anno dopo (396) Stilicone accorse, per sloggiare i Visigoti dalla Grecia. Riuscì a circondarli in Arcadia e il loro annientamento sembrava sicuro quando invece si seppe ch'erano sfuggiti attraverso un passo non presidiato. Zosimo dice che fu un errore tecnico di Stilicone, Orosio parla di tradimento, Claudiano insinua che era giunto un *alt!* da Costantinopoli. Forse non fu nulla di tutto questo, ma soltanto il timore da parte di Stilicone di non essere più necessario il giorno in cui i Visigoti e il loro bellicoso Re fossero stati distrutti.

Ma nella gara all'accaparramento della gratitudine di Alarico, subito Arcadio andò ancora più in là, conferendogli, se non il titolo, almeno le funzioni di Governatore dell'Illiria.

Stilicone non reagì a questo gesto provocatorio. La sua posizione sembrava incrollabile, ora ch'era diventato suocero di Onorio, cui aveva dato in moglie sua figlia Maria. Nel 400 fu eletto Console. Era una carica ormai negletta, cui non corrispondevano più poteri paragonabili a quelli che Stilicone di fatto esercitava. Ma i romani di antica famiglia ne facevano un loro monopolio, perché erano sempre i Consoli che davano il nome all'anno in corso, come ai vecchi bei tempi della Repubblica, e con riluttanza ammettevano che questo privilegio, sia pure solo formale, toccasse a un barbaro. Tuttavia a Stilicone si piegarono. Sembrava dunque che per costui il nuovo secolo cominciasse bene.

E invece proprio in quel momento ecco d'improvviso Alarico presentarsi alla testa delle sue orde sui valichi delle Alpi Giulie. Si possono fare infinite congetture sui suoi piani e disegni. La sola che trovi conferma negli avvenimenti successivi è che il focoso visigoto intendesse impadronirsi, più che di Roma, del «posto» di Stilicone.

L'Italia era abituata a vedersi scorrazzare addosso eserciti in rivolta. Ma romani, almeno di nome. Da secoli il suo suolo non era calcato da truppe che sventolavano vessilli stranieri. E lo sbigottimento fu grande. Claudiano racconta che, a renderlo ancora più disperato, ci si mise di mezzo anche il soprannaturale. In cielo apparve una cometa, segno sinistro. E l'Imperatore, passando una rivista ai soldati, vide fuggire dai loro ranghi una coppia di lupi, che vennero uccisi e squartati. Nel loro ventre furono trovate due mani.

A Roma i Senatori, che seguitavano a esistere e a riunirsi sebbene le loro decisioni avessero smesso da un bel pezzo di contare, avanzarono l'idea – che a Onorio piaceva assai – di attraversare il Tirreno e di fondare una nuova Urbe in Sardegna o in Corsica. In mezzo a quei balbettamenti di gente impaurita e irresoluta, l'unico che tenne un linguaggio da Senatore vero fu Stilicone. «Cessate» egli disse «questi lamenti che non sono da uomini. I Goti, è vero, ci hanno attaccato a tradimento. Ma l'Italia ha trionfato di pericoli ben più gravi: quello dei Galli, dei Cimbri, dei Teutoni. Se Roma cadesse, non ci sarebbe più al mondo, per i suoi figli, una patria sicura... Andrò al Nord a raccogliere un esercito per vendicare l'insultata maestà di Roma, ma nel frattempo continuerò a partecipare alle vostre ansietà perché tra voi lascio mia moglie, i miei figli e questo mio genero (*Onorio*) che mi è più caro che la vita stessa.»

Così racconta Claudiano, forse abbellendo parecchio l'orazione del suo eroe. Ma che un poeta romano trovasse plausibile e credibile, in bocca a un generale barbaro, un simile discorso, basta a farci capire a che punto ormai s'era arrivati, lì a Roma, e come Stilicone considerasse, con condiscendenza, un suo semplice «protetto» il giovincello che sedeva sul trono.

Nell'inverno 401-402 il Generale marciò contro Alarico che si era spinto fin sotto Torino e ora assediava la cittadina fortificata di Pollenzo. Secondo Claudiano, un veterano goto ammonì il suo Re di non accettare battaglia. Infuriato, Alarico gli rispose di aver udito una voce che gli diceva: «Penetrerai nell'Urbe!»

A questa premonizione i fatti, lì per lì, non diedero ragione. Forse quella di Pollenzo non fu per Stilicone (di cui è incerta, quel giorno, perfino la presenza sul posto) una schiacciante vittoria, ma certo fu una sconfitta per Alarico, che a quanto pare lasciò prigionieri in mano all'avversario la moglie e i figli. Dovette trattarsi di uno dei soliti successi alla Stilicone che, quando aveva a che fare coi Visigoti, li metteva regolarmente in ginocchio; ma al momento di assestare il colpo finale, rinfoderava la spada e lasciava loro libera la ritirata. Anche stavolta infatti Alarico poté riordinare le sue scompaginate falangi e riprendere la strada del Veneto, dove si fermò a bivaccare. Cortesemente, Stilicone gli rimandò la sposa e la prole.

A Roma, dove la notizia della vittoria non era giunta, si lavorava a innalzare una nuova cinta di mura di rinforzo a quelle di Aureliano. La paura aveva restituito di colpo a quella cittadinanza bighellona una gran voglia di lavorare. Ogni tanto si fermavano a spiare l'orizzonte nel terrore di veder apparire le colonne gote. Invece apparvero quelle di Stilicone, che fu accolto stavolta con un entusiasmo indescrivibile e passò in mezzo alla popolazione acclamante su un cocchio, in cui sedeva accanto all'imperatore Onorio suo genero e all'imperatrice Maria sua figlia.

Naturalmente i Romani vollero festeggiare il fausto evento alla loro maniera preferita: e cioè con un grande spettacolo gladiatorio al Circo. Questi spettacoli erano già stati proibiti da Costantino, quasi un secolo prima. I Romani non se ne davano per intesi, dimostrando con ciò di aver avuto anche allora, delle leggi e dei regolamenti, lo stesso rispetto che ne hanno ora. Ma quella volta per loro girò male. Sul più bello di una massiccia carneficina fra prigionieri goti, un frate di nome Telemaco saltò nell'arena per metter fine al massacro. Fu lapidato e ucciso dalla folla imbestialita. Ma Onorio ne rimase talmente sconvolto, che d'allora in poi i giuochi del Circo vennero proibiti davvero, e non più soltanto sulla carta.

Nell'anno successivo, 405, Stilicone fu rieletto Console e per la seconda volta si guadagnò il titolo di «salvatore dell'Urbe». Non era Alarico che la minacciava, ora, ma un certo Radagaiso, di cui non sappiamo con precisione che cosa fosse: forse un ostrogoto, riuscito a sottrarre in tempo una parte del suo popolo al servaggio degli Unni. Era comunque un barbaro nel senso più completo della parola, «il più selvaggio di tutti i nemici che Roma avesse mai avuto», dice Orosio. Discese la Penisola alla testa di un'orda di 200.000 uomini (qualcuno dice 400.000). Ma Stilicone, con un capolavoro di strategia, riuscì a chiuderlo nelle valli ai piedi di Fiesole, proprio là dove, quattro secoli e mezzo prima, era stato disfatto Catilina.

Non ci fu bisogno di dar battaglia: bastò chiudere i passi. Dentro quel budello senza uscita, i Goti cominciarono a morir di fame, e Stilicone li lasciò fare finché di vivo non rimasero che pochi estenuati brandelli, inservibili anche come schiavi. Stilicone sapeva far le cose fino in fondo, quando non si trattava di Alarico.

E così l'Italia sembrò finalmente liberata dalla minaccia delle invasioni, che nessun barbaro infatti per due anni ritentò. Solo che, per raggiungere questo risultato, si era dovuto sguarnire tutte le altre province dell'Ovest – Britannia, Spagna e Francia –, dove ora si stavano precipitando alla rinfusa, sospingendosi e guerreggiando l'uno contro l'altro, Vandali, Svevi, Alani, in conflitto con Alemanni, Franchi e Burgundi che già vi si erano accasati.

L'Impero d'Occidente se ne andava.

Nel 408 l'Imperatore d'Oriente, Arcadio, morì, lasciando erede al trono un bambino di sette anni, Teodosio II, sotto la tutela di sua madre, l'imperatrice Eudossia, principessa di sangue franco, cioè tedesco. E qui ci troviamo di fronte a una serie di avvenimenti che ci lasciano piuttosto perplessi sul conto di Stilicone.

Alarico aveva ricominciato ad agitarsi, e col suo esercito era penetrato in Epiro, provincia di Costantinopoli. Poi d'improvviso era tornato indietro, per il solito passo di Laybach si era di nuovo affacciato in Italia, e aveva mandato un'ambasciata a Roma per chiedere in termini piuttosto bruschi un compenso delle spese incontrate in Epiro, «visto che non gli avevano lasciato finire l'impresa». Chi non gliel'aveva lasciata finire dopo avergliela, evidentemente, ordinata?

In Senato Stilicone spiegò che effettivamente Alarico, andando in Epiro, aveva inteso servire gl'interessi dell'Imperatore, il quale poi gli aveva imposto l'alt e quindi bisognava risarcirlo.

Fra i Senatori, uno solo si alzò a fare opposizione, ritrovando nella requisitoria gli accenti dell'antica Roma: Lampridio. «Questa non è pace» disse, «ma accettazione della servitù.» Però, appena pronunziate quelle parole orgogliose, corse a rifugiarsi in una chiesa lì vicino.

La proposta di Stilicone fu accolta. Il Generale ormai sembrava onnipotente. Sua figlia l'imperatrice Maria era morta, ma Onorio l'aveva rimpiazzata con la sorella minore Termanzia, restando così genero dello stesso suocero. E da confidente del Sovrano fungeva ora Olimpio, un gréculo del Mar Nero, che a Stilicone doveva tutta la sua carriera. Ma a quanto pare invece fu proprio questo cortigiano intrigante a suscitare i sospetti di Onorio contro il suo Generale.

L'Imperatore progettava una gita a Costantinopoli per affermare il suo diritto alla tutela del piccolo Teodosio. Stilicone gli prospettò i pericoli e il costo di quel viaggio in termini tali da persuaderlo a mandarci, in sua vece, lui. Ma, si affrettò subito a insinuare Olimpio, Stilicone lo aveva fatto perché in realtà voleva installare suo figlio Eucherio sul trono d'Oriente.

Elementi di fatto che confermassero questo sospetto non ce n'era, perché Eucherio era sempre stato tenuto da suo padre piuttosto in disparte. Ma, morto Arcadio, a Onorio sembrava di non aver più tanto bisogno del suo Generale che, con la scusa di proteggerlo, lo soffocava. C'erano anche altri motivi di scontentezza verso l'onnipotente vandalo. I pagani dicevano che sua moglie Serena, quando per la prima volta venne a Roma al seguito del suo padre adottivo Teodosio, rubò un gioiello nel tempio di Rea e che lui stesso si era appropriato di certe lastre d'oro del tempio di Giove Capitolino. I cristiani, da parte loro, mormoravano che Eucherio era in cuor suo un pagano idolatra. Ma soprattutto, ad alimentare le dicerie, c'era lo strano atteggiamento del Generale nei confronti di Alarico, che irritava l'elemento romano.

Ci fu, nelle legioni, qualche ammutinamento. Onorio ne ordinò la repressione al Generale, che la eseguì con sommarie decimazioni, proprio nel momento in cui un usurpatore, Costantino, calava dalla Britannia, di cui era stato il comandante militare, in Francia, e si attestava ad Arles, minacciando l'Italia. Con l'esercito mezzo in rivolta, Stilicone capiva di non poterlo fermare. E altre truppe non ne aveva da richiamare da oltre confine. Le ultime le aveva macinate nella campagna contro Radagaiso: le province occidentali, ormai sommerse dai barbari, non ne fornivano più. Egli disse dunque a Onorio che stava trattando con Alarico per lanciarlo contro Costantino. E se questo fosse avvenuto in tempo, tutti i sospetti che le sue passate condiscendenze al capo visigoto avevano suscitato, sarebbero svaniti di colpo.

Purtroppo, il tempo non ci fu. Onorio, dopo aver dato il suo consenso a questo piano diplomatico e firmato la lettera a Alarico, partì per Pavia insieme a Olimpio, mentre il Generale che di costui ancora non sospettava, restò a Ravenna per preparare il suo viaggio a Costantinopoli. Come siano andate le cose con precisione non si sa, ma il fatto è che, subito dopo l'arrivo dell'Imperatore e del suo consigliere, le guarnigioni del Ticino si ribellarono accoppando sommariamente tutti coloro ch'erano considerati amici di Stilicone. Queste guarnigioni erano composte degli ultimi soldati di sangue romano, più o meno puro, che ancora popolassero l'esercito; e quindi la loro rivolta acquistava un chiaro carattere di *pogrom* contro i barbari.

I capi di costoro si riunirono a Bologna in consiglio di guerra intorno a Stilicone. Questi, udendo che anche l'Imperatore era stato assassinato, approvò subito la loro proposta di marciare su Pavia e passare per le armi gli ammutinati. Ma subito dopo arrivò la smentita: Onorio era salvo. Il Generale disse che in tal caso bisognava aspettare i suoi ordini.

Ma non tutti approvarono questo gesto di disciplina; anzi, i più lo disapprovarono. Il goto Saro disertò addirittura il campo e di notte attaccò e massacrò la guardia personale di Stilicone, che riuscì a fuggire a cavallo verso Ravenna. Pare che Olimpio avesse promesso a Saro un cospicuo premio, se uccideva il Generale. Questi sembrava tuttora preoccupato più della salvezza dello Stato che di quella sua perché, lungi dall'organizzare una difesa personale, si mise a diramare circolari a tutti i magistrati ordinando loro di respingere qualunque tentativo delle truppe barbare dislocate fuori dalle città di entrare dentro le mura. Non voleva, Stilicone, che corresse sangue fra italiani e tedeschi. Egli restava fedele al gran sogno dell'integrazione, ch'era sempre stato quello degl'Imperatori più illuminati da Aureliano a Costantino a Teodosio.

Mentre cercava così di arginare la catastrofe, giunse da parte di Onorio l'ordine di arrestarlo. Forse solo allora al salvatore dell'Urbe la benda cadde dagli occhi. Si rifugiò in una chiesa dove i soldati non potevano entrare. All'alba alcuni di essi, disarmati, furono condotti dal Vescovo in sua presenza. Nelle mani del prelato essi giurarono, probabilmente in buona fede, che la pena comminatagli era un momentaneo confino in un luogo sorvegliato. Stilicone li seguì. Appena fuori del sacro recinto, gli fu data in lettura una seconda lettera di Onorio che, «per delitti contro lo

Stato», gl'impartiva la condanna a morte, da eseguirsi immediatamente.

C'era intorno al gruppo una piccola folla di amici del Generale e di soldati barbari che, udendo quell'incredibile verdetto, sguainarono minacciosamente le spade. Stilicone li fermò con un gesto imperioso. Egli conservava ancora un tale prestigio sui suoi che nessuno osò disobbedirgli. Poi mise un ginocchio a terra e stoicamente, senza una parola di rammarico, curvò la bella testa grigia offrendo il collo all'ascia del boia.

Troppi elementi mancano per poter pronunciare un giudizio sicuro su quest'uomo. Ch'egli avesse approfittato del potere per arricchire se stesso e i suoi, è possibile. Che fosse ambizioso e che qualche volta avesse scambiato l'interesse proprio per quello dello Stato, sbarazzandosi sottomano di avversari e di possibili rivali, è probabile. Che il suo modo di proteggere Onorio fosse alquanto autoritario e talvolta prepotente, lo dimostra il fatto che per due volte gli diede in moglie una sua figliola. Ma quella di cui non si può dubitare è la fedeltà ch'egli serbò alla parola data a Teodosio di difendere fino all'ultimo i suoi eredi e la sua politica. In lui rifulsero le qualità migliori del barbaro che si dedicava al servizio di Roma: la sagacia militare, il coraggio, e soprattutto il senso solenne, quasi maestoso, della dignità imperiale. Certo, giuocò doppio con Alarico, battendolo tre volte e altrettante risparmiandolo. Se questa politica, come oggi si direbbe, di «distensione», fosse giusta o sbagliata, potremmo dirlo solo s'egli fosse stato in grado di svolgerla sino in fondo. Comunque, questo barbaro fu uno degli ultimi condottieri dell'Impero che seppero morire da romani.

La sua testa rotolò nella polvere il 23 agosto 408. Il boia che l'aveva decapitata, Eracliano, in premio di questo nobile servigio, fu nominato Generale. Eucherio fuggito da Roma e rifugiatosi anche lui in una chiesa, fu ucciso alcuni mesi dopo. L'imperatrice Termanzia fu rimandata da Onorio alla madre Serena. Un comitato di epurazione (come tutto si ripete nella Storia!) presieduto da Olimpio fece piazza pulita di tutti quei funzionari e ufficiali che, per il fatto di essere stati selezionati da Stilicone, passavano per «collaborazionisti». Nelle guarnigioni, i Romani imbaldanziti compirono alcuni massacri sugli «ausiliari» barbari, mescolandovi anche donne e bambini.

Fu insomma una bella purga, che il contemporaneo Orosio, bigotto e declamatorio, salutò come una «purificazione» di Roma. Peccato che il suo risultato più cospicuo, a parte il cambio della guardia nelle cariche (e nelle prebende) fosse il passaggio di trentamila soldati barbari nel campo di Alarico proprio nel momento in cui la «distensione» svaniva nell'aria.

Affacciato alla finestra di Laybach nel suo solito ambiguo atteggiamento, Alarico sembrò lì per lì accogliere con assoluta indifferenza la notizia della fine del suo amico Stilicone. Anzi mandò un messaggio a Onorio dicendosi pronto, in cambio di una moderata largizione, a firmare un trattato di pace con lui e a ritirarsi in Serbia. Onorio, col coraggio che lo distingueva più quando maneggiava la penna che non la spada, rifiutò. Ma, invece di prepararsi all'altra eventualità che Alarico implicitamente minacciava, la guerra, si rimise alle sue occupazioni favorite: allevar polli e redigere decreti di persecuzione contro gli eretici, «affidandosi per tutto il resto» dice Zosimo «alle preghiere di Olimpio». Oramai egli aveva definitivamente trasportato la sua Corte da Milano a Ravenna, una città che gli acquitrini e la malaria bastavano a difendere. La sicurezza, per lui, era soltanto quella della sua persona.

Alarico valicò le Alpi Giulie, discese il Veneto, non fece tentativi contro Aquileia, traversò il Po, giunse a Bologna, seminando dovunque miseria e fame. E a farglisi incontro ci fu soltanto un monaco, che venne a supplicarlo di desistere dai suoi disegni. «Non sono io» rispose Alarico «che me li propongo; è qualcosa dentro di me che mi ci spinge irresistibilmente gridandomi: *Marcia su Roma e fanne un mucchio di rovine.*» Fu, se non sbagliamo, il primo tedesco che arruolò il buon Dio sotto le proprie bandiere. Ma gl'imitatori non gli sarebbero mancati.

A Roma, dove dai tempi di Brenno non si era più visto un esercito nemico accamparsi sotto le mura della città, lo sbigottimento fu grande. E la prima misura che venne presa fu quella di uccidere Serena, la vedova di Stilicone, cioè dell'uomo che coi Goti aveva sempre patteggiato. I pagani, incolpandola d'intelligenza col nemico, vollero vendicarsi di colei che aveva commesso il sacrilegio nel tempio di Rea. Ma gli antichi dèi, che il cristiano Stilicone aveva contribuito a mortificare, non ricompensarono di tanto zelo l'Urbe, che sulla fine di quell'anno 408 cominciò a morire di fame. Alarico non l'attaccava, ma la teneva chiusa nella sua morsa. E da Ravenna arrivavano incitamenti a resistere, ma non battaglioni. Alla fame si aggiunse un'epidemia. Insorsero qua e là casi di cannibalismo. A tutte queste jatture l'orgoglio romano, riluttante ad ammettere che Roma potesse essere tenuta prigioniera da un nemico, reagì diffondendo la voce che non era Alarico coi suoi Visigoti quello che bivaccava sotto le sue mura, ma un ribelle luogotenente di Stilicone.

Anche per appurare la fondatezza di questa diceria, fu mandato come ambasciatore il capo dei notai imperiali Giovanni che conosceva personalmente Alarico e che dovette convenire che purtroppo era proprio lui. Nel linguaggio che tenne al guerriero barbaro risuonavano gli accenti dell'Urbe imperiale, abituata più a imporre la pace che a chiederla. Ma il guerriero barbaro, lungi dal lasciarsene impressionare, ne rise, e a quell'aulica concione ribatté con un proverbio popolare tedesco: «L'erba folta si falcia più facilmente di quella rada». Chissà cosa intendeva. In compenso, non ci furono dubbi su cosa esigeva: tutto l'oro, tutto l'argento della città, e la consegna di tutti gli schiavi di sangue barbaro. «Cosa ci lasci dunque?» chiese sgomento il messo. «L'anima» rispose Alarico. Era in sostanza la resa senza condizioni.

Il Senato respinse la proposta, e si rivolse al Papa. Lo Stato, nell'incombenza del pericolo, abdicava in favore della Chiesa, che così rimpiazzava il vacillante potere politico in

Italia. Innocenzo I era un Pontefice di alte qualità morali e intellettuali, ma sapeva benissimo che Roma, cristiana in superficie, era rimasta pagana nella sostanza. Il popolino andava dicendo che Alarico rappresentava soltanto la vendetta degli dèi contro l'Urbe che li aveva traditi, mentre altre città come Narni si erano salvate dalla catastrofe riadottando in tempo l'antica fede e i suoi riti.

Innocenzo I, piegandosi all'emergenza, consentì che questi riti fossero riesumati. Ma i sacerdoti pagani risposero che ciò doveva essere fatto in forma pubblica e solenne, in Campidoglio e nel Foro Traiano, con la partecipazione di tutto il Senato. E anche a questo il Papa diede, sia pure controvoglia, il suo assenso. Ma le cerimonie e i sacrifici, che per un momento ritrasformarono l'Urbe nella capitale del paganesimo, non diedero frutto. Alarico non si mosse, e fame e peste seguitarono a imperversare nella città assediata.

Le trattative ripresero, e finalmente un accordo fu raggiunto: Alarico si contentò di 5000 libbre d'oro, 30.000 d'argento, 3000 di pepe, 4000 tuniche di seta. E questa cupidigia di seta e di pepe la dice abbastanza lunga sui cambiamenti ch'erano sopravvenuti nel costume e nelle abitudini dei barbari. Quanto a quelli dei romani, sono documentati dal modo con cui si procurarono i mezzi per pagare quella pesante tassa. La città che pochi giorni prima voleva tornare al culto degli antichi dèi, ora ne spogliò le statue di tutti i loro monili.

Alarico volle mostrarsi arrendevole perché perseguiva un più vasto disegno politico: quello di farsi accettare come alleato permanente di Roma e suo difensore. Il momento gli sembrava buono, perché Onorio era allora più minacciato che mai dall'usurpatore Costantino, acquartierato a Valenza e momentaneamente vittorioso in Inghilterra, Francia e Spagna, sulle orde barbariche che le avevano messe a soqquadro. Ai primi del 409 egli mandò a Onorio un messo per dirgli che, se gli riconosceva il comando su quelle province, egli le avrebbe d'ora in poi governate in suo nome. Onorio era dunque alla scelta fra un avversario e un generale fellone. Preferì affidarsi al fellone, che in quel momento stava sommariamente accoppando tutti i funzionari fedeli all'Imperatore, e gli mandò la porpora imperiale associandoselo al trono.

Lo fece forse per coerenza perché l'alleanza con Alarico avrebbe significato un ritorno alla politica di Stilicone. Ma ad andarne di mezzo fu Roma, che aveva mandato un'ambasciata a Ravenna per ottenere la ratifica del trattato di pace col visigoto. Onorio ascoltò i messi, non si commosse al racconto delle sofferenze della città, rifiutò la ratifica, e Alarico rimise assedio a Roma.

Stavolta non si poteva dire tuttavia che la colpa fosse dei cattivi consigli di Olimpio, piombato in disgrazia e in fuga da Ravenna. Il suo posto lo aveva preso un certo Giovio, un personaggio che veniva dal nulla e di cui si sapeva soltanto che aveva avuto buoni rapporti con Alarico, di cui era stato ospite in Epiro. Egli chiese all'Imperatore il permesso di abboccarsi col Re goto, e con questi s'incontrò infatti a Rimini per un tentativo di risolvere amichevolmente la controversia. Nel rapporto che subito dopo mandò a Ravenna era detto che Alarico chiedeva un tributo annuo oltre l'Istria, la Venezia e la Dalmazia come *settlement* per il suo popolo, intatta restando su queste province la sovranità dell'Impero. Ma Giovio suggeriva che se Alarico fosse stato nominato *magister militum,* ch'era stata la carica di Stilicone, si sarebbe accontentato e non avrebbe chiesto altro. Era l'ennesima riprova che l'ambizione del barbaro non era distruggere l'Impero, ma inserirsi nelle sue strutture.

La risposta di Onorio fu fulminante: «Non soltanto Alarico, ma nessuno della sua razza» terminava la lettera «potrà mai aspirare a simili incarichi». E Giovio commise la dabbenaggine (o il volontario delitto) di leggere questa frase ad alta voce.

La reazione di Alarico fu quella dell'uomo ferito nei suoi più dolenti complessi d'inferiorità: quell'accenno alla razza lo aveva scottato. Tuttavia seppe controllarsi e, prima di riprendere l'assedio di Roma, volle cattivarsene la popolazione con un gesto di generosità. Adunò i Vescovi delle città italiane che aveva occupato e li mandò a Ravenna come suoi ambasciatori per dire all'Imperatore che, pur di evitare all'Urbe nuove sofferenze, si contentava di un diritto di asilo in Austria promettendo in cambio la sua assistenza militare contro qualunque nemico di Roma e dell'Impero.

Di nuovo Onorio rifiutò, allegando il giuramento ch'egli aveva fatto di non scendere mai a patti col barbaro. E questi, da nemico, si tramutò, agli occhi dei Romani, nell'amico che cercava di salvarli. Essi tumultuarono nelle strade manifestando la loro indignazione contro un Imperatore che, lungi dal difenderli, sfogava sulla loro pelle la propria ostinatezza. E decisero di ribellarsi tagliando i ponti con Ravenna ed elevando al trono un altro Imperatore, Attalo.

Era costui un intellettuale greco, che aveva fatto una bella carriera a Corte sino a farsi nominare Prefetto del Pretorio dell'Urbe, la più alta carica della città. I pagani lo consideravano dei loro per via della cultura classica di cui era intriso. In realtà era cristiano. Ma aveva ricevuto il battesimo da un Vescovo goto e ariano, il che faceva di lui una *persona grata* agli occhi di Alarico e dei suoi.

Attalo prese molto sul serio la sua nomina ad Augusto, convocò il Senato e tenne, in perfetto latino ciceroniano, un magnifico discorso, in cui annunziò la ricostituzione del vecchio Impero col ritorno di tutto l'Occidente sotto lo scettro di Roma. Naturalmente una simile operazione egli intendeva compierla non coi Romani, ma coi Visigoti di Alarico. Ma questo non lo disse. Il primo passo lo mosse in direzione di Ravenna per eliminare intanto il decaduto Onorio.

Questi gli mandò incontro non un esercito, perché non ne aveva, ma il solito Giovio con una proposta allettante: rimanesse Attalo imperatore a Roma, purché lui, Onorio, potesse restarlo a Ravenna. Ma fu Giovio stesso, doppiogiochista inesauribile, a consigliare ad Attalo il rifiuto, anzi a dettargli, pare, l'insolente risposta: «Non un vestigio della dignità imperiale ti sarà lasciato, Onorio. Solo come un favore ti concederemo salva la vita». E Onorio, che alla vita ci teneva molto e non si fidava del «favore» già cominciava a preparare la fuga a Costantinopoli, quando ricevette l'inattesa notizia che proprio da Costantinopoli erano in arrivo lì a Ravenna 40.000 uomini, mandatigli da suo nipote Teodosio II.

Niente potrebbe meglio darci la misura della disorganizzazione e del disordine in cui versavano ambedue gl'Imperi, quello d'Occidente e quello d'Oriente, come il fatto che quei quarantamila uomini erano i rinforzi sollecitati due anni prima da Stilicone per parare i continui attacchi dei barbari. Essi avevano impiegato due anni ad accorrere, e non per cattiva volontà, ma per totale inefficienza. E così Onorio fu ancora una volta salvato dal Generale ch'egli aveva fatto uccidere e che anche dopo morto seguitava a rendergli servizio.

Giovio, ch'era rimasto a Roma fingendosi alleato di Attalo, ma segretamente corrispondendo con Onorio, approfittava della sua personale amicizia con Alarico per insinuargli all'orecchio che non doveva fidarsi di Attalo, il quale si preparava a tradire il suo protettore assassinandolo. Alarico ascoltava, ma sapeva che in fatto di lealtà le lezioni di Giovio non erano fra le più qualificate. Egli non abbandonò Attalo, anzi mosse prima su Bologna e poi su Genova per imporre a queste città di riconoscerlo Imperatore. E solo quando gli giunse notizia che il popolo romano, nuovamente ridotto alla fame dal blocco dei porti africani, stava per insorgere contro quell'Augusto unicamente inteso a pronunciare discorsi solenni e inutili, lo convocò a Rimini. E qui, di fronte a tutta la popolazione, gli strappò di dosso la porpora e il diadema, e li mandò in omaggio a Onorio, per un ultimo tentativo di giungere a un accordo con lui.

Stavolta fu un guerriero goto, un certo Saro, da molti anni alle dipendenze dell'Imperatore, a consigliare a quest'ultimo il rifiuto di ogni trattativa. Sembra che questo Saro avesse con Alarico una vecchia ruggine di famiglia. Comunque, non gli ci volle molto a incoraggiare l'ostinazione di quel Sovrano che, come poi si dirà di certi Re Borboni, non dimenticava nulla e non imparava nulla.

Alarico allora tornò per la terza volta sotto le mura di Roma, portandosi dietro Attalo che, riprecipitato nella polvere da cui era emerso, gli aveva umilmente chiesto di restare al suo seguito. E dopo breve assedio, v'irruppe, probabilmente senza incontrare resistenza o incontrandone molto poca.

Correva l'anno 410. E l'avvenimento era così sensazionale che riecheggiò in tutto il mondo eccitando la fantasia della gente, la quale vi ricamò sopra le più sinistre dicerie. Si disse, per giustificare quella rapida resa, che Alarico era ricorso al proditorio stratagemma di mandare in dono ai nobili romani trecento schiavi, i quali poi avevano agito da quinta colonna aprendo le porte della città. Secondo altri, fu invece una gentildonna dell'aristocrazia, Proba, che le fece aprire dalle sue ancelle per risparmiare alla popolazione le sofferenze di un nuovo assedio.

Purtroppo, della caduta di Roma, non abbiamo che i pochi aneddoti raccolti da alcuni memorialisti ecclesiastici tutt'altro che attendibili. Non stentiamo a credere che, dopo esserci ronzati intorno e averla bramata tanti anni, i guerrieri goti abbiano commesso nella città saccheggi e devastazioni. Ma furono molto minori di quelli di cui si favoleggiò. Alarico aveva ordinato che gli edifici cristiani fossero rispettati. E i soldati obbedirono. Uno di essi, entrato senza saperlo in una chiesa, volle depredarla. Una vecchia monaca gli disse: «Fa' pure. Io non sono abbastanza forte per difendere questa roba. Sappi però ch'è dell'Apostolo Pietro». Il goto s'impaurì, sollecitò l'intervento personale di Alarico, e questi ordinò che tutti i preziosi della Basilica fossero portati in processione nel sotterraneo.

Il sacco di Roma durò da tre a sei giorni. Poi, carico di bottino, l'esercito di Alarico riprese la marcia verso il Sud, penetrò in Campania, di qui passò in Calabria, e si diresse verso Reggio. Ma presso Cosenza fu colpito da una violenta febbre. Forse era malaria. Comunque, di lì a pochi giorni il malato spirò.

I suoi soldati, non potendo riportarne in patria il cadavere, decisero di scavargli una tomba che nessuno potesse trovare e profanare. Misero al lavoro migliaia di schiavi per dirottare il corso del Busento, un torrente che dalla Sila scende sul Tirreno, scavarono una fossa nel vecchio letto, e vi ricondussero sopra il fiume. Poi, per maggior precauzione, accopparono tutti coloro che avevano preso parte a quel faraonico lavoro, in modo che nessuno potesse rivelare il segreto della esatta ubicazione.

Era un poscritto in carattere con la figura romantica ed errabonda di questo guerriero tedesco, che apriva la serie di quegli eroi germanici destinati a calare in Italia assetati di un amore omicida per Roma, e a perdervisi. Egli aveva riassunto in sé, meglio di chiunque altro, i torbidi istinti e le confuse aspirazioni del mondo barbarico di fronte alla civiltà latina. Sebbene la sua politica fosse stata contraddittoria e incoerente, Alarico fu il primo, dei condottieri teutonici, a concepirne una. Generoso e avido, nobile e crudele, molto spesso in balìa delle proprie passioni, ma capace anche di freddo calcolo, aveva esercitato sui suoi uomini un fascino profondo e ne era stato idolatrato. E di tutti i contemporanei, latini e tedeschi, era stato, con Stilicone, l'unico che avesse visto con chiarezza la necessità dell'integrazione fra i due mondi.

Fu lui stesso a chiedere, in punto di morte, di essere sepolto lì, nel letto di un fiume che gli ricordava il Danubio in riva al quale era nato. Come successore, aveva designato suo fratello Ataulfo.

CAPITOLO SETTIMO

GALLA PLACIDIA

La notizia della caduta di Roma aveva precipitato nello sbigottimento il mondo intero. I pagani ci videro la vendetta degli dèi dimenticati e traditi. E i cristiani, che per quattro secoli avevano lottato contro l'Urbe auspicandole la stessa fine di Babilonia, d'improvviso se ne sentirono orfani e si resero conto quanto ad essa e alla sua intelaiatura politica, amministrativa e organizzativa, anche la loro Chiesa era indebitata. Sant'Agostino, allora Vescovo a Ippona, trovò nell'avvenimento lo spunto per la sua opera capitale *La città di Dio*. E dalla sua cella di Betlemme in Palestina, San Girolamo, che di Roma e dei suoi vizi era stato uno spietato accusatore, scriveva: «La fonte delle nostre lacrime si è disseccata... Di colpo, persi la memoria di tutto, perfino del mio nome...» L'unico che non mostrò nessun turbamento fu Onorio. Procopio racconta che quando un ciambellano venne ad annunziargli la fine di Roma, l'Imperatore rispose arrabbiato: «Che fine e fine!... Cinque minuti fa, beccava il granturco nel palmo della mia mano!...» Credeva che il ciambellano alludesse a un bellissimo esemplare di gallina faraona, cui appunto aveva dato il nome di Roma. E quando comprese che non era la gallina, ma la città ch'era andata in rovine, trasse un respiro di sollievo. L'unico particolare che dolorosamente lo colpì di quella catastrofe, fu la notizia, che subito dopo gli giunse, della sorte toccata a sua sorella Galla Placidia, catturata dai barbari e da essi condotta al loro seguito.

Placidia era stata il solitario frutto del secondo matrimonio di Teodosio, quello con Galla, la sorella di Valentiniano

II. Era cresciuta praticamente orfana perché sua madre era morta quattr'anni dopo averla data alla luce, alla vigilia dell'ultima spedizione di Teodosio in Occidente, donde l'Imperatore non doveva più tornare. Non sappiamo come mai si trovasse a Roma nel momento in cui i Goti la misero a sacco. Forse perché lì era venuta ad abitare Leta, la vedova di Graziano, che a quanto pare le aveva fatto da tutrice. Ma forse era anche perché Placidia non voleva coabitare con nessuno dei suoi due fratellastri, coi quali doveva andar poco d'accordo, e quindi evitava sia Costantinopoli che Ravenna. Essa non aveva nelle vene il sangue anemico di Flaccilla, la prima moglie di Teodosio, come Onorio e Arcadio. Se da sua madre aveva preso la bellezza, da suo padre aveva ereditato un carattere.

Nelle cronache dei memorialisti, il suo nome compare per la prima volta a proposito della condanna a morte di Serena, la vedova di Stilicone, che Zosimo attribuisce proprio a Placidia. Quale odio c'era fra le due donne, e perché? Claudiano suggerisce che Serena aveva tentato di darle proditoriamente per marito suo figlio Eucherio. Ma probabilmente sono chiacchiere. Serena, a quanto ci risulta, fu la vittima dei pagani, non degl'intrighi di famiglia.

Comunque, Placidia fu catturata dalla soldataglia di Alarico, che la tenne come ostaggio, pur trattandola con tutti i riguardi dovuti al suo rango di Principessa reale, e se la condusse al seguito nell'ultima sua cavalcata verso Brindisi. La si trova menzionata nelle trattative che il condottiero ebbe con Onorio, il quale ne reclamava con perentoria insistenza la restituzione. I fatti poi dimostrarono che non si trattava, o per lo meno non si trattava soltanto, di amore fraterno. Onorio non aveva affetti. Aveva soltanto puntigli e suscettibilità. Che una sua sorella fosse tenuta prigioniera da un lanzichenecco barbaro gli sembrava un intollerabile oltraggio al suo imperiale prestigio.

Alarico però, che nella sua smania di trovare un accordo

con lui, sui primi tempi si era offerto di rimandargliela subito, cominciò ora a tergiversare. Il suo più giovane fratello Ataulfo, destinato a succedergli nel comando, si era innamorato della bella prigioniera, che lo ricambiava pienamente. E Alarico approvava quell'idillio, nel quale si riassumeva in fondo tutta la sua politica.

Fra i suoi alti e biondi guerrieri, Ataulfo, a quanto riferisce Giordane, era fisicamente fra i meno imponenti. Ma aveva un temperamento appassionato e cavalleresco, che certamente dovette piacere alla Principessa cresciuta fra cortigiani eunuchi, imbelli e calcolatori. Orosio dice di aver saputo da un certo Gerolamo, personale amico del giovane condottiero, che costui in gioventù aveva accarezzato il sogno di rovesciare l'Impero di Roma per sostituirlo con quello gotico, proclamandosene egli stesso Augusto. Poi, familiarizzatosi con la lingua e le leggi latine, si era reso conto che i Goti non erano maturi per sostituirvi quelle loro e si era proposto di restaurare, invece che di distruggere, la gloria di Roma, rinvigorendola col sangue tedesco. Innamorandosi di Placidia, egli non aveva dunque fatto che tradurre in termini coniugali questa concezione politica. Quanto a Placidia, c'è da pensare che la politica non c'entrasse e che essa ricambiasse i sentimenti di Ataulfo solo perché era un bel ragazzo e un intrepido soldato. Però alla stessa politica ci arrivò anche lei, più tardi, seguendo il cammino opposto e molto più femminile dal letto all'idea, invece che dall'idea al letto.

Il matrimonio non si poté subito celebrare perché Onorio non dava il consenso, avendo promesso la mano di Galla a Costanzo ch'era il suo miglior Generale e che ora aveva preso il posto occupato successivamente da Olimpio e da Giovio. Di sangue illirico, Costanzo era un uomo non più giovane e fisicamente piuttosto ripugnante per via del testone rinsaccato su un collo corto e largo, e dallo sguardo truculento e minaccioso. Stava in sella come un sacco di patate pencolando sul collo del quadrupede. Ma, a dispetto di questo fisico sgraziato e disgraziato, era un buon diavolaccio, pieno di calore umano, specialmente a tavola dove dava il meglio di sé, mangiando con gagliardo appetito, bevendo in proporzione, non disdegnando di recitare pantomime con gli attori ch'egli reclutava per questi simposi, e scambiando con loro battute scurrili e scherzi grossolani. Doveva somigliare un po' a Krusciov. Ma, come Krusciov, sapeva fare molto bene e lealmente il suo mestiere. Era stato lui a catturare ad Arles l'usurpatore Costantino e suo figlio Giuliano che, dopo aver ricevuto da Onorio solenne promessa di aver salva la vita, furono regolarmente scannati. E ora, in nome di questi meriti, insisteva per ottener la mano di Placidia.

Ataulfo, dopo la morte di Alarico, cominciò a risalire la Penisola, attraversò le Alpi occidentali e penetrò in Francia, forse per dare a Onorio la prova che non intendeva minacciarlo e ottenere da lui il sospirato consenso al matrimonio. Ma siccome il consenso si ostinava a non venire, allacciò trattative con Giovino, il nuovo usurpatore che aveva rimpiazzato, lì in Francia, Costantino. Quando però seppe che sotto le bandiere di costui stava accorrendo anche Saro, ribellatosi all'Imperatore perché gli aveva ucciso un servo, gli mosse incontro, lo catturò in un'imboscata, lo uccise, e troncò i rapporti con Giovino. Anzi lo attaccò di sorpresa, lo prese prigioniero, e ne mandò la testa decapitata dal tronco, insieme a quella di suo figlio Sebastiano, a Onorio.

Era un bel dono. Così bello, che l'Imperatore stavolta si lasciò commuovere, nonostante le proteste di Costanzo, e diede il sospirato assenso. Le nozze furono celebrate a Narbona, e si svolsero secondo la liturgia romana nel palazzo di un ricco proprietario locale. Qui attendeva Placidia, avvolta nella porpora imperiale. Ataulfo venne a prenderla, ammantato in una tunica di lana bianca, armato della sua barbarica ascia di guerra, ma senza il cappuccio e i ghettoni di pelliccia. Dei doni di nozze ch'egli fece alla sposa si parlò per un pezzo in tutto il mondo: cinquanta bellissimi adolescenti a lei destinati come schiavi recavano altrettanti vassoi ricolmi di tutti gli ori e pietre preziose ch'erano stati saccheggiati nell'Urbe. Il guerriero tedesco restituiva alla Principessa romana la preda bellica per ricambiarle l'alto onore ch'essa gli faceva acconsentendo a diventare sua moglie. Attalo, ch'era rimasto al seguito dei suoi protettori, riebbe un'ora di gloria compilando e declamando un discorso inneggiante all'imeneo fra i due popoli. I discorsi erano l'unica cosa che sapeva fare. La folla in cui si mescolavano barbari e romani sentì il valore simbolico dell'avvenimento e lo salutò con giorni e notti di baldoria. Era la *distensione* fra tedeschi e latini.

Nove mesi dopo nacque un figlio, cui fu dato il nome del nonno materno Teodosio, il quale certamente avrebbe approvato quelle nozze. Poteva essere l'erede al trono di Onorio, che figli non ne aveva, e il suggello dell'avvenuta integrazione fra i due popoli. Purtroppo il bambino era ancora in fasce, quando morì a Barcellona dove Ataulfo si era spostato per mettere ordine nella Spagna contesa fra Svevi, Alani e Vandali, forse sperando che Onorio, ora ch'era suo cognato, gliene affidasse il governo. I genitori parvero annientati dal dolore mentre la piccola bara di massello d'argento calava nella fossa.

Subito dopo anche Ataulfo morì, vittima di un attentato, ordito probabilmente da Segerico, il fratello di Saro, che gli successe nel comando. Spirando, sussurrò ai suoi: «Vivete in amicizia con Roma e restituite Placidia all'Imperatore». Segerico non ne tenne conto. Anzi, scacciò la vedova Principessa dai suoi appartamenti, la precipitò al rango di una schiava qualunque, e la obbligò a seguire a piedi il suo cavallo, mentre egli sfilava per le vie della città. Placidia, sebbene distrutta dalla perdita del figlio e del marito, subì quegli oltraggi senza batter ciglio e col sorriso sulla bocca, da vera Regina. E forse fu anche questo suo contegno che contribuì ad abbreviare la rapida carriera di Segerico che, dopo soli sette giorni di comando, venne deposto e massacrato dai soldati furibondi. A succedergli per acclamazione fu Wallia, un prode e leale guerriero che subito eseguì la volontà di Ataulfo, facendo accompagnare Placidia ai Pirenei, dove Costanzo venne a riceverla in pompa magna.

L'addio della Principessa ai «suoi» Visigoti fu malinconico e affettuoso, ma valse a costoro uno stabile trattato di pace con Onorio. Essi mai più fecero ritorno in Italia. Sotto la guida di Wallia combatterono peripateticamente in nome dell'Imperatore, contro Alani, Vandali e Svevi, finché stabilirono un Reame a cavallo dei Pirenei, ch'ebbe per capitale Tolosa. La parte francese fu inghiottita un secolo e mezzo dopo da Clodoveo, quella spagnola dai Saraceni ai primi del secolo ottavo.

Placidia, giunta a Ravenna, resisté ancora per tre anni alla corte di Costanzo e alle insistenze di Onorio che voleva a tutti i costi quel matrimonio. Finalmente si arrese non al pretendente, ma alla «ragion di Stato»: Onorio le aveva commissionato un erede, visto che lui non era riuscito a procurarsene. Il maturo Generale volle festeggiamenti nuziali che superassero il ricordo di quelli di Narbona, e li ebbe. Ma non ebbe – pensiamo – la Placidia che Ataulfo aveva avuto. L'anno dopo nacque una bambina, cui fu dato il nome di Onoria. E quello successivo, finalmente, un bambino, cui fu dato il nome di Valentiniano e il titolo di *Nobilissimo*, che nella terminologia di quella Corte voleva dire Principe Ereditario.

Per rendere definitiva questa scelta, quattro anni dopo Costanzo fu da Onorio associato al trono, e Placidia ricevette il titolo di Augusta. Ma sette mesi più tardi Costanzo morì, e Placidia dovette vedersela con un terzo corteggiatore, il più inaspettato e il meno gradito di tutti: suo fratello.

Non sapendo come difendersi da quell'incestuoso capriccio (era una donna sana, Placidia, e di moderati appetiti sessuali), scappò coi due bambini a Costantinopoli da suo nipote Teodosio II. Per sua fortuna, anche Onorio di lì a poco morì, di un male che gli somigliava: l'idropisia. Il *Porfirogenito*, come lo aveva battezzato Claudiano quando nacque, salutandolo «più augusto di Giove», non aveva che trentanove anni. Ma li aveva spesi talmente male, che a rimpiangerlo forse furono soltanto i suoi polli.

· Com'era da prevedere, l'assenza da Ravenna dell'erede legittimo favorì l'usurpazione di un certo Giovanni, capo dei Notai e personaggio assolutamente di secondo piano. Ma la cerimonia dell'incoronazione fu turbata da un brutto presagio: si udì una voce, non si sa da chi articolata, che diceva: «Casca, casca, non si regge!...»

Infatti non si resse.

Teodosio si affrettò a comunicare a Ravenna che non accettava quel collega. Restava da sapere se intendeva deporlo per restituire il trono alla zia Placidia e al piccolo cugino Valentiniano, oppure per tenerselo ricostituendo così la unità dell'Impero. Scelse la prima alternativa, riaccompagnando di persona fino a Salonicco l'Augusta e il Principino, conferendo a questo ultimo la porpora e il titolo di Cesare e affidando entrambi a un Generale di sangue barbaro, Ardaburio, e a suo figlio Aspar alla testa di un corpo di spedizione.

Giovanni fu deposto dopo un regno di diciotto mesi e condotto prigioniero a Aquileia, dove Placidia e suo figlio avevano fatto sosta. Gli fu mozzata la mano destra, venne spinto per le strade a cavallo di un somaro in una parodia di trionfo, eppoi abbandonato alla soldataglia che lo linciò.

Alla fine di quello stesso anno 425, un imponente corteo mosse da Ravenna verso Roma. Lo guidava, per mano a sua madre, il piccolo Valentiniano, che aveva ora sette anni. Sul Campidoglio egli rivestì la porpora, si coronò del diadema, e il popolo lo acclamò Augusto.

CAPITOLO OTTAVO

GLI INTRIGHI DI RAVENNA

Quando Onorio vi aveva stabilito la sua corte, Ravenna era, come lo è oggi Venezia, una città di lagune e di canali, che ne facevano il principale porto dell'Adriatico. Era del resto unicamente a questa cintura d'acqua, che la proteggeva meglio di qualunque bastione di pietra, ch'essa doveva la sua elezione a capitale. Altre attrattive essa non aveva, né di clima, né di paesaggio, né di architettura.

Sidonio Apollinare, che ci capitò alcuni anni dopo, così la descriveva: «È un pantano, dove tutto va all'incontrario: i muri precipitano, le acque ristagnano; le torri affiorano e le barche si arenano; i bagni gelano e le case s'infuocano; i vivi muoiono di sete e i morti galleggiano; i ladri vegliano e le guardie dormono; i preti esercitano l'usura e gli usurai cantano i salmi; i mercanti imbracciano armi e i soldati fanno commercio; gli eunuchi studiano l'arte della guerra e i guerrieri barbari studiano la letteratura. È una città di terra che non possiede che acqua e la cui popolazione originaria è composta solo di zanzare e di ranocchi».

Prima di questo Apollinare, n'era giunto a Ravenna un altro nel primo secolo dell'Era Cristiana, che poi era diventato Santo, Santo Apollinare, e che vi aveva fondato la prima chiesa, quella che porta il suo nome. Era stato lui a dare a Ravenna quel carattere di città assorta e monastica, di nebbiosa necropoli stillante accidia e malinconia, che ha serbato anche nell'età delle automobili e della televisione. Clima, templi e leggende contribuivano a fare di essa una delle poche città romantiche della Penisola. E fu per questo, probabilmente, che Placidia ben volentieri vi si ritirò coi suoi due figli Onoria e Valentiniano. Romantica di temperamento anche lei, vieppiù lo era diventata dopo i lunghi anni trascorsi a fianco di Ataulfo in mezzo ai Goti. E quella quiete, quel silenzio rotto solo dai rintocchi delle campane e dallo sciacquio della laguna, le si addicevano.

Non aveva ancora trentacinque anni, e ne visse altri venticinque di fatto esercitando il potere imperiale, anche se di nome esso spettava a suo figlio. Procopio, che scrisse le sue Storie circa un secolo dopo, l'accusa di aver di proposito fatto di Valentiniano uno slombato per seguitare a comandare lei. Ma i fatti non ce ne danno conferma. È possibile ch'essa si sia rifiutata di vedere in suo figlio un uomo, anche quando questi ebbe raggiunto la maggiore età, e abbia seguitato a trattarlo da ragazzo. Questo lo fanno quasi tutte le mamme: sta ai figli dimostrare ad esse che hanno torto, anche a costo di dar loro qualche dispiacere. Ma ancora più probabile è che Placidia abbia seguitato a trattare suo figlio da ragazzo perché si accorse che non riusciva a diventare un uomo.

Gli avvenimenti del suo lungo regno dimostrano, al contrario, ch'essa il comando lo esercitò poco, specie in materia politica; e fu questa, caso mai, la sua vera colpa. Quelli che più la interessavano erano i grandi problemi spirituali e religiosi, e in ciò si mostrò buona figlia di suo padre, specie quanto a zelo persecutorio contro gl'infedeli e gli eretici. Mentre l'Impero cadeva a pezzi, provincia su provincia, essa continuava a patroneggiare Concili e a compilare editti contro chi trasgrediva alle loro decisioni: Nestorio condannato a Efeso, Dioscoro colpito dall'anatema a Calcedonia, erano da lei considerati più pericolosi ed esiziali dei Longobardi, dei Franchi, dei Vandali che stavano sommergendo tutto l'Occidente.

La difesa contro questa minaccia armata essa l'aveva data in appalto a due uomini, «ognuno dei quali» dice Procopio (e in questo forse ha ragione) «poteva rappresentare la salvezza se non si fosse trovato a vivere contemporaneamente all'altro»: Bonifacio e Ezio.

Bonifacio era, come si direbbe oggi, un Generale di carriera, fra i pochi rimasti con le mani pulite e senza ambizioni politiche. Non si sa se fosse romano di sangue. Ma lo era diventato, e nel senso migliore, di scelta, di cultura e di costumi. Per la prima volta lo si trova citato nel 413 quale comandante della piazzaforte di Marsiglia, quando respinse l'improvviso attacco di Ataulfo. Sempre fedele a Onorio, lo rimase anche ai suoi legittimi successori, Placidia e Valentiniano, contro l'usurpatore Giovanni. Passava per un uomo severo e giusto. Un giorno un contadino era venuto a lamentarsi nella sua tenda che un soldato della guarnigione gli aveva sedotto la moglie. Bonifacio fece di notte nove miglia a cavallo per andare a sincerarsi sul posto, e l'indomani presentò al marito ingannato la testa dell'adultero spiccata dal busto. Si guadagnò anche un certo odor di santità con la lunga corrispondenza che più tardi ebbe con Sant'Agostino e col voto che fece, quando gli morì la prima moglie, di non sposarne altre. Poi vi contravvenne doppiamente impalmando Pelagia, ch'era anche ariana e quindi, agli occhi della Chiesa, eretica. Eretica, ma piena di milioni. Placidia teneva Bonifacio in gran conto e dopo aver fatto di lui, uomo comunque di famiglia modesta, un *vir spectabilis* cioè un nobile dell'Impero, lo nominò Conte di Africa e gli affidò il comando di quella provincia, da cui dipendevano gli approvvigionamenti di grano per l'Italia.

Furono questi onori e riconoscimenti che aizzarono forse le gelosie di Ezio, l'altro «grande» della Corte di Ravenna. Ezio era un barbaro, probabilmente un goto; ma già suo padre aveva fatto carriera nell'esercito romano dov'era diventato Generale di cavalleria. Come usava a quei tempi, quando si stipulavano dei trattati, Ezio era stato dato in ostaggio prima a Alarico, eppoi a Rua, Re degli Unni. Così egli aveva trascorso la giovinezza in mezzo a selvatici guerrieri. E se questo gli servì per capirne i punti deboli quando più tardi si trovò a combatterli, non lo aiutò di certo a formarsi una mentalità romana e a sviluppare un vero e proprio senso dello Stato. Rimase sempre in questo prode soldato un atteggiamento da pretoriano e una spiccata propensione a mercanteggiare i propri servigi. Li prestò anche all'usurpatore Giovanni che, per fronteggiare Placidia e le forze di Aspar, lo spedì a reclutare un esercito unno. Ezio tornò alla testa, pare, di sessantamila uomini, ma tre giorni troppo tardi per dare man forte al suo padrone già sgominato sul campo. Sembra che attaccasse ugualmente battaglia. Ma, anche se lo fece, fu solo per tenere alto il proprio prezzo di mercenario. Placidia non gli mosse rimproveri: a quei tempi la slealtà era, come la legittimità, un criterio molto opinabile. Anzi, lo ricompensò della pronta conversione nominando anche lui *vir spectabilis* e affidandogli, col titolo di Conte d'Italia, il comando militare della Penisola.

Era fatale che fra i due favoriti scoppiasse la rivalità, e che in questa rivalità avesse la meglio quegli ch'era più vicino all'Imperatrice. Procopio racconta che Ezio, pur professandosi grande amico di Bonifacio e scambiando con lui lettere affettuose, cominciò a far diffondere la voce che il Conte d'Africa lavorava sotto sotto per staccare quella provincia dall'Impero e incoronarsene Re, com'era già successo con altri luogotenenti. E quando vide Placidia inquietarsi di quelle dicerie, le suggerì, con l'aria di difendere l'onore del collega, di chiamarlo a Ravenna per una franca spiegazione. «Se obbedisce» disse, «è chiaro che non è colpevole.» Ma nello stesso tempo spedì di nascosto una lettera a Bonifacio per avvertirlo che a Corte lo aspettavano per incriminarlo di tradimento.

Bonifacio, che non doveva fidarsi molto della giustizia imperiale, credette ad Ezio, e rifiutò di presentarsi. Ciò confermò i sospetti sulla sua pretesa slealtà e fece sì che nel 427 egli venisse dichiarato «nemico di Roma».

77

Le conseguenze di questo imbroglio furono drammatiche e irreparabili. Bonifacio, sentendosi abbandonato, contrattò un'alleanza coi Vandali, che in quel momento guerreggiavano in Spagna coi Visigoti e gli Svevi, invitandoli a stabilirsi in Africa, ch'era allora infinitamente più fertile e ricca. E così colui che non era un traditore, lo diventò. I Vandali, sotto la guida del loro re Genserico, vennero, e non se ne andarono mai più.

Pochi mesi dopo, alcuni vecchi amici di Ravenna, che non avevano mai voluto credere alla perfidia di Bonifacio, andarono di nascosto a trovarlo. Egli mostrò loro la lettera di Ezio, e l'inganno fu chiarito. Placidia mandò al Generale calunniato, insieme col perdono, l'ordine di scacciare i Vandali. Bonifacio cercò di farlo, prima con le buone, poi con le cattive, e ottenne anche qualche vittoria. Ma non aveva forze sufficienti per condurre a termine l'impresa, né c'era da sperare che gliene mandasse Ezio.

Costui in quel momento guerreggiava con successo, ma senza conclusione, in Francia contro i barbari che l'avevano messa a soqquadro. E nessuno pensò, dopo la scoperta del suo raggiro, a togliergli il comando. Anche questo faceva parte della moralità di quei tempi. Anzi, quando seppe che Bonifacio, ormai battuto dai Vandali, si era reimbarcato per Ravenna dove lo attendeva la promozione a *Magister utriusque militiae*, cioè praticamente a Generalissimo, Ezio scese apertamente in guerra contro di lui. Diviso in due, l'ultimo esercito romano si diede battaglia per i fatti personali dei rispettivi comandanti. Bonifacio vinse. Ma, secondo un costume che già anticipava il Medio Evo e la Cavalleria, dovette scendere in singolar tenzone contro il battuto rivale. E qui invece perse. Ferito gravemente, morì tre mesi dopo. Spirando, raccomandò a sua moglie di non accettare in sposo nessun altri che Ezio, se costui un giorno fosse rimasto vedovo a sua volta. E anche questo era un gesto del più puro rituale cavalleresco.

Ma Ezio vedovo non rimase.

La situazione dell'Italia si era fatta disperata, ora che i Vandali gliene avevano requisito il granaio. E la città che più ne risentiva era Roma, dove molta popolazione si era riversata dalle campagne per sfuggire ai saccheggi delle soldataglie di Alarico. Apollodoro ha lasciato scritto che in tutto quel periodo erano immigrate nell'Urbe sino a quattordicimila persone al giorno. Onorio aveva proibito i *circenses*, cioè i giuochi del Circo, ma la fame di *panem* era enormemente cresciuta. Purtroppo quella società rurale di piccoli e medi coltivatori diretti, che aveva costituito un tempo la forza dell'Italia, era scomparsa. C'erano soltanto dei latifondi sprovvisti di manodopera e sfruttati quasi esclusivamente a pastorizia. I dislivelli economici si erano paurosamente approfonditi. Esisteva ancora una grande aristocrazia che viveva principescamente su rendite di miliardi. Il grande storico e umanista Simmaco ne spese otto in un anno per festeggiare la propria elezione a Pretore, una carica puramente onorifica cui non corrispondeva più nessun potere effettivo. C'erano palazzi sontuosi, con legioni di camerieri e di cuochi. C'erano splendidi tiri a quattro e a otto. E c'erano anche vaste distribuzioni caritative. Il popolino affamato si abituava sempre più a vivere di elemosina, fidando unicamente sulla generosità dei signori: un carattere che Roma da allora non ha più perso.

Placidia non ignorava tutto questo, ma non aveva i mezzi per rimediarvi. Chiusa nel suo palazzo di Ravenna, seguitava a combattere coi suoi editti la battaglia contro gli eretici, conscia forse che solo la Chiesa poteva sopravvivere alla gran catastrofe del mondo romano e assicurare la resurrezione dei suoi valori spirituali e culturali. Non fu certo per mancanza di energia ch'essa rinunziò a impossibili riforme. Questa Imperatrice era l'unico uomo della famiglia; la sola, della progenie di Teodosio, che ne avesse ereditato il carattere. Nella sua inazione c'era soltanto la disperata certezza che ogni giorno perduto fosse un giorno guadagnato. In quell'Impero anchilosato, ridotto praticamente soltanto all'Italia, cioè a quattro o cinque milioni di abitanti affamati e resi imbelli da una ormai secolare esenzione dalla leva, qualunque innovazione poteva affrettare il crollo invece di ritardarlo.

Quando sentì avvicinarsi la morte, trasportò la Corte a Roma. Forse volle, prima di chiudere gli occhi, rivedere la città di San Pietro e consultarsi col Papa, ch'era allora Leone I, più grande come uomo di Stato che come teologo. Essa sapeva che il suo vero successore era lui, il capo della Chiesa; non certo i suoi figli Valentiniano, piccolo effeminato, e Onoria, piccola scostumata.

Spirò non ancora sessantenne, il 27 novembre del 450. E forse fu per suo espresso desiderio che il corpo, imbalsamato, venne riportato a Ravenna e collocato in un sarcofago nella chiesa dei Santi Nazario e Celso. Vi rimase intatto più di un millennio, e lo si poteva vedere attraverso un pertugio, ammantato nelle sue vesti regali e irrigidito su uno scranno di legno di cipresso. Un giorno del 1577 un incauto visitatore, per vederlo meglio, avvicinò troppo una candela al buco. Le vesti presero fuoco e in pochi secondi tutto si trasformò in un pugno di cenere.

CAPITOLO NONO

ATTILA

Diciassette anni prima che Placidia morisse, e precisamente nel 433, era scomparso Rua, il Re che aveva guidato le orde unne fin nel cuore dell'Ungheria. E sul trono sedevano ora i suoi nipoti, Attila e Bleda.

Questa divisione del potere non era un'eccezione, ma il ritorno al vecchio costume di quel popolo equestre e errabondo, nella cui tradizione i primi Re, Basi e Kursik, s'incontrano appunto in coppia. Lo stesso Rua dapprincipio aveva regnato insieme a suo fratello Oktar, e soltanto dopo la morte di costui aveva potuto accentrare nelle proprie mani il comando. Forse fu proprio questa la ragione per cui riuscì a imporre alle sue orde un alt così lungo e così contrario alla loro vocazione, lì sulle rive del Danubio. Il trono bipartito era sempre stato causa di gran debolezza e di anarchia.

Gli Unni erano ancora un popolo nomade. Ma da quando avevano varcato il Volga una settantina di anni prima, la loro marcia si era alquanto rallentata, per due motivi: prima di tutto perché per la prima volta erano venuti in contatto col *limes* dell'Impero, con le sue fortificazioni e i suoi sbarramenti, per quanto deteriorati; eppoi perché la massa unna aveva convogliato nella sua avanzata i detriti e i brandelli dei popoli germanici ch'essa aveva sottomessi e che ora forse costituivano il grosso del suo esercito. Alemanni, Sciri, Rugi, Gepidi, Goti erano ormai più numerosi degli stessi Unni, e non ne condividevano che parzialmente il nomade istinto. Essi avevano qualche nozione di agricoltura, e preferivano la casa, o almeno la capanna, alla tenda e alla groppa del cavallo.

Uno scrittore greco, Prisco, che fece parte di un'ambasceria di Costantinopoli, ci fornisce infatti degli Unni un ritratto assai diverso da quello lasciatoci da Ammiano Marcellino. Essi avevano una capitale, ora, sia pure di effimere catapecchie, ma che denunziava una certa vocazione alla stabilità. Si chiamava Aetzelburg, sorgeva vicino alla moderna Budapest, e doveva essere un ben curioso villaggio, policromo e poliglotta, dove si mescolavano i capitribù mongoli dalla pelle gialla, dagli occhi a mandorla, dagli zigomi in rilievo e dal corpo basso e tozzo, con i Re e i Generali tedeschi dal fusto alto, dagli occhi azzurri e dalla pelle rosea. Non c'era nulla, s'intende, che somigliasse a un'organizzazione statale e nemmeno cittadina. Non c'era una lingua scritta, non c'erano leggi, non c'era una burocrazia. Le ambascerie straniere che vi giungevano da ogni parte del mondo si acquartieravano sotto tende ch'esse stesse portavano al seguito, e lì restavano talvolta per mesi in attesa che il Re le ricevesse.

Attila e Bleda, quando salirono al trono, non avevano in comune che la giovane età e l'origine dinastica. Per tutto il resto differivano profondamente. L'unico ricordo che Bleda ha lasciato di sé è il suo affetto per un nano negro, Zercone, chissà da chi regalatogli, che lo divertiva come un giocattolo può divertire un ragazzo grossolano, ignorante e capriccioso. Trascorreva le sue giornate con lui, a ridere delle sue smorfie e pagliacciate. E un giorno che Zercone fuggì insieme ad alcuni prigionieri, Bleda mobilitò mezzo esercito per catturarlo. Quando glielo riportarono ammanettato e in catene, invece di punirlo, gli chiese premurosamente perché era scappato. Zercone rispose che lo aveva fatto per andare a cercarsi una moglie, visto che fra gli Unni non ne trovava. La cosa divertì enormemente Bleda che, dopo averne riso fino alle lacrime, mandò a chiamare una damigella di Corte, di nobile lignaggio, e le impose d'impalmare il mostriciattolo. Questi, dopo la morte del suo padrone, venne mandato da Attila in regalo a Ezio. Ma un bel giorno tornò ad Aetzelburg a chiedere che gli fosse restituita la moglie, la quale non lo aveva seguito. Attila non volle saperne, e il nano rimase lì anche lui di propria volontà, a fare il buffone durante le feste e i banchetti.

Erano stati i Goti, che ormai costituivano il nerbo del suo esercito, a coniare quel nome di *Attila*, che nella loro lingua voleva dire «piccolo padre». Ma si trattava di un padre un po' a modo suo. Di statura piuttosto corta, largo di spalle, con una grossa testa sul collo taurino, naso piatto, una rada barbetta, zigomi sporgenti e occhi a spillo, solo a vederlo questo mongolo metteva i brividi addosso. La sua voce e i suoi gesti erano imperiosi. Camminava, come tutti i piccoli, a petto in fuori, conscio della propria potenza e importanza. Il suo orgoglio era pari soltanto alla sua avarizia, ch'era immensa. Il suo potere era basato unicamente sulla paura ch'egli ispirava. Non c'erano intorno a lui né entusiasmi né affetti, ma soltanto il terrore. Se fosse un genio come qualcuno ha detto, non sappiamo, e invano ne chiediamo conferma agli avvenimenti. Anche in campo militare, dove lo si vuol paragonare a Annibale e a Napoleone, a conti fatti bisogna riconoscere che l'unica grande battaglia in cui si trovò impegnato la perse, o per lo meno non la vinse. In compenso, era scaltrissimo, rotto a tutti i raggiri, paziente e crudele. Francamente poligamo, era però molto sobrio nella dieta. Quando i suoi luogotenenti e dignitari, a contatto della civiltà romana, cominciarono a corrompersi, a ricercare il vasellame d'argento e le vesti di seta, egli seguitò ad andare vestito di pelli, a scaldare la carne cruda fra la propria coscia e la groppa del cavallo, e a mangiarla in rozze scodelle di legno.

Non abbiamo nessun elemento per affermare che Attila soppresse Bleda, come dice Prisco. Ma ne possediamo quanti bastano a ritenerlo capace di averlo fatto. Comunque, dopo una decina di anni di regno a due, e cioè nel 444, si trovò solo sul trono e con tutto il potere nelle mani.

Sino a quel momento, egli aveva svolto verso l'Impero una politica in cui la guerra fredda e la distensione si erano alternate. Abbiamo visto Ezio venir da Rua a chiedergli un corpo di spedizione per sostenere l'usurpatore Giovanni contro Placidia e Valentiniano. Altri distaccamenti di mercenari unni combattevano sotto le bandiere di Costantinopoli. Ogni tanto c'erano rivolte, incursioni e saccheggi; ma questo avveniva anche con le truppe tedesche. L'Impero pagava uno *stipendio* a Rua, che lo considerava un *tributo*: ma anche questo avveniva pure con gli altri barbari, e non si trattava di una forte somma.

Il fatto è che, sebbene confinanti, Rua e l'Impero avevano ancora un nemico comune che faceva da ammortizzatore fra loro: tutte quelle popolazioni barbare che si aggrovigliavano specie nei grandi spazi settentrionali fra l'Austria e il Baltico. Ma ora, con l'avvento di Attila al trono, i barbari del Nord o si erano sottomessi, com'era capitato ai loro confratelli più a Sud; o, rotto il *limes*, avevano fatto irruzione in Francia e Spagna, com'era stato il caso dei Franchi, dei Vandali, dei Burgundi (ed era stato appunto questo a far naufragare il sogno della pacifica e graduale integrazione accarezzato da Teodosio e da Placidia). Con la fine di questo «isolante», Unni e Romani si trovavano direttamente di fronte.

Morendo, Rua aveva lasciato in sospeso una «grana» diplomatica con Costantinopoli, cui aveva ingiunto di raddoppiare il tributo e di restituire non solo i disertori unni rifugiatisi dentro le terre dell'Impero, ma anche quei prigionieri romani che, catturati dagli Unni, erano riusciti a evadere, o di riscattarli con otto pezzi d'oro a testa.

A trattare coi successori, cioè praticamente con Attila, perché Bleda si occupava solo di Zercone, vennero da Costantinopoli due diplomatici, Plinta e Epigene, che non conclusero nulla anche per mancanza d'interlocutori. Attila abitava in cima a una collinetta in una baracca di legno che si distingueva dalle altre per le proporzioni e per l'elegante palizzata che la circondava, con torri di guardia. Accanto, c'erano delle rudimentali terme. L'idea di costruirle era stata suggerita da un architetto romano, catturato in una scaramuccia. Con infinita difficoltà si era fatto venire del materiale dall'Italia, e il costruttore aveva sperato di ottenere in ricompensa la libertà. Attila invece, per premio, lo aveva nominato bagnino.

Plinta e Epigene invano cercarono ciò che oggi si chiamerebbe una «Cancelleria» o «Segreteria di Stato» con cui mettersi in rapporto e trattare. A Aetzelburg non c'era nulla di tutto questo. Bisognava vedersela direttamente col Re, il quale non era abituato ad avanzar proposte, ma solo a impartire degli ordini. Ai due messi non restò che subirli pur con la ferma intenzione di evaderli.

Alcuni anni trascorsero tranquilli. Poi d'improvviso, nel 447, Attila si mise alla testa delle sue orde e, di saccheggio in saccheggio, le condusse fin sotto Costantinopoli. La città si salvò grazie alle sue mura. Ma l'imperatore Teodosio ebbe una tale paura, che si affrettò a triplicare il tributo che già pagava e coprì d'oro gli ambasciatori unni ch'erano venuti a esigerlo.

L'anno dipoi un'altra ambasciata giunse da Aetzelburg, capeggiata da Edecone e da Oreste. Li citiamo perché sono due personaggi, di cui udremo riparlare. Edecone era un barbaro, probabilmente uno sciro, che aveva fatto carriera sotto Attila fino a diventarne uno dei più importanti consiglieri. Ora era già padre di un marmocchio che si chiamava Odoacre. Oreste era di sangue barbaro anche lui, ma apparteneva a una famiglia della Pannonia che già da almeno un paio di generazioni aveva la cittadinanza romana. Parlava il latino, aveva una certa cultura, conosceva i classici, sapeva cosa fossero le Leggi e lo Stato, e dalla figlia di un certo Conte Romolo di Passau aveva avuto a sua volta un figlio che si chiamava, come il nonno materno, Romolo.

Il più potente ministro di Costantinopoli era a quei tempi l'eunuco Crisafio, ambiguo personaggio, che credette di poter giuocare d'astuzia inducendo Edecone a tradire Attila e ad ucciderlo al suo ritorno. Edecone intascò il denaro, ma raccontò tutto al suo padrone che non se ne meravigliò affatto, e solo ne prese pretesto per mortificare gli ambasciatori romani e avanzare nuove richieste di denaro. Da quanto racconta lo storico Prisco che faceva parte di quelle ambascerie, non era mai su grandi problemi politici e di Stato che Attila s'intestardiva, ma sempre su miserabili questioni di «precedenze» e di quattrini. Una volta minacciò la rottura delle relazioni diplomatiche se non gli mandavano come ambasciatori delle personalità di grado almeno consolare, e pretendeva di designarne egli stesso i nomi. Quando poi essi giungevano, ostentava di non riceverli per settimane, talvolta per mesi, per invitarli alla fine a un banchetto in cui li confinava agli ultimi posti della tavola, facendoli servire dopo i più insignificanti dei suoi dignitari. Si addolciva soltanto quando dalle due capitali dell'Impero gli giungevano doni di gran valore. Allora andava di persona fino ai confini del suo Reame incontro ai messi che glieli portavano, e a tavola li faceva sedere al proprio fianco. Ezio, che lo conosceva bene, non lesinava.

L'avarizia e l'orgoglio erano insomma le due principali componenti del carattere di Attila. Una volta egli mandò alla Corte di Costantinopoli un ambasciatore, Esla, incaricato di leggere a Teodosio il seguente discorsino di saluto, dettato personalmente dal suo padrone: «Il mio signore, Attila, ha ereditato da suo padre Mundzuk il rango di Re, ma lo ha conservato. Non altrettanto hai fatto tu, Teodosio, che sei decaduto al livello di schiavo di Attila, rassegnandoti a pagargli un tributo...» Ma poi si scoprì che questa bella apostrofe era stata compilata solo per indurre Teodosio a largire a Esla una lauta mancia per addolcirlo. Il taccagno Attila, per arricchire i suoi funzionari senza rimetterci di tasca propria, li mandava come ambasciatori a Costantinopoli per procurarsi, con le minacce, qualche sostanziosa «bustarella». E il giuoco gli riuscì finché sul trono ci fu il gentile ma remissivo Teodosio II, l'Imperatore antimilitarista che preferiva alle guerre la miniatura delle pergamene.

Ma nel 450, l'anno in cui moriva Placidia, morì anche Teodosio, senza lasciare eredi maschi, e a prenderne il posto fu sua sorella Pulcheria, che per ragioni di stato si associò come marito un onesto e coraggioso soldato di nome Marciano. Uno dei primi gesti del nuovo sovrano fu l'invio ad Attila di un ambasciatore, Apollonio. Quando Attila seppe che costui era arrivato a Aetzelburg senza il solito tributo e con modesti doni, gli mandò a dire che, se voleva aver salva la pelle, i doni li lasciasse a un segretario e se ne tornasse pure a casa. Apollonio rispose che gli Unni potevano anche ammazzarlo, ma che i doni lui li avrebbe consegnati personalmente a Attila, o altrimenti li avrebbe riportati con sé a Costantinopoli. E così fece senza che Attila osasse mandare ad effetto le sue minacce.

Il capo unno aveva capito che le cose a Costantinopoli erano cambiate, che con Marciano i ricatti avevano poche probabilità di successo. E forse fu per questo che, dopo essersi per tanti anni occupato quasi esclusivamente dei rapporti con l'Impero d'Oriente, volse d'improvviso la sua attenzione verso quello d'Occidente.

La scusa per attaccar briga con Roma già da un pezzo ad Attila era stata fornita da Onoria, la figlia di Galla Placidia e la sorella di Valentiniano. Questa ragazza scervellata, che doveva aver ereditato da suo padre Costanzo una buona dose di sensualità, aveva dato scandalo nella puritana Corte di Ravenna facendone con tutti di tutti i colori. Finché sua madre l'aveva esiliata a Costantinopoli, mettendola sotto la guardia di sua nipote Pulcheria, donna di carattere duro e severo. Onoria fu messa a una stretta dieta di studio e di preghiere. Finché un giorno, non potendone più, trovò il mezzo di mandare ad Attila un anello come pegno di fidanzamento, dicendosi pronta a sposarlo se lui la liberava da quella vita di collegio.

Attila di mogli ne aveva già in abbondanza, e poteva rinnovare l'harem quando e quanto voleva. Ma l'anello se lo mise in tasca, e ogni tanto lo tirava fuori con la pretesa d'impalmare la principessa e soprattutto d'incamerarne la dote ch'egli stesso di volta in volta fissava in una o in più province dell'Impero. Ma si trattava soltanto di uno dei soliti ricatti per estorcere un aumento del tributo e qualche dono in aggiunta alle mance abituali.

Nel '50 Onoria, ormai più che trentenne, era stata restituita a suo fratello Valentiniano, quando a costui fu recato un nuovo messaggio di Attila che gl'ingiungeva di trattarla con tutti i riguardi: egli la considerava la sua fidanzata e la proprietaria di una metà dell'Occidente. Valentiniano rispose che Onoria era già sposata (ma forse era una bugia) e che le successioni nell'Impero erano regolate per via maschile, non femminile.

Ma Attila ormai aveva deciso la guerra, e guerra doveva essere. Per mesi e mesi egli preparò il suo esercito, che in realtà non era un esercito, ma tutta la nazione in armi, secondo il costume barbarico dell'orda. Sicché quando si dice ch'egli si mosse con settecentomila uomini, non s'intende settecentomila soldati, ma forse settanta o ottantamila. Di questa massa, gli Unni erano una minoranza e ne formavano la cavalleria. Il grosso delle fanterie era costituito dalle tribù germaniche soggiogate: i Rugi, gli Sciri, quei brandelli di Franchi, di Turingi e di Burgundi che non avevano fatto in tempo a varcare insieme ai loro confratelli il Reno, e soprattutto le due grandi famiglie gotiche, gli Ostrogoti e i Gepidi, che Attila aveva interamente asservito.

Gli Ostrogoti si erano particolarmente distinti nell'esercito unno, e il loro re Arderico godeva di una posizione di favore nello stato maggiore di Aetzelburg.

La ragione per cui questa policroma e poliglotta armata, appesantita dai carri che trasportavano le famiglie dei guerrieri e da una inverosimile sussistenza, cominciò dalla Francia l'assalto all'Occidente, non la si conosce con esattezza, ma forse va ricercata nella guerriglia che v'infieriva tra i barbari che vi avevano preso stanza. Il predominio dei Franchi non si era ancora affermato. Glielo contendevano i Visigoti che dopo la morte di Wallia avevano fondato un reame abbastanza solido di cui Tolosa era la capitale. I Sassoni si erano acquartierati sulle coste della Manica, gli erculei Burgundi erano in Savoia, e i pochi Alani scampati ad Attila e trascinati verso Ovest dai Vandali formavano un'isola a sé in Provenza.

Cosa restasse di autorità romana in questo Paese alluvionato dai barbari, non è dato sapere con certezza. Però ce n'era ancora un briciolo, rappresentato da qualche Prefetto, da qualche Questore e da alcuni presidi sparpagliati qua e là, a Lione, ad Arles, a Narbona, che cercavano di destreggiarsi approfittando delle rivalità altrui. Ogni tanto i rappresentanti imperiali si alleavano coi Visigoti contro i Sassoni o coi Sassoni contro i Burgundi, e vittorie effimere si alternavano con provvisori insuccessi. In realtà l'unica missione che i Romani ancora assolvevano in queste province occidentali era la conversione dei barbari a un certo rispetto della cultura latina, della lingua e dell'ordinamento legislativo e amministrativo. Ma come influenza politica ne esercitavano ben poca.

Attila evidentemente pensò di volgere a proprio favore tutti questi contrasti. E infatti mandò due ambascerie: una a Valentiniano, invitandolo a unirsi a lui per ridurre definitivamente alla ragione il vecchio nemico visigoto contro cui, al servizio di Roma, anche dei contingenti unni avevano combattuto; l'altra a Teodorico, il Re dei Visigoti, invitandolo a unirsi a lui per estromettere definitivamente Roma dalla Francia.

Ma Ezio, che conosceva bene il suo uomo per essere stato a lungo ostaggio a Aetzelburg, ne sventò abilmente i piani. E Teodorico, sebbene fosse stato con lui ai ferri corti sino a poco tempo prima, ebbe abbastanza cervello per capire che, fra i due pericoli, quello unno era infinitamente più grosso di quello romano. Così, fra Ravenna e Tolosa, fu saldata un'alleanza che salvò la Francia da quello che fin d'allora si chiamava «il pericolo giallo».

Attila iniziò l'invasione dal Belgio, e fu la solita mareggiata devastatrice. Purtroppo i memorialisti della Chiesa, invece di darci la cronaca degli avvenimenti, la ridussero come al solito a una filastrocca di miracoli come quello di Servazio, Vescovo di Tongres, che in una visione fu avvertito da San Pietro della imminente catastrofe, o quello di Aniano, Vescovo di Orléans, che poi fu fatto Santo per essere riuscito a convincere Ezio della necessità di difendere la sua città. Tutto questo non impedì ad Attila di distruggere una dopo l'altra Reims, Cambrai, Treviri, Metz, Arras, Colonia, Amiens, Parigi (tuttora piccolo villaggio) e di discendere la valle della Loira lasciandosi dietro solo cumuli di fumanti macerie, fino a Troyes, la cui salvezza sembra che sia da attribuire a un altro mezzo miracolo.

Anche qui fu il Vescovo, Lupo, che si presentò ad Attila supplicandolo di risparmiare la sua città. E Attila accettò, ma a condizione che il sant'uomo pregasse per lui e per la vittoria del suo esercito. Il che Lupo fece, guadagnandosi certamente la gratitudine dei suoi concittadini, ma lasciando noi posteri un po' perplessi non solo sul patriottismo, ma anche sulla fede religiosa di questo prelato che durante la battaglia si trovava nel campo dell'Unno pagano e idolatra a scongiurare il Cielo che lo facesse trionfare dei cristiani impegnati con lui in una lotta mortale. Ma forse, siccome pregava in latino, ne approfittò per impetrare il contrario di ciò che aveva promesso.

La battaglia, comunemente chiamata «dei Campi Catalaunici», ebbe luogo nella piana di Mauriac, e fu sanguinosissima. 162.000 cadaveri stando a Giordane, rimasero sul terreno; ma il risultato rimane tutt'oggi un mistero. Teodorico cadde, alla testa dei suoi. E Attila dovette ripiegare. Ma lo fece ordinatamente senza che l'esercito romano-visigoto lo incalzasse. Qualcosa, in questo successo di Ezio, ricorda quelli di Stilicone contro Alarico. Ebbe egli il sospetto che, se annientava l'orda unna, Valentiniano e l'Impero non avrebbero avuto più bisogno di lui? Torismondo, ch'era stato acclamato sul campo Re dai Visigoti dopo la morte di suo padre, aveva anche lui qualche ragione a non insistere. La sua successione poteva essere contrastata dai suoi fratelli rimasti a Tolosa, dove non voleva tornare con un esercito a brandelli. Sono supposizioni, intendiamoci; ma purtroppo non abbiamo di meglio per spiegare lo strano episodio.

Comunque, nella piana di Mauriac si decisero le sorti dell'Europa. Essa doveva restare nelle mani dei tedeschi e dei latini.

CAPITOLO DECIMO

LA FINE DEL «FLAGELLO»

Non c'era da aspettarsi che un uomo orgoglioso come Attila si rassegnasse alla sconfitta. E infatti, appena rientrato a Aetzelburg sul finire dell'estate del 451, si diede alacremente a preparare la rivincita.

Nella primavera successiva si mosse, ma non per la strada dell'anno prima. Attraversò le Alpi Giulie e discese sulla pianura veneta. Aveva capito che in Francia i Romani sarebbero di nuovo accorsi a dare man forte ai Visigoti, ma che in Italia i Visigoti non sarebbero accorsi a dare man forte ai Romani. E gli avvenimenti gli diedero ragione. Incontro a lui non si fece nessun esercito. La gente fuggiva. Le città atterrite gli aprivano le porte. Una sola le sprangò preparandosi a resistere: Aquileia.

Era, per quei tempi, una città grande in gara, quanto a importanza e a ricchezza, con Ravenna e Milano; e sorgeva alla foce dell'Isonzo nell'Adriatico. Nata nel 181 come colonia romana, si era poi enormemente sviluppata come centro commerciale per gli scambi con la Germania, con l'Austria (che allora si chiamava Norico) e con la Jugoslavia (che allora si chiamava Illiria). Aveva una popolazione mista di italiani, di tedeschi, di galli celti e di transfughi di tutte le tribù che si davano il cambio, sospingendosi l'una con l'altra, in Ungheria e Romania: gente attiva, che fra l'altro si era costruita tutt'intorno una cerchia di mura e di solidi bastioni. La Chiesa vi teneva addirittura un Metropolita, la cui diocesi si estendeva da Verona alla Croazia.

Come Metz, Aquileia si chiamava «la fortezza vergine» perché nessun assalitore era mai riuscito a espugnarla: vi si erano invano provati anche l'usurpatore Massimino e più tardi Giuliano. Ezio, che pur considerava impossibile la difesa dell'Italia del Nord, aveva lasciato ad Aquileia un robusto presidio di truppe scelte. Esse resisterono gagliardamente agli attacchi di Attila, che alla fine stava per togliere l'assedio, si racconta, quando vide levarsi in volo dai tetti della città un branco di cicogne. Superstizioso com'era vi scorse il segno della imminente capitolazione, ne persuase le sue truppe e le lanciò a un ennesimo assalto. Le difese vennero travolte, e Aquileia subì un castigo proporzionato alla resistenza che aveva opposto. Solo pochi brandelli umani riuscirono a scampare dalla città in cui non era rimasta pietra su pietra.

Giulia Concordia, Altino, Padova subirono pressappoco la stessa sorte. Però, via via che risaliva il Po, la rabbia di Attila si addolciva. Vicenza, Verona, Brescia, Bergamo si arresero e furono saccheggiate, ma non distrutte. Forse l'ordine e la bellezza delle città italiane, molto superiori in tutto a quelle tedesche e francesi, intimidivano l'Unno. A Milano, Attila si acquartierò nel palazzo imperiale, quello in cui Costantino aveva firmato il famoso editto che segnava il trionfo del Cristianesimo, e in cui Teodosio era spirato. Fra gli affreschi che ne decoravano le sale, ce n'era uno che rappresentava il trionfo di Roma sui barbari: i due Imperatori, di Oriente e di Occidente, seduti sul trono dorato di fronte a un gruppo di Sciti morti o in catene. Attila lo prese come un insulto alla sua persona, mandò a cercare un pittore e gli ordinò di comporre subito un altro affresco che rappresentasse lui, il Re unno, seduto sul trono, nell'atto di ricevere il tributo di Valentiniano e di Teodosio II.

Le orde tartariche giunsero fino a Pavia, e tutta l'Italia cispadana stava col fiato sospeso in attesa di vederle ruzzolare verso Roma, quando invece si fermarono. Non se n'è mai saputo il motivo. Si è detto che, una volta entrato in Italia, Attila era stato colto da una specie di sbigottimento e aveva provato d'improvviso un senso di reverenziale rispetto per questo Paese tanto più civile del suo. Ma è un'ipotesi che s'intona male al suo carattere. Si è detto anche che gli tornò alla memoria il precedente di Alarico che, subito dopo aver conquistato Roma, morì. E questo è più probabile, data la sua superstizione. Comunque, mentre deliberava coi suoi consiglieri, giunse notizia dell'arrivo di una ambasceria dell'Urbe, guidata da un uomo il cui rango non poteva essere discusso, visto che si trattava del Papa.

Cosa fosse frattanto successo nell'Urbe, dove ora risiedeva anche Valentiniano, non si sa. Come non si sa per quali ragioni Ezio, mostratosi fino a quel momento un Generale così capace e risoluto, non avesse nemmeno accennato a scendere in campo contro il nemico. È probabile che non avesse forze sufficienti per farlo, perché anche nella piana di Mauriac era stato l'esercito visigoto a decidere le sorti della battaglia e della guerra. Comunque, non risulta che fosse disposto nemmeno a un tentativo, e anzi pare che consigliasse all'Imperatore la fuga.

Fu allora che il Papa prese su di sé la suprema responsabilità, e il gesto segnò una svolta definitiva nella storia dell'Urbe e dell'Italia. Leone I era della stessa stoffa di Ambrogio, e già da anni conduceva una strenua lotta nell'interno della Chiesa per affermare la supremazia del Vescovo di Roma su tutta la cristianità. Era un toscano di Volterra, autoritario e massiccio, con scarse propensioni per le dispute teologiche. Era stato lui, al Concilio di Calcedonia, a tagliar corto coi Nestoriani e coi Monofisiti che volevano introdurre sottili discriminazioni fra Cristo-Dio e Cristo-uomo e a dare avvio a quel sistema di precetti che doveva precludere la strada a ulteriori deviazionismi. Era un uomo solido, coraggioso e di buon senso, di gran carattere più che di gran testa, animato da una fede senza dubbi né tentennamenti, e convinto che la disciplina e l'obbedienza valessero più della carità.

Attila si trovò faccia a faccia con lui nell'estate del 452 sulle rive del Mincio dov'era venuto a incontrarlo. Come si svolse l'intervista, nessuno lo sa, perché nessuno ne prese nota. La leggenda corse che l'insolenza abbandonò di colpo l'Unno di fronte al Supremo Pontefice che gl'ingiungeva col crocefisso in mano di abbandonare l'Italia, e Raffaello ne rappresentò la scena in un affresco. L'affresco è mirabile, ma la scena ci pare poco credibile. Attila non era tipo da lasciarsi impressionare e per di più era pagano e quindi non molto ricettivo a chi gli parlava in nome di Cristo. Si disse che Leone era stato preceduto sul Mincio dalle voci di una mobilitazione da parte dell'Imperatore d'Oriente, Marciano, che si preparava a correre in aiuto del suo collega d'Occidente. Ma di questa iniziativa i memorialisti di Costantinopoli non hanno mai detto nulla. L'ipotesi più probabile ci sembra, dato il seguito degli avvenimenti, che Attila avesse già avvertito in quel momento i primi sintomi del male che di lì a poco doveva ucciderlo. Aveva forti emorragie dal naso, accompagnate da vertigini, e forse, superstizioso com'era, pensò che l'Italia gli portasse sfortuna. Non è da escludersi tuttavia che Papa Leone, inserendosi in questo suo stato d'animo, gli facesse un grande effetto e desse il colpo decisivo alla sua tentazione di rinuncia. Egli non chiese ironicamente, come millecinquecento anni dopo doveva fare il suo quasi consanguineo Stalin: «Il Papa!?... Quante divisioni corazzate possiede?» Trattò con riguardo l'inerme porporato e, pur ripetendo la sua pretesa alla mano di Onoria e la minaccia, se non gliela concedevano, di tornare l'anno dopo a prendersela con la forza, ripartì per le sue pianure magiare.

Accompagnàmolo in quest'ultimo viaggio. Giordane racconta che, appena rientrato a Aetzelburg, Attila si pentì della propria irresolutezza, si rimise in marcia sulla Francia per vendicarsi dei Visigoti e ne fu per la seconda volta battuto. Ma l'episodio è rifiutato dalla Storia. Egli mandò un insolente messaggio a Marciano ingiungendogli di pagare il tributo, eppoi cercò di consolarsi delle delusioni patite in Occidente prendendosi in moglie la bellissima giovinetta Ildico. La sera del banchetto, per la prima volta in vita sua, fece uno strappo alle regole, e mangiò e bevve in abbondanza. Poi salì nella camera nuziale e l'indomani lo trovarono morto, soffocato dal proprio sangue, accanto alla sposina che piangeva.

Si parlò di avvelenamento e di regicidio. Si avanzarono anche altre ipotesi che la decenza ci vieta di riferire. Ma quella più verisimile, che è anche la più semplice, è che si sia trattato proprio di un'emorragia, più forte delle altre che aveva già avuto. Il compianto dei sudditi fu grande quasi quanto il sollievo dei nemici. Secondo il loro barbaro costume, essi si tagliuzzarono il viso in modo che fosse inondato di sangue virile e non di lacrime da femminuccia. Il cadavere fu dapprima esposto in una sontuosa tenda intorno a cui i cavalieri unni pazzamente galopparono a lungo, cantando inni funebri. Poi fu composto in una bara d'oro, la bara d'oro in una d'argento, la bara d'argento in una di ferro, che fu portata via segretamente e inumata insieme ad alcuni scrigni pieni di gioielli in modo che Attila non diventasse povero nemmeno da morto. Infine, com'era successo per Alarico, gli schiavi che avevano scavato la fossa furono subito uccisi in modo che non rivelassero dov'era sepolto. Il mestiere di becchino, a quei tempi, non era di tutto riposo.

La fine di Attila fu automaticamente la fine degli Unni, ed è proprio questo a dimostrarci quanto poco grande, in fondo, fosse stato il grandissimo Attila, il «flagello di Dio» come lo chiamavano i Romani. Egli non aveva saputo creare nulla che potesse sopravvivergli. I numerosi figli che aveva avuto dalle varie mogli non seppero mettersi d'accordo sulla successione e si divisero. Ma le varie nazionalità che componevano il suo popolo, e particolarmente quelle tedesche, fecero secessione o se la guadagnarono con l'aperta rivolta. Cominciarono i Gepidi sotto la guida del loro re Ardarico. Continuarono gli Ostrogoti, condotti dai tre fratelli Amal. Seguirono gli Svevi, gli Eruli, gli Alani. Ernak, il figlio prediletto di Attila, accettò di acquartierarsi coi suoi pochi seguaci in Dobrugia riconoscendo la sovranità dell'Impero d'Oriente e accettandone la protezione. Ellak, il primogenito, fu ucciso in battaglia dai Gepidi, che si costituirono in Stato indipendente lì in Ungheria. Gli Ostrogoti si accamparono fra Austria e Croazia, gli Eruli in Carinzia. In piccoli gruppi, la maggior parte degli Unni ripercorsero a briglia sciolta le piste dell'est per perdersi ancora una volta nelle steppe russe. Dopo pochi anni in Europa non se ne trovò più traccia. Nemmeno dopo la morte di Alessandro il Macedone si era assistito a una così fulminea dissoluzione. Tanto che, come ha scritto qualcuno, vien fatto di chiederci quale compito la Provvidenza aveva assegnato a Attila, salvo quello di dimostrare, appunto, che la Provvidenza non c'è.

Ma questo non è del tutto vero perché, pur non riuscendo a costruire nulla di durevole, Attila di qualcosa fu causa, sia pure involontaria. Egli fondò Venezia.

Furono infatti i fuggiaschi di Aquileia, di Padova e di tutte le altre città venete da lui rase al suolo, che per mettersi al riparo da altre sventure del genere si rifugiarono nelle isolette della laguna. Quelli di Altino ne popolarono sette, a ognuna delle quali diedero il nome di una delle sette porte della loro città. Quelli di Aquileia emigrarono a Grado, quelli di Concordia a Caorle, quelli di Padova a Rialto e Malamocco. Venezia si formò lentamente dal coagulo di questi detriti sviluppando quella vita anfibia che doveva dettare il suo destino. Fu una crescita lenta. Duecent'anni dopo questi avvenimenti un geografo di Ravenna scriveva: «Nel Veneto ci sono delle isole dove pare che vivano degli uomini». Erano i progenitori di coloro che dopo qualche secolo dovevano dominare il Mediterraneo e rendere la pariglia ad Attila bloccandovi l'impeto di un altro conquistatore della stessa razza asiatica e turanica degli Unni alla cui famiglia apparteneva: i Turchi.

Ma, oltre a questo, Attila provocò anche la definitiva affermazione del potere spirituale su quello temporale, simbolizzata e riassunta dall'ambasceria di Papa Leone sul Mincio. Quali che fossero stati i veri motivi che indussero Attila ad abbandonare l'Italia, a Roma tutti ne diedero il merito al Papa, che si era fatto incontro al «flagello di Dio», mentre l'Imperatore discuteva la fuga con Ezio. Anche questi usciva piuttosto malconcio dall'episodio. Ma la sua posizione sembrava sicura anche per l'imminente matrimonio di suo figlio Gaudenzio con una figlia di Valentiniano che, non avendo eredi maschi, si supponeva che avrebbe lasciato a lui il trono. Ma alla notizia della morte di Attila, le cose bruscamente cambiarono. Un giorno del '54 Ezio fu invitato a palazzo reale per discutere gli ultimi dettagli delle nozze. Fu un tranello? Oppure fu un'improvvisa collera che travolse il giovane Imperatore contro quel Generale che lo serviva fedelmente, ma che anche lo trattava con una certa burbanza? Lo s'ignora. Ma fatto sta che Valentiniano trafisse di suo pugno Ezio con la spada e due inservienti lo finirono a pugnalate.

Per quanto ambizioso e arrivista, non alieno da perfidie come quella che aveva messo in opera per sbarazzarsi di Bonifacio, era pur sempre il più grande Generale che l'Impero avesse avuto dopo Stilicone, e colui che lo aveva salvato dalla prima possente spallata di Attila. Eppure, nessuno fece caso alla sua scomparsa né al modo in cui era avvenuta: in fondo, non si trattava che di un mercenario barbaro!... Solo un epigrammista ebbe il coraggio di dire a Valentiniano: «Se tu abbia fatto bene o male, non so. Ma so che ti sei amputato la mano destra con la sinistra».

Si era alla fine del 454. Pochi mesi dopo, nel marzo del

'55, Valentiniano cavalcava in Campo Marzio, quando due veterani di Ezio gli si avvicinarono e lo pugnalarono. Nemmeno di questo i Romani si turbarono, e infatti i due regicidi rimasero indisturbati. Con Valentiniano scendeva nella tomba l'ultimo discendente di Teodosio sul trono d'Occidente, dove la dinastia era rimasta sul trono per sessant'anni. Il defunto lasciava una vedova, l'imperatrice Eudossia, che lo aveva riempito di corna, e due figlie, Eudocia e Placidia. Roma non aveva più né un Imperatore né un Generale.

Esercito e popolo per una volta si trovarono d'accordo nella scelta di colui che doveva salire sul trono vacante. Era un Senatore sessantenne di nome Petronio Massimo, che sembrava fornire le migliori garanzie. Veniva dalla vecchia famiglia dei Probi, che aveva sempre fornito eccellenti Consoli e Pretori.

Ma l'uomo era irresoluto e si mostrò subito impari al grave compito. Si rifiutò di castigare i due regicidi, forse per evitare la rivolta dei loro consanguinei barbari che militavano nell'esercito, e questo fece nascere il sospetto che egli avesse preso parte alla congiura. Per di più proibì all'imperatrice Eudossia di portare il lutto di Valentiniano e le chiese, anzi le ingiunse, di diventare sua moglie. Eudossia era ancora giovane e fra le più belle donne di Roma. Aveva abbondantemente tradito suo marito, ma gli aveva voluto bene e non intendeva essere forzata a sposare un vecchio. Sua zia Pulcheria a Costantinopoli era morta, e quindi non poteva sperare che da quella parte le venissero aiuti. Non sapendo come uscire da quell'imbroglio, seguì lo sciagurato esempio di sua cognata Onoria e, non potendolo più a Attila ormai defunto, si rivolse a Genserico il Re dei Vandali in Africa, perché venisse a liberarla.

Genserico non se lo fece dir due volte; e di lì a poco Roma fu folgorata dalla notizia che la flotta barbarica, vele al vento, si stava avvicinando a Ostia. Chi poté, fuggì. E anche

Petronio Massimo si stava preparando a fare altrettanto. Ma il popolino, che fuggire non poteva perché non ne aveva i mezzi, circondò il palazzo. I soldati, invece di difendere il loro padrone, si ammutinarono. E i servi, anche per prevenire una possibile epurazione per collaborazionismo col codardo traditore, lo linciarono.

Che Roma non avesse un Imperatore sotto quella nuova tempesta che si addensava all'orizzonte, non importava più nulla a nessuno. Tanto, c'era il Papa.

CAPITOLO UNDICESIMO

GENSERICO

Per arrivare a Roma, non si può dire che i Vandali avessero seguito una scorciatoia.

Venivano nientemeno che dalla Prussia Orientale, e probabilmente in origine erano stati come i Gepidi, un ramo della grande famiglia gotica. Il primo storico romano che ne fece menzione fu Plinio, che li chiamava *Vindili*. E il primo Imperatore ch'ebbe a che fare direttamente con loro fu Aureliano, che nel 271 li sconfisse in Boemia dov'erano penetrati, ma poi li ammise dentro il *limes* in qualità di *federati* e ne assoldò duemila per rimpolpare i suoi reggimenti di cavalleria. Fra di essi si trovava probabilmente il nonno o il bisnonno di Stilicone.

Al tempo di Costantino il loro re Geberico ebbe un diverbio con quello dei Goti, Visumar, venuto ad acquartierarsi accanto ad essi. Ne seguì una sanguinosa battaglia in cui Geberico venne ucciso e il suo esercito quasi interamente distrutto. I pochi scampati chiesero all'Imperatore il permesso di rifugiarsi in Ungheria, e lì rimasero tranquilli per un mezzo secolo a leccarsi le ferite, a fare dei figli per colmare i vuoti e ad assorbire un po' di civiltà col Cristianesimo cui si convertirono anch'essi secondo il *credo* ariano di Ulfila.

Nel 406 ripresero la loro marcia verso Ovest. I nemici di Stilicone insinuarono ch'era stato costui ad invitare i Vandali, per solidarietà di sangue, nelle province occidentali del vacillante Impero. Ma non c'è bisogno di ricorrere a questa ipotesi perché l'anno 406 fu quello in cui anche Alarico e Radagaiso attraversavano le Alpi e dilagavano in Italia. Stilicone non c'entrava per nulla. Era l'arrivo delle orde unne di Rua che rimescolava tutto il mondo barbarico provocandone l'alluvione dentro il *limes*.

Mescolati ai pochi brandelli alani ch'erano riusciti a scampare a Rua, i Vandali, invece delle Alpi, attraversarono il Reno, penetrarono in Francia, si scontrarono coi Franchi che ne stavano diventando i padroni, persero in una battaglia ventimila uomini, attraverso i Pirenei si ritirarono in Spagna, e qui vennero raggiunti poco dopo dai Visigoti di Ataulfo e di Galla Placidia, i quali li combatterono in nome dell'autorità imperiale, da cui speravano di ottenere l'investitura su tutta la Penisola.

Quanto fosse rimasto di sangue vandalo in questa composita massa di fuggiaschi cui, oltre agli Alani, si erano ora mescolati anche dei rimasugli svevi, non si sa. Comunque, non erano più di ottantamila, comprese le donne, i vecchi e i bambini, quando si rifugiarono nella regione che da loro prese il nome di Andalusia. Era una terra devastata, arida e povera che, a quanto pare, obbligò i nuovi occupanti anche a pratiche di cannibalismo. E questo spiega la ragione per cui quando, nel 429, giunse dal Conte Bonifacio il famoso e fatale invito a varcare lo stretto di Gibilterra e a istallarsi in Africa, esso fu accolto senza esitazione.

In quel momento i Vandali erano guidati da due Re, che si dividevano, e forse si contendevano, il trono: uno, Gunterico, era il figlio legittimo del defunto sovrano; l'altro, Genserico, era un bastardo. Subito dopo aver preso di comune accordo la decisione del trasferimento, Gunterico morì. Naturalmente si disse subito ch'era stato Genserico a farlo uccidere e, dato il carattere del personaggio, non ci sarebbe da meravigliarsene. Ma non ci sono prove per affermarlo con certezza. Comunque, se si trattò di fratricidio, a rimpiangerlo non furono certo i Vandali; ma, caso mai, i loro nemici, e anche i loro amici, a cominciare da Bonifacio.

Genserico aveva una trentina d'anni, quando diventò Re.

Era di media statura, un po' zoppo per via d'una caduta da cavallo, parco di parole, avido di denaro, ambizioso e sobrio. Non fu un uomo di larghe vedute perché gli mancava un minimo di cultura su cui appoggiarle. Era analfabeta, e quando decise di trasbordare tutto il suo popolo in Africa non sapeva neanche approssimativamente che cosa l'Africa fosse e dove fosse. Non aveva nemmeno il complesso carattere romantico di Alarico né l'altezzoso senso della regalità che caratterizzava Attila. Nel suo cervello non c'erano sogni né nel suo cuore passioni. Più che dall'intelligenza si faceva guidare dall'istinto, ma questo non lo ingannava mai.

Fu il primo capo barbaro a fare un censimento. Ne aveva bisogno per stabilire quante navi gli occorrevano al traghetto. Mise tutti, compresi i vecchi e le donne, ai lavori forzati per costruire la flotta. Poi, una volta sbarcato al di là dello stretto, non cercò di salvare nemmeno le apparenze dell'«alleanza» a cui Bonifacio lo aveva invitato. Le città del Marocco, che allora si chiamava Mauretania, furono letteralmente spianate dalle sue orde. Poi fu la volta dell'Algeria e della Tunisia, che allora si chiamavano rispettivamente Numidia e Africa Proconsolare. In breve, immuni da quella colata di ferro e di fuoco, perché protette da solide fortificazioni, non rimasero che due città: Cartagine e Ippona.

In Ippona assediata, concludeva malinconicamente la sua vita Sant'Agostino Vescovo, ormai quasi ottantenne, immerso nella stesura della sua ultima opera: una «confutazione di Giuliano l'Apostata». Ma ancora più malinconicamente ci vegetava Bonifacio che, messa in chiaro la sua posizione rispetto a Ravenna e accortosi dell'equivoco in cui lo aveva indotto Ezio, poteva misurare meglio e rimpiangere ancora di più la catastrofe ch'egli stesso aveva provocato. Dopo qualche inutile tentativo di persuadere quel suo strano «alleato» a tornarsene in Spagna o per lo meno a trattare l'Africa con qualche riguardo, ottenne da Roma e da Bisanzio alcuni rinforzi, che giunsero sotto il comando di

Aspar, e con essi tentò una soluzione militare. Fu di nuovo sconfitto. E allora si decise a ripartirsene per l'Italia dove Ezio lo attendeva per ucciderlo in duello. Agostino lo aveva preceduto nella tomba. Dieci giorni prima della morte, presentendola, proibì l'ingresso nella propria stanza a tutti, eccetto il dottore e il servo che gli portava i pasti. Aveva sempre predicato che cristianamente si muore solo in stato di penitenza, e ne diede una dimostrazione restando sino alla fine assorto nei Salmi di David copiati e affissi alle quattro pareti. Così finì, quasi in condizione di prigioniero e nella tristezza di quella catastrofe, il Padre della Chiesa che alla grandezza della Chiesa aveva più contribuito, dopo gli Apostoli.

Nel 435, alla fine, Genserico si decise a concludere qualcosa che somigliava a una pace con Valentiniano, o meglio con sua madre Placidia. Il Vandalo s'impegnava a rispettare la sovranità imperiale su Cartagine e la Tunisia, mandando in pegno, come ostaggio, suo figlio Unerico a Roma. Il resto del Nord-Africa era dato, per così dire, in usufrutto a lui e al suo popolo.

Questo impegno fu rispettato da Genserico fino al 439, quando le residue forze imperiali al comando di Ezio dovettero essere concentrate in Francia per parare la terribile minaccia di Attila. Allora egli richiamò da Roma Unerico, spazzò via Cartagine e il poco che restava intorno ad essa sotto bandiera romana, e di questa città fece la sua capitale.

Immediatamente vi riattò il porto e si diede a costruirvi una potente flotta. Egli non sapeva nulla di mare. Era sempre stato un uomo di terra, come tutti i tedeschi, non aveva mai visto una carta di navigazione, non aveva idea dei venti e delle rotte. Ma nel suo animalesco istinto capiva che solo sul mare l'Africa poteva essere difesa. E per questo il Re brigante si trasformò in Re pirata. Via via che una nuova triremi veniva varata dai suoi improvvisati cantieri cui gli ex-cittadini romani lavoravano da forzati, egli vi saliva col suo passo zoppo, e al timoniere impartiva quest'ordine: «Andate ad attaccare le dimore di coloro che Dio non ama». E siccome, secondo i Vandali, Dio non amava che i Vandali, tutti gli altri erano da considerare preda bellica. Così Cartagine ridiventò per il Mediterraneo, per l'Italia e per l'Europa, ciò ch'era stata ai tempi degli Amilcari e degli Annibali.

Genserico fu forse il capo barbaro che per primo realizzò nel suo reame un'organizzazione interamente feudale. La società fu nettamente divisa in due classi: quella dei signori Vandali, guerrieri e dispensati dal lavoro e dalle tasse, e quella dei servi indigeni, ch'erano dei romani colti e raffinati, senza diritto alle armi né a una rappresentanza politica, e legati alla gleba. Egli fu anche il primo a non sentire affatto il complesso d'inferiorità del tedesco nei confronti del latino, che tanto aveva angustiato Alarico, e da cui forse lo stesso Attila era afflitto. L'uomo era così lontano non solo dalla cultura, ma perfino dal sospetto della cultura che per lui un Romano colto non si differenziava da un Romano ignorante e ambedue facevano parte della stessa categoria: quella dei nemici vinti, da tenere in schiavitù. A che si sappia – se non si tratta di una leggenda –, ne discriminò uno solo, ma per pura superstizione. Un giorno, guardando dalla finestra del suo palazzo un gruppo di prigionieri che dovevano essere smistati nei vari campi di lavoro, ne vide uno che dormiva placidamente senza badare, come gli altri facevano, a ripararsi dal solleone che in Africa picchia con particolare violenza. Osservando meglio gli parve che ad assicurargli una macchia d'ombra sul capo fosse un avvoltoio che incrociava lì sopra. Pensò che Dio, per concedergli una simile protezione, dovesse avere un debole per quell'uomo, e lo mandò a chiamare. Così seppe da lui che si chiamava Marciano e ch'era venuto da Bisanzio come attendente di Aspar. Lo lasciò libero, convinto che sarebbe diventato qualcuno, e che pertanto fosse conveniente accaparrarsene la gratitudine. E infatti Marciano qualcuno diventò quando, sposata Pulcheria, fu acclamato Imperatore d'Oriente. Forse, ripeto, si tratta di leggenda. Ma dalla Storia è accertato comunque che, una volta presa la porpora, Marciano si rifiutò costantemente di prendere iniziative contro i Vandali.

Anche quella volta, se l'episodio è vero, Genserico non aveva agito per generosità. Non ne era capace. Nemmeno il suo profondo sentimento religioso riusciva a ispirargliene e in lui si trasformava in crudeltà persecutoria. Infatti, lungi dal provare un senso di solidarietà cristiana per i cristiani d'Africa, non aveva visto in essi che dei cattolici da tormentare in nome dell'arianesimo. Anche a fare qualche ribasso sui crimini e i soprusi che gl'imprestano gli storici della Chiesa, rimane un largo margine per poterlo considerare un Loyola a rovescio, inteso più a combattere la causa del diavolo che a difendere quella di Dio.

L'Africa era cattolica in un modo tutto particolare, cioè nel modo fanatico e zelante in cui lo sono i Paesi dove la disputa teologica è stata viva e floride le eresie. La Chiesa aveva dovuto combattere una dura battaglia contro i Donatisti, i Circoncellioni e altri innumerevoli deviazionisti dalla regola ortodossa. Nella lotta si era maturata una più stretta disciplina, che qua e là sconfinava in manifestazioni di puritanismo. I Vescovi con cui Genserico, dopo la vittoria, si trovò alle prese, si chiamavano Graziaddio, Quelchediovuole, Sialodaddio eccetera. Erano cresciuti alla scuola rigorosa di Agostino, avevano aspramente lottato contro gli scismatici, non erano inclini alle ritrattazioni e ai compromessi. Due di loro furono bruciati vivi, altri arrestati e torturati. Quello di Cartagine venne caricato con tutti i preti della diocesi su una nave affidata ai venti, senza timone né remi. Ma i venti la condussero in Italia.

Tipico fu il caso di Sebastiano, il genero di Bonifacio, ch'era rimasto a Ippona e s'era messo al servizio del Vandalo. Questi aveva per lui un certo debole, ma avendo in precedenza stabilito che solo gli ariani potevano frequentare la Corte, gli chiese di abiurare alla fede cattolica. Sebastiano gli mostrò una mollica di pane «Io sono come questa» gli disse. «C'è voluto un certo quantitativo di grano, un mulino per macinarlo, dell'acqua per impastare la farina, del fuoco per cuocerla, per fare di essa ciò che è, come ci son voluti il battesimo, lo studio della Dottrina e l'ispirazione di Dio per fare di me quello che sono. Credi tu che, convertendomi all'arianismo, diventerei più bianco di questo pane? Se mi rispondi di sì, lo faccio, altrimenti rimango ciò che sono.» Genserico si diede per vinto. Ma pochi giorni dopo fece uccidere Sebastiano.

Tuttavia, furbo com'era, si accorse che con quelle persecuzioni, forniva soltanto ai suoi avversari dei nuovi martiri da venerare. Allora cambiò metro. Affidò i renitenti al boia, ma dando segretamente l'ordine a costui di ucciderli solo se all'ultimo momento accettavano la conversione. Morendo da codardi in abiura, non potevano più passare da eroi. Ma la maggior parte resisté. E fu il caso, fra gli altri, di un attore comico, Mascula, che rimase fermo nella sua fede anche quando sentì la lama della spada sul collo, e diventò un «Confessore», come si chiamavano coloro ch'erano reduci dalla morte dopo averla impavidamente sfidata. Probabilmente vandalismo diventò sinonimo di crudeltà non tanto per il trattamento cui i Vandali sottoponevano le città conquistate e i popoli vinti, che non era poi in fondo diverso e peggiore di quello che usavano tutti gli altri barbari, quanto per la fanatica e cocciuta persecuzione religiosa di quella specie di Scarpia sanguinario e bigotto, che fu Genserico.

Questo era l'uomo che nel 455, raccogliendo l'appello di Eudossia, sciolse al vento le vele della sua flotta. I piloti stavolta sapevano benissimo qual era la dimora degli uomini che Dio non ama. I legni barbarici giunsero nelle acque di Ostia sulla fine di giugno. Nella città indifesa la folla inferocita aveva linciato Massimo che si preparava a fuggirne. Roma ormai non riconosceva che nel Papa il suo naturale interprete e protettore.

Leone I si fece incontro al Vandalo con la stessa compostezza e maestà con cui pochi anni prima si era fatto incontro a Attila. La sua mediazione non ebbe altrettanto successo, ma anche stavolta riuscì a evitare il peggio. Fra i due fu stipulato uno strano Concordato, in base al quale il Sommo Pontefice riconosceva in certo qual modo il diritto di saccheggio e di rapina al barbaro, se questi s'impegnava a non uccidere i derubandi, a non bruciarne le case e a non sottometterli a tortura per sapere dove avevano nascosto i loro beni.

Come poi in pratica si siano svolte le cose, è difficile saperlo, e ci sorprenderebbe che qualche morto non ci sia scappato. Dicono che entrando nell'Urbe alla testa delle sue soldataglie, Genserico esclamasse non con ammirazione, ma con cupidigia: «Dio, quanta roba da rubare!» Forse non è vero. Ma anche se non lo disse, avrebbe potuto dirlo. Quattordici giorni durò la sarabanda dei lanzichenecchi vandali nelle strade e nelle case di Roma. Tutto quello che si poteva portarne via fu spiantato e caricato sulle navi alla fonda. Una di esse era stivata di statue, ma purtroppo l'eccesso di peso la fece naufragare in mezzo al Mediterraneo nel viaggio di ritorno. Il palazzo imperiale e il tempio di Giove furono letteralmente spogliati. Molto del vasellame e argenteria predati in quei giorni venne recuperato dai bizantini a Cartagine nel palazzo di Gelimero, pronipote di Genserico, un'ottantina di anni dopo, e trasferito a Costantinopoli.

Come preda bellica fu portata via anche l'imperatrice Eudossia, causa di tutta quella sciagura, le sue due figlie Eudocia e Placidia, e Gaudenzio, il figlio di Ezio, che aveva aspirato alla mano di una di esse. Per Eudossia fu forse un gesto di cortesia: è facile immaginare che fine avrebbe fatto se si fosse ritrovata faccia a faccia coi suoi sudditi dopo aver loro tirato addosso quel disastro. Quanto alle ragazze, Genserico le considerava due «buoni partiti» da sfruttare convenientemente. Diede infatti Eudocia in moglie a Unerico, di cui si disse ch'era già innamorato di lei sin dai tempi in cui era ostaggio a Roma. I romanzi sentimentali commuovevano la gente anche a quei tempi, ma nel caso specifico si trattava certamente d'invenzione perché quando Unerico si trovava a Roma, Eudocia era in fasce. Placidia rimase a Cartagine con la madre, trattate ambedue con grande generosità e correttezza, finché per le insistenze della Corte d'Oriente, con cui Genserico non voleva storie, furono rimandate a Bisanzio, dove la giovane principessa sposò il senatore Olibrio. E con queste due ragazze finisce la dinastia di Teodosio.

Ma, oltre a questi personaggi di primo piano, Genserico si era portato dietro uno stuolo di tecnici e di artigiani qualificati, come millecinquecento anni più tardi avrebbe fatto il suo compatriota Hitler nei Paesi occupati. Fu una operazione alla Todt senza riguardo a casi personali e a vincoli di famiglia. Migliaia di Romani furono disseminati fra il Marocco e la Libia e messi ai lavori forzati per contribuire alla ricchezza e alla potenza del loro carceriere.

Per due mesi i Romani rimasero senza Imperatore, ma non risulta che se ne sentissero orfani. Gli ultimi Augusti di imperiale non avevano avuto che il titolo: il potere lo avevano esercitato con regale indegnità. La popolazione aveva visto i Vandali abbandonare la città e dirigere le vele verso l'Africa, di dove erano venuti.

I cronisti dell'epoca riferiscono che sull'Urbe violentata e saccheggiata si era stesa una coltre di apatia. Fu in questa atmosfera stracca e neghittosa che, sulla fine dell'estate del 455, varcò le mura della città un vecchio nobile dell'Alvernia, che era una delle province della Gallia. Si chiamava Avito ma nessuno nella capitale aveva prima d'allora udito il suo nome. Qualcuno disse che era il nuovo Imperatore. I Romani lo accolsero con indifferenza e non gli andarono neppure incontro.

Avito era stato incoronato non dai Romani ma dai Visigoti, il dieci luglio ad Arles. Discendeva da una delle famiglie più cospicue della regione. I suoi antenati avevano ricoperto per generazioni cariche importanti nell'esercito e nella pubblica amministrazione. I biografi raccontano che quando divenne Imperatore doveva essere sulla sessantina, essendo nato nell'anno in cui Teodosio morì. Possedeva una buona cultura classica e aveva letto Cicerone e Giulio Cesare che nel *De bello gallico*, cinque secoli prima, aveva descritto il suo popolo. Agli studi alternava la caccia al cinghiale. Il suo *cursus honorum* fu molto rapido e in pochi anni riuscì a ottenere una delle cariche più importanti della provincia, la prefettura del pretorio, che tenne per un lustro quando si ritirò a vita privata con la figlia Papianilla. Di quest'uomo non avremmo forse mai sentito parlare se un giorno Roma non lo avesse incaricato di un'ambasceria presso il Re dei Visigoti, Teodorico.

Avito e Teodorico si erano conosciuti da ragazzi ed erano diventati grandi amici. Sul traballante Impero d'Occidente incombeva la minaccia di Attila il quale non aveva rinunciato a trasformare l'Italia in un *Deserto dei Tartari*. Avito e Teodorico strinsero un patto di alleanza e di mutuo soccorso. Due mesi dopo la ritirata dei Vandali da Roma, col favore del Re goto, Avito fu coronato Imperatore. Fu un breve regno. Il poeta Sidonio Apollinare, che aveva sposato Papianilla, lo immortalò in un brutto panegirico. Come ricompensa il suocero gli fece erigere una statua nel Foro Traiano.

Quando a Roma giunse la notizia che la flotta di Genserico era per la seconda volta salpata verso l'Italia, i Romani furono percorsi da un brivido di terrore. Avito fece subito allestire una flotta e vi pose a capo il conte Ricimero il quale investì le triremi nemiche che veleggiavano verso la Corsica, le accerchiò e le colò a picco. Migliaia di Vandali persero la vita. I superstiti, in catene, furono condotti prigionieri a Roma e Avito li fece decapitare. La popolazione che aveva ancora vivo il ricordo del sacco del 455 esultò. Ricimero fu portato in trionfo per le strade imbandierate della Capitale. La folla, in delirio, gli tributò onori degni dei tempi di Augusto. La gloria del nuovo eroe offuscò quella dell'Imperatore il quale, poche settimane dopo, fu deposto, anche perché aveva fatto fondere alcune statue di bronzo per pagare la cinquina ai soldati. Riuscì a fuggire ma a Piacenza fu fatto prigioniero e consegnato a Ricimero. Questi non solo gli risparmiò la vita, ma lo fece consacrare Vescovo. Un episodio che testimonia in modo eloquente delle condizioni della Chiesa nel quinto secolo.

Ricimero era un barbaro che aveva fatto una brillante carriera riorganizzando l'esercito e combattendo contro i barbari che minacciavano l'Impero. Grande generale, freddo calcolatore, fu sempre fedele a Roma ma non agli Imperatori che di volta in volta collocò sul trono e da esso sbalzò. Si ricordava di Stilicone, che Onorio aveva fatto assassinare, e di Ezio, giustiziato da Valentiniano. Capì che l'Impero era marcio e che la sua fine poteva essere ritardata ma non evitata. Scomparso Avito non volle succedergli perché le leve del comando era meglio controllarle come primo ministro di un sovrano esautorato. Si limitò ad assumere il titolo di *Patrizio* con cui gli veniva riconosciuto il diritto di proclamarsi padre dell'Imperatore. Giubilato Avito collocò sul trono Maggioriano, ex-aiutante di campo di Ezio al cui fianco avrebbe fatto una rapida carriera se la moglie del generale non lo avesse fatto silurare. Come Cincinnato e Teodosio, Maggioriano si era ritirato in campagna ad allevare polli, in attesa di tempi migliori. Quando Ezio fu assassinato, Valentiniano III lo richiamò. Fu in questa occasione che conobbe Ricimero. Per i Romani l'elezione di Maggioriano fu un avvenimento di ordinaria amministrazione. Dopo l'incoronazione, il nuovo Augusto lesse al Senato un messaggio pieno di deferenza in cui dichiarava di assumere la porpora per volontà dei suoi rappresentanti e nel supremo interesse della Patria. I Senatori quando lo udirono trasecolarono. Da tempo immemorabile non erano più abituati a sentirsi trattare con tanto riguardo.

L'incoronazione di Maggioriano riportò alla ribalta Sidonio Apollinare. Il poeta, dopo la scomparsa di Avito, era caduto in disgrazia. Fu perdonato perché era l'unico poeta dell'Impero. Il panegirico dedicato a Maggioriano riscosse gli stessi consensi di quello indirizzato ad Avito. In entrambi i componimenti – della stessa lunghezza e nello stesso metro – Sidonio aveva detto suppergiù le stesse cose. Come ricompensa, fu esonerato dalle tasse.

Maggioriano fu un buon Imperatore. Poiché gli Italiani non facevano più figli, proibì alle donne di prendere i voti prima dei quarant'anni, obbligò le vedove a rimaritarsi, impedì ai giovani di farsi monaci e punì gli speculatori che per costruire nuovi edifici abbattevano quelli antichi dimostrándo che a Roma i Vandali erano del tutto superflui. Ma questa saggezza gli costò cara.

Ricimero non tardò ad accorgersi che Maggioriano voleva fare l'Imperatore sul serio e nel maggio del 460 lo depose. Maggioriano si ritirò a vita privata in una villa vicino Roma dove, pochi anni dopo – riferisce Procopio – morì di dissenteria.

Tolto dalla scena un sovrano che avrebbe meritato di restarci, Ricimero, nel novembre del 461, incoronò a Ravenna Augusto un certo Libio Severo, lucano di nascita. Di costui sappiamo solo che regnò quattro anni, visse religiosamente e morì avvelenato. Dopo di lui il trono restò vacante per due anni.

Il suo successore Antemio era genero del defunto Imperatore d'Oriente Marciano. Fu deposto per inettitudine nell'aprile del 472. Ricimero incoronò allora un certo Olibrio, che non fece in tempo a deporre perché dopo un mese un'emorragia uccise lui.

Con la sua morte si chiude la serie di quei generali barbari che negli ultimi tempi avevano retto le sorti dell'Occidente, colmando il vuoto di un potere che gli Imperatori non erano più in grado di esercitare. Per sedici anni Ricimero era riuscito a tenere a galla una barca che faceva acqua da tutte le parti e le cui falle nessuno più era in grado di tamponare. Olibrio non ebbe neppure il tempo di accorgersi di quello che gli stava succedendo intorno: un attacco di idropisia lo eliminò. Prima di morire, aveva nominato *Patrizio* il nipote di Ricimero, il principe burgundo Gundobado, che nel marzo del 473, dopo un interregno di cinque mesi, proclamò Imperatore a Ravenna Glicerio. Di costui sappiamo solo che quando l'Italia fu minacciata dagli Ostrogoti, egli andò incontro al loro re Teodemiro, lo colmò di doni e lo indusse ad abbandonare la Penisola e a marciare sulla Gallia che, se non di fatto, almeno sulla carta apparteneva ancora all'Impero. Ma questo tradimento gli costò il trono sul quale balzò un generale di nome Giulio Nepote. Gundobado preferì fuggire in Burgundia, dove lo attendeva la corona di un regno meno glorioso di quello romano, ma certamente più comodo.

Giulio Nepote governò quattordici mesi e consegnò l'Alvernia ai Visigoti. I Romani non glielo perdonarono e il suo luogotenente Oreste, nell'estate del 475, lo depose e proclamò Imperatore a Ravenna il figlio Romolo Augustolo. Oreste era nato in Pannonia, era entrato al servizio di Attila, e lo abbiamo già incontrato, col suo collega Edecone, alla testa dell'ambasceria che il «flagello» aveva mandato a Costantinopoli nel 448. Il matrimonio con una nobildonna greca gli aveva spalancato le porte della società bizantina. Anche lui, come Stilicone e Ricimero, non indossò la porpora e si accontentò del titolo di *Patrizio*. Era un uomo ambizioso, ma ottuso. Quando gli Eruli calarono in Italia e reclamarono un terzo del suo territorio per acquartierarvisi, Oreste glielo rifiutò. Il loro capo, Odoacre, gli dichiarò guerra e marciò su Pavia dove egli era riparato. Dopo due giorni d'assedio la città capitolò e fu spianata al suolo. Gli Eruli sgozzarono i suoi abitanti e non risparmiarono neppure i vecchi e i bambini. Fu un massacro in piena regola, nello stile di Attila e di Genserico. Ma ci si dimenticò di Oreste il quale, per la seconda volta, riuscì a mettersi in salvo a Piacenza. Fu scovato dopo una settimana e passato sommariamente per le armi. Sorte migliore ebbe il figlio Romolo Augustolo. Odoacre gli risparmiò la vita, un po' per la sua giovane età, un po' per la sua straordinaria bellezza, e gli concesse di trascorrere il resto dei suoi giorni in una villa vicino Napoli, con una pensione annua di seimila soldi.

Odoacre era il figlio di quell'Edecone che con Oreste aveva fatto parte del servizio diplomatico di Attila. Il modo in cui trattò il vecchio amico e collega di suo padre, sulle cui ginocchia forse aveva saltato da bambino, ci dice abbastanza del suo carattere. Egli governò l'Italia per diciassette anni, dal 476 al 493. C'era venuto dopo la dissoluzione dell'orda, e nell'esercito imperiale aveva fatto una rapida carriera, proporzionata ai suoi meriti, ch'erano grandi, e all'inettitudine degli Imperatori, ch'era grandissima. Lo storico Eugippio ce lo descrive di notevole statura, rosso di pelo e con un gran paio di baffi biondi. L'imperatore Zenone lo nominò *Patrizio*, che era un riconoscimento puramente formale. Gli Eruli lo acclamarono Re e gli conferirono, col titolo, i pieni poteri. Sotto di lui vincitori e vinti coabitarono senza fondersi. Le antiche magistrature dei tempi di Silla e di Cicerone e le gloriose cariche repubblicane nominalmente sopravvivevano allo sconquasso dell'Impero; ma ormai non contavano più nulla, come non contava più nulla il Senato, esautorato da questo capitano di ventura ricoperto di pelli di montone. L'Italia era piombata nel Medioevo. Cominciavano i secoli bui.

CAPITOLO TREDICESIMO

L'ULTIMA ROMA IMPERIALE

Non risulta che i Romani, o per meglio dire gli abitanti di Roma, si rendessero esatto conto di ciò che significava la decisione di Odoacre di spedire a Costantinopoli le insegne imperiali e di abolire la carica di Augusto. Il Senato, che *pro forma* si riuniva per avallare le decisioni del tirannello di turno, lo considerò un fatto di ordinaria amministrazione, anzi lo salutò come una provvida riunificazione dell'Impero dopo la divisione fattane da Costantino. Che tutto l'Occidente se ne fosse separato; che Roma, una volta *caput mundi*, non lo fosse più neanche dell'Italia, la quale oramai gravitava di più su Milano e Ravenna; e che la Penisola non fosse più che la remota propaggine di un Impero che si proclamava ancora Romano, ma che in realtà era soltanto greco-orientale; parvero loro tutte cose di scarso rilievo e di secondaria importanza.

Questa indifferenza è significativa. Non che – intendiamoci – all'atto pratico il Senato avesse la possibilità e i mezzi di opporsi. Se avesse osato, per dirla con Mussolini, i lanzichenecchi di Odoacre avrebbero fatto di quell'aula sorda e grigia un loro bivacco. Ma almeno un addio alle aquile e ai fasci littori, cioè a ottocento anni di Storia e di Gloria, avrebbe potuto risuonarvi. Invece, niente. Fra gli epigoni di quella ch'era stata la più orgogliosa aristocrazia del mondo, non se ne trovò uno disposto a pronunziare un epitaffio.

L'ultimo Senatore degno di questo nome era stato Simmaco, alle cui «Lettere» dobbiamo il più gradevole ritratto dell'agonizzante Roma imperiale. Veniva da una grande famiglia di Consoli e di Prefetti, che avevano servito con la medesima accortezza gl'interessi dello Stato e quelli propri, come dimostrava l'immenso patrimonio che avevano accumulato. Fra l'altro essi avevano disseminato, dal Lago di Garda alla Baia di Napoli, una catena di sontuose ville, in modo da poter scorrazzare la Penisola senza lo scomodo di uscir di casa.

Simmaco era l'ultimo rappresentante della cultura pagana, sebbene in fatto di religione si proclamasse agnostico. «Che importanza ha» disse all'imperatore Valentiniano «quale strada si sceglie per giungere al Vero? Quel che conta sapere è che non si arriverà mai a scoprirlo.» Gran signore e intimo amico di Vezio Pretestato, capo della minoranza pagana in Senato, egli fu designato a patrocinarla nella sua ultima battaglia contro il Cristianesimo. L'imperatore Graziano, completamente dominato da Ambrogio, sulla fine del quarto secolo ordinò la chiusura e la confisca di tutti i templi dedicati agli dèi e la rimozione dal Senato della statua della Vittoria che Augusto vi aveva istallato. Simmaco si oppose con un discorso degno del miglior Cicerone, e fu bandito da Graziano. Morto costui e succedutogli Valentiniano II, Simmaco riprese la sua battaglia oratoria e l'avrebbe vinta sull'animo del nuovo giovane Imperatore, se Ambrogio non fosse intervenuto con la sua foga abituale. Il Vescovo di Milano trionfò perché aveva dalla sua la Fede. Simmaco non aveva che la ragione.

Le sue «Lettere» sono una limpida, ma parziale descrizione della Roma dei suoi tempi, dal punto di vista dei ricchi privilegiati, che ancora vi mantengono posizioni di rilievo, sia pure soltanto decorative. Quella che non lo è più sul piano politico, è ancora però la capitale intellettuale dell'Occidente, dove chiunque voglia parlare al mondo civile è costretto a venire per impararne la lingua e i costumi e per trovare gli strumenti di diffusione. Nei palazzi si sono accumulati libri e oggetti d'arte. Vi sono tappeti che costano fino a duecento milioni di lire. Battaglioni di cuochi pre-

117

parano pranzi sontuosi. E dalle conversazioni è bandita ogni parola che non sia del più classico latino. Questa società non è chiusa. Accoglie tutti coloro, indigeni o forestieri, che in qualche modo fanno spicco, ma gl'impone la sua etichetta. Le ambizioni sono più intellettuali che politiche. Tuttavia la dedizione al bene pubblico è ancora grande. Questa classe dirigente, lungi dal trarre profitti dalle sue cariche amministrative e diplomatiche (di quelle militari ha perso perfino il ricordo), se le mantiene finanziando di tasca propria circhi e teatri. È un ceto signorile, di altissima civiltà, che non ruba più perché i suoi avi hanno già rubato abbastanza, e alla cui porta tutti i forestieri, barbari o meno, fanno ressa per esservi accolti.

C'è senza dubbio del vero, in questo attraente ritratto, ma visto da una parte sola. L'altra ce la fornisce un cristiano, anzi un prete di Marsiglia, Salviano, nel suo libro *Il governo di Dio*, di cui Agostino ebbe probabilmente conoscenza. Salviano non vede che oppressione, corruzione e immoralità, a differenza di quanto avviene nelle società barbariche, rozze ma cementate dallo spirito di sacrificio, da un sentimento di solidarietà e di fratellanza e dalla legge dell'onore. «Roma muore e ride» dice questo puritano che non l'ama e che forse ha letto un po' troppo Tacito. Ma anche nella sua descrizione del vero c'è.

La città aveva in quel momento meno di duecentomila abitanti, fra i quali i Romani di razza dovevano contarsi, al massimo, a centinaia. Dai tempi di Cesare essa era una metropoli in prevalenza orientale, che si era abituata a vivere parassitariamente alle spalle delle province romanizzate. A parte una cartiera e una fabbrica di coloranti, le sue uniche industrie erano la politica e il saccheggio. Quest'ultimo aveva riempito il suo tesoro pubblico e quelli privati, come nel secolo decimonono il saccheggio coloniale avrebbe fruttato la ricchezza dell'Inghilterra. Ma esso era finito da un pezzo, ormai: da quando Costantinopoli bloccava i mercati orientali e le invasioni barbare avevano paralizzato quelli occidentali.

Da allora sempre più Roma aveva dovuto contare solo sulla Penisola. Ma neanche qui le cose procedevano bene. La popolazione complessiva non superava i cinque milioni. Ma ai guai della decadenza demografica dovevano aggiungersi quelli del declino della classe media. Dai Gracchi in poi Roma aveva sempre lottato per ricostruire o puntellare quella società contadina di coltivatori diretti che davano i migliori soldati all'esercito e i migliori funzionari all'amministrazione. Ma il sistema fiscale del basso Impero l'aveva definitivamente rovinata. La Tributaria era talmente corrotta e prevaricatrice che, stando a Salviano, per la prima volta, nel terzo secolo, si videro dei cittadini romani fuggire, per sottrarvisi, oltre la «cortina di ferro» del *limes*, e rifugiarsi presso i barbari. L'imperatore Valentiniano I ne fu così colpito che istituì una nuova professione: quella dei «Difensori della Città» cui erano affidati i reclami contro il fisco. Ma nessun rimedio di legge è valido quando il costume si corrompe. I memorialisti del tempo hanno lasciato scritto che coloro che vivevano sulle tasse erano più numerosi di coloro che dovevano pagarle. Ed era la conseguenza di due fenomeni ugualmente deleteri e che si sviluppano sempre di pari passo: da una parte il proliferare della burocrazia, dall'altra l'assottigliamento dei contribuenti. I quali, incapaci di far fronte al fisco, sempre più vendevano il podere o la piccola fattoria al latifondista, facendosene assumere in qualità di *coloni*, cioè pressappoco di servi della gleba.

Fu questo il vero inizio del Medioevo, almeno dal punto di vista sociale, e cominciò a verificarsi prima dell'arrivo dei barbari. Da quando le guerre di conquista erano finite, era cessato anche l'afflusso di schiavi. E quindi i grandi proprietari erano ben contenti di assoldare come contadini quelli piccoli, dopo averne ricomprato le terre. Costoro, dal

119

canto proprio, cercavano un padrone: non solo per sottrarsi alla Tributaria, ma anche per avere in lui un protettore nello scompiglio che si andava accentuando.

Il grande feudatario, che sin qui aveva vissuto un po' nel suo palazzo a Roma, un po' nella sua villa in campagna, comincia a cambiare fisionomia, e si trasforma nel *potente*, che è già l'inizio del Feudalesimo. La villa, che finora tirava soltanto al comodo e al bello perché alla sua protezione accudivano i Prefetti e i Generali con le loro forze di polizia, adesso cerca anche la sicurezza, e si trasforma piano piano in castello, cioè in fortilizio, perché lo Stato non è più sempre in grado di difenderla dai briganti che infestano le contrade e dai «federati» che cominciano a calarvi e che con essi spesso si confondono. Quello che invece non cambia è il rapporto umano fra il padrone e il colono, che si è a poco a poco sostituito allo schiavo ma che il padrone seguita a trattare come tale.

Questa è una delle ragioni per cui il Feudalesimo, fenomeno tipicamente germanico, in Italia attecchì prima che altrove, ma vi ebbe anche la vita più corta. I barbari, che non si erano allenati al comando sugli schiavi, avevano del vassallaggio un'idea molto più umana dei Romani, perché lo esercitavano sui loro fratelli, e quindi con molte limitazioni e garanzie. I Romani invece si erano sempre riconosciuti il diritto di disporre della vita dei loro dipendenti, e vi avevano contratto una specie di vizio mentale. Paolino di Pella si congratulava della propria moralità scrivendo, in questi tempi, di essersi sempre contentato, quanto a concubine, delle serve: il che costituiva, secondo lui, solo l'esercizio d'un diritto.

In questo contado scarsamente popolato da una plebe di mezzadri e di braccianti senz'altra protezione che quella graziosamente concessa dai *potenti*, solo costoro vivevano agiatamente, perché quasi tutto il reddito veniva rastrellato a Roma. Ma anche qui ci si guardava dal distribuirlo equamente. Mentre Simmaco iscriveva nel suo registro dei conti la spesa di oltre cinquecento milioni di lire per uno spettacolo nel Circo, dove trenta gladiatori sassoni preferivano strangolarsi ciascuno con le proprie mani piuttosto che sbudellarsi l'uno con l'altro, un vasto proletariato viveva solo di sussidi, di elemosine e di piccoli intrallazzi, approfittando di ogni disordine per dedicarsi al saccheggio di banche e negozi.

Ad Ammiano Marcellino, che vi giunse sulla fine del quarto secolo da Antiochia, Roma fece l'impressione di una città piacevole e corrotta, dove la raffinatezza e la crudeltà, l'intelligenza e il cinismo, il lusso e la miseria, la tradizione e l'anarchia si mescolavano in dosi ugualmente robuste. Ammiano scriveva in un latino un po' imparaticcio. Ma era un imparziale galantuomo, a cui il paganesimo non impedì per esempio di condannare Giuliano l'Apostata per i suoi tentativi contro le libertà cristiane. E al suo giudizio ci crediamo, anche perché conferma sia il ritratto in rosa di Simmaco che quello in nero di Salviano. Le due Rome, quella splendida dei pochi e quella miserabile dei molti, convivevano. E si capisce com'essa potesse apparire diversa secondo gli occhi che la guardavano. Altri due cronisti forestieri, Macrobio e Claudiano, non videro che la prima, forse perché ebbero la ventura di essere accolti nella buona società. Ma le loro descrizioni puzzano di omaggio.

Anch'essi tuttavia ci aiutano a capire come mai Roma accettasse con tanta facilità la sua spoliazione del titolo di Capitale d'Impero. Tutte le decadenze in tutti i luoghi e in tutti i tempi sono contrassegnate dai medesimi fenomeni: le accresciute distanze sociali fra un numero sempre più piccolo di privilegiati e una massa sempre più grande di derelitti, l'affievolimento di ogni vincolo di solidarietà, e la totale indifferenza di tutti agl'interessi della comunità.

Nei salotti della ricca Roma quasi tutta pagana, si parlava di Cicerone e di Catullo, si citava Aristotele, si corbellavano i Generali barbari, le loro rozze maniere, i loro errori di pronunzia e di ortografia. Nei «bassi» della povera Roma cristiana ci si arrangiava come si poteva e si era troppo impegnati a metter d'accordo il desinare con la cena per potersi preoccupare dell'Impero, dello Stato, del Passato e del Futuro. Che un lanzichenecco tedesco cresciuto alla corte di Attila, come Odoacre, avesse rispedito le aquile e i fasci a Costantinopoli e stesse governando l'Italia come un Re indipendente, non interessava più a nessuno.

A intendere e ad esprimere in tutta la sua grandezza e tragicità questa catastrofe ci fu solo un poeta. Ma non era romano, e nemmeno italiano. Era un gallo nativo forse di Tolosa, forse di Narbona, si chiamava Rutilio Namaziano, veniva dalla carriera amministrativa, ed era stato prefetto in Toscana e in Umbria. Prima di tornarsene in patria sotto l'incalzare delle invasioni visigote e vandale, volle pagare il suo debito di gratitudine a Roma, che aveva fatto di lui un uomo civile e colto, dedicandole un'apostrofe che dimostra quanto quella civiltà e cultura egli le avesse assimilate. Forse il suo libro *De reditu* è l'ultimo capolavoro della latinità classica. Comunque, lo è certamente l'addio all'Urbe che vi è incluso:

Ascolta, regina bellissima di un mondo che hai fatto tuo,
o Roma, accolta negli stellati cieli, ascolta, madre di
[uomini e di dei.
Non lontani dal cielo siamo noi quando ci troviamo nei
[tuoi templi...
Tu spargi i tuoi doni eguali ai raggi del sole
per ovunque in cerchio fluttua l'Oceano...
Non ti fermarono le sabbie infocate di Libia,
non l'estrema terra armata di ghiaccio ti respinse...
Facesti una patria sola di genti diverse,
giovò a chi era senza leggi diventar tuo tributario
poiché tu trasformavi gli uomini in cittadini

e una città facesti di ciò che prima non era che un globo.

Non si poteva dire di più, né meglio. Questo barbaro dal cuore traboccante di affetto, di riconoscenza e di ammirazione, aveva composto per Roma il più bell'epitaffio in un latino degno di Virgilio. Ma i Romani non lo lessero. E ancor oggi il nome di Namaziano è noto solo a pochi studiosi.

PARTE SECONDA
REGNI BARBARICI

CAPITOLO QUATTORDICESIMO

TEODORICO

Quando, alla morte di Attila, l'orda unna si era disgregata e i popoli vinti che in essa erano confluiti tornarono liberi, gli Ostrogoti chiesero e ottennero da Bisanzio il permesso di stanziarsi in Pannonia, che corrispondeva alla parte occidentale della moderna Ungheria. Il loro Re, Teodemiro, era un uomo inquieto e ambizioso. Nel 458 invase l'Illiria e la devastò. L'imperatore Leone lo fermò in tempo con una grossa somma di denaro prima che traboccasse in Tracia. Greci e Goti fecero la pace, e si scambiarono – come d'uso – gli ostaggi.

Fra costoro c'era anche il figlio del Re. Si chiamava Teodorico – che significava «capo-popolo» –, aveva sette anni, era un bel bambino biondo con due grandi occhi celesti. La madre Erelieva era stata una concubina di Teodemiro che l'aveva conosciuta nell'accampamento di Attila. Il piccolo Teodorico era cresciuto in mezzo ai guerrieri goti. Sapeva cavalcare, aveva imparato a manovrare l'arco ed era un buon cacciatore. La spada era il suo balocco preferito. Dormiva, come il padre, sotto la tenda, accanto al suo cavallo, al centro del *Ring*. Qui, nelle tiepide notti d'estate, i cantastorie gli narravano le antiche saghe nordiche e gli leggevano la Bibbia, quella tradotta dal saggio Ulfila. Il giorno della partenza per Costantinopoli, Teodemiro gli donò il suo pugnale, e una scorta di Goti l'accompagnò fin sul Bosforo.

Teodorico era sempre vissuto nella prateria tra i carri, le greggi e i cavalli e non aveva mai visto una città. Bisanzio era la più grande metropoli del mondo. Aveva quasi un milione d'abitanti e ospitava una corte favolosa. Teodorico restò abbagliato dalla profusione di ori e di marmi e dall'abbondanza di tappeti e di arazzi. L'imperatore Leone lo ricevette nella sala della corona, appollaiato su un trono spropositato, sotto un baldacchino di damasco dal quale pendevano due uccelli meccanici. Era un uomo piccolo, calvo, privo d'ingegno, balbuziente, un po' zoppo e pieno di piccole manie. Viveva nel terrore di essere detronizzato e di notte si chiudeva a chiave in camera da letto per paura che qualcuno lo uccidesse nel sonno. Il principino goto, giunto al suo cospetto, s'inchinò, ma lo fece così maldestramente che scivolò.

Per sostenersi s'aggrappò al piede del sovrano che spenzolava nel vuoto e per poco non tirò Leone giù dal trono. L'Imperatore ne fu divertito e prese a benvolere il ragazzo. Lo alloggiò a corte e gli assegnò un bell'appartamento al primo piano del palazzo sacro, le cui finestre s'affacciavano sul Bosforo. Poi chiamò due servi e ordinò di preparare un bagno caldo per il piccolo ospite. Teodorico fu calato in una vasca di marmo, schiumante di sapone, e accuratamente lavato. Un parrucchiere gli tagliò i capelli biondi e riccioluti che gli scendevano sulle spalle, e lo cosparse di profumi. Poi, con una tunica azzurra stretta alla vita da una cinturina di marocchino con una fibbia d'oro e un paio di pantofole di porpora, fu condotto a scuola.

A Bisanzio c'erano molti collegi, ma uno eccelleva sugli altri: era qualcosa come Eton o Harrow oggi in Inghilterra. Lo frequentavano i figli dei ricchi e dei nobili, e i rampolli dei satrapi stranieri. Teodorico vi compì tutti i suoi studi, al termine dei quali rimase un analfabeta con qualche nozione di algebra, di astronomia e di galateo. Quando compì quindici anni fece il suo debutto in società. Era un gran bel ragazzo forte, fiero e sicuro di sé. Parlava correntemente il greco, masticava un po' di latino e non aveva dimenticato il gotico. Era educato e galante, nei salotti le signore se lo contendevano, l'Imperatore lo invitava a pranzo e lo faceva servire per primo. Teodorico era ghiotto di lenticchie, aglio e cinghiale. Gli piaceva il vino ma non si alzava mai da tavola ubriaco. Dopo cena, di solito, andava in qualche locale notturno a fare un po' di baldoria con gli amici. La domenica assisteva all'ippodromo alle corse dei cocchi. Aveva uno scanno riservato nella tribuna d'onore accanto a quello di Leone, ma preferiva mescolarsi col popolino sugli spalti ed era amico dei fantini. Qualche volta, durante gli allenamenti, scendeva anche lui in lizza. Passava l'estate in allegra compagnia in una villa che aveva preso in affitto sul Bosforo. Era un nuotatore formidabile e di una resistenza a tutta prova.

Nel 470 – ma la data è incerta – tornò in Pannonia. Aveva diciotto anni ed era ormai un uomo fatto. Di statura superiore alla media, aveva una testa grossa e rotonda, una fronte spaziosa, un bel naso aquilino e due sopraccigli folti e cespugliosi che gli coprivano ·le palpebre, le orecchie spanse e vibratili come *radar*. La bocca, ai cui angoli spiovevano un paio di poderosi baffi biondi, mostrava una superba dentatura che faceva risaltare le labbra esangui e sottili. Le narici erano così irte di peli che ogni mattina un barbiere, munito di uno speciale rasoio, doveva sfoltirle per facilitargli la respirazione. Un petto villoso e gladiatorio sosteneva il collo taurino. Le gambe, diritte e muscolose, poggiavano su due piedi corti e affusolati. Teodemiro quando lo rivide non lo riconobbe. Teodorico trovò il padre molto invecchiato e un po' rimbambito. Erano stati lontani dieci anni e non si erano scambiati che pochi messaggi.

La Pannonia era allora minacciata dai Sarmati che avevano invaso la Mesia e premevano sui suoi confini. All'insaputa del padre, Teodorico arruolò seimila uomini, passò il Danubio, si avventò sul nemico e lo sterminò. Tagliò la testa al re Badai, la conficcò in cima a una picca e con questo trofeo tornò in Pannonia. Poco tempo dopo fu incoronato Re.

La Pannonia era diventata troppo stretta per i Goti, i quali avevano continuamente bisogno di spazio. Nomadi e pastori, vivevano di pascoli e di saccheggio e la vita sedentaria li affamava. Bisanzio in quel momento aveva ammassato gli eserciti sui confini orientali lasciando aperte, anzi spalancate, le porte della Macedonia. Attraverso queste porte, con tutto il suo popolo, Teodorico si accinse a passare. Colse di sorpresa le resistenze greche e le travolse. Il nuovo imperatore Zenone, succeduto nel 474 a Leone, chiese la pace; e i Goti, in cambio della Macedonia, dove si stanziarono, deposero le armi. Nel 478 però le ripresero e si trasferirono in Scizia, sulle rive del Mar Nero.

Per Bisanzio, il Re goto era diventato un inquilino scomodo e imprevedibile. Nel 484 l'Imperatore lo nominò Console. S'illudeva con gli onori d'amicarselo. Teodorico indossò la toga, e due anni dopo, per tutto ringraziamento, invase la Tracia e cinse d'assedio – ma senza fortuna – la stessa Bisanzio. La Scizia evidentemente non era stata la terra promessa che egli aveva sperato. Zenone allora l'invitò ad occupare l'Italia.

La Penisola era di fatto diventata un Regno indipendente anche se Odoacre la governava in nome di Costantinopoli. Lo storico greco Procopio riferisce che Teodorico accettò con entusiasmo la proposta che in realtà mirava più a liberare i Balcani dai Goti che a riconquistare un Paese sul quale l'Imperatore non esercitava più alcun controllo.

La *lunga marcia* di Teodorico ebbe inizio nel tardo autunno del 488. Era un intero popolo che migrava: donne, vecchi, bambini, carri, capre, masserizie. Duecentocinquantamila Goti, di cui solo cinquantamila in assetto di guerra e alcune centinaia di mercenari greci in cerca di avventure muovevano verso Occidente lungo l'antica rotta danubiana, attraverso le strade che Roma aveva costruito e gli Unni non avevano fatto in tempo a distruggere. Per i primi cinquecento chilometri non fu che una lunga passeggiata. Poi cominciò l'*anabasi*, quando i Goti giunsero ai confini della Dacia dove erano acquartierati i loro cugini Gepidi. Teodorico chiese il diritto di passaggio sul loro territorio ma ebbe un rifiuto. I Gepidi furono attaccati nei loro accampamenti e sbaragliati. I Goti arruolarono nell'orda i pochi superstiti dopo aver trucidato i vecchi e gli invalidi, e ripresero il cammino verso Nord-Ovest. Nell'agosto dell'anno successivo valicarono le Alpi Giulie e calarono in Italia.

Odoacre non era rimasto con le mani in mano. Aveva mobilitato l'esercito e l'aveva concentrato sulle rive dell'Isonzo dove aveva scavato trincee e eretto fortificazioni. Il 28 agosto, i Goti si scontrarono con le bande di Odoacre e le sconfissero. Il 30 settembre i due eserciti si affrontarono di nuovo a Verona. Prima della battaglia Teodorico, ch'era assai superstizioso, volle indossare un mantello di seta che la madre e la sorella gli avevano confezionato durante la *lunga marcia*. Ancora una volta Odoacre fu battuto e volto in fuga. Cercò scampo a Roma ma i Quiriti, che lo detestavano, gli chiusero la porta in faccia. Allora ripiegò su Ravenna, dopo aver devastato il Lazio e decimato i suoi abitanti.

Il Re goto non l'inseguì, ma puntò su Milano dove le retrovie nemiche avevano cercato riparo, e la occupò. I seguaci di Odoacre furono fatti prigionieri. Il generale che li comandava, un erulo di nome Tufa, chiese di essere arruolato fra i Goti. Teodorico l'accontentò, lo mise alla testa di un esercito e lo spedì ad assediare Ravenna. Appena vi giunse, divorato dal rimorso – o dalla paura – Tufa si rimise agli ordini di Odoacre. Migliaia di Goti furono catturati e uccisi, e le sorti della guerra minacciarono di rovesciarsi. Teodorico allora abbandonò Milano, e marciò su Ravenna. Poiché la città era praticamente inespugnabile fece scavare un ampio fossato intorno alle mura e vi ammassò le truppe. Quindi partì per Roma, dove fu accolto come un liberatore.

Di qui mosse alla conquista del Mezzogiorno che pacificamente gli si sottomise.

Ai primi del 493, stremata da un assedio che durava da oltre due anni e da una carestia che aveva ridotto i suoi abitanti a cibarsi di erba e di carne di cane, Ravenna capitolò. Due giorni dopo fu firmata la pace che il Vescovo Giovanni benedisse. Odoacre invocò la clemenza di Teodorico e gli consegnò il proprio figlio Telano in ostaggio. Il 5 marzo il Re goto attraversò a cavallo la città tra le ovazioni del popolo e del clero. Giovanni ordinò un *Te Deum* di ringraziamento e gli andò incontro con la croce e un codazzo di preti salmodianti. I festeggiamenti si conclusero con un gran banchetto in onore di Odoacre al termine del quale Teodorico sgozzò il rivale dopo aver fatto sterminare tutti i suoi familiari. Procopio racconta che Odoacre fu ucciso perché aveva osato chiedere al Re goto di poter governare con lui.

La conquista della Penisola era durata in tutto cinque anni: gli eserciti avevano desolato le campagne, spianato le città, trucidato gli abitanti. Ma oltre che dalla guerra la popolazione era stata falciata dalle carestie, dalle pestilenze e dagli immancabili cataclismi naturali. Lo storico Ennodio racconta che la fame uccideva chi sopravviveva alla spada. Odoacre non aveva governato né meglio né peggio dei suoi predecessori. Non aveva costruito nulla e nulla aveva distrutto. Aveva conservato l'Italia come l'aveva trovata: una terra di rapina e di conquista alla mercé di tutti. Con Teodorico molte cose cambiarono e la situazione migliorò.

CAPITOLO QUINDICESIMO
L'ITALIA GOTICA

Al principio del 494 la conquista gotica era consolidata. Teodorico s'istallò a Ravenna. Dei duecentocinquantamila Goti che con lui avevano intrapreso la *lunga marcia* non più di duecentomila avevano raggiunto la terra promessa. Di costoro una parte si era acquartierata nella pianura padana, un'altra aveva seguito il Re nella città adriatica, una terza era calata nel Mezzogiorno.

L'insediamento fu lento e difficile. Quello di Teodorico non era un popolo, ma un'orda di guerrieri, di pecorai e di predoni, refrattari a ogni forma di vita organizzata. Erano troppo barbari per fondersi coi vinti e questi troppo marci per assimilarli. Non sarebbe stata una convivenza facile. Il nuovo Regno comprendeva Lombardia, Veneto, Liguria, Toscana, Lazio, Campania, Lucania, Calabria e Sicilia. Teodorico lasciò inalterata l'antica fisionomia e la tradizionale nomenclatura amministrativa romana: la Penisola restò divisa in diciassette province, governate da diciassette *Presidi*, ch'erano al tempo stesso giudici, amministratori e intendenti di finanza. Dipendevano tutti dal Prefetto del Pretorio, o Ministro dell'Interno, che risiedeva a Ravenna e rendeva conto del loro operato al Re. Le province di frontiera furono affidate ai cosiddetti *Conti*, generali goti in attività di servizio segnalatisi durante la guerra contro Odoacre. Costoro disponevano di un piccolo esercito, facevano vita di guarnigione e vigilavano sui confini. I loro compiti non erano naturalmente solo militari, ma anche civili e giudiziari.

A Roma il Senato, ridotto a una larva, seguitò a essere, almeno sulla carta, il più alto organo rappresentativo. Il Re

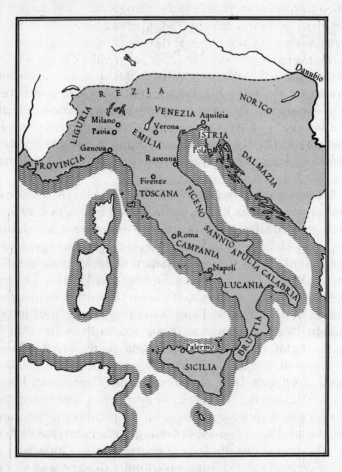

L'Italia gotica.

gli confermò tutti i privilegi di cui in passato aveva goduto, limitandosi a designarne il Presidente. I Senatori conservarono il diritto di trasmettere la propria carica ai figli, e anche i Consoli salvarono le loro prerogative. Quando venivano eletti potevano affrancare un certo numero di schiavi e avevano ancora l'obbligo di distribuire grano alla plebe e farla divertire. Si vestivano come sotto Silla, Cesare e Traiano, e davano il loro nome all'anno. Ma il vero capo a Roma era il Prefetto dell'Urbe. Lo nominava Teodorico, di cui era il luogotenente. Dirigeva l'amministrazione, presiedeva alla giustizia ed esercitava la sua giurisdizione persino sui Senatori. Da lui dipendevano tutti i funzionari pubblici della città, il cui numero – riferisce lo storico Cassiodoro – sotto Teodorico subì una drastica riduzione.

Quando nell'anno 500 il Re visitò Roma, fu appunto il Prefetto dell'Urbe il primo a rendergli omaggio, a capo di una delegazione in cui tutte le alte cariche dello Stato erano rappresentate. C'erano il Questore, che faceva da collegamento fra Teodorico e il Senato, il Maestro degli Uffici che sovrintendeva all'annona e alle poste, il Conte delle Largizioni o Ministro delle Finanze, che vigilava anche sul commercio, il Conte degli Affari Privati o Ministro della Corona, che aveva il compito di impedire i matrimoni tra parenti e di dare sepoltura ai morti. Tutti costoro avevano il titolo di *illustri* e percepivano uno stipendio mensile di mille soldi, corrispondente a circa dieci milioni di lire attuali.

Nei suoi non troppo frequenti spostamenti Teodorico si faceva accompagnare da uno stuolo di scudieri e di ufficiali, i quali erano naturalmente tutti goti. Nelle *Variae* di Cassiodoro non c'è traccia di un solo funzionario militare romano. Il capo dell'esercìto era il Re che dichiarava la guerra e ordinava la leva. I Goti mobilitavano in massa e provvedevano personalmente al proprio equipaggiamento che consisteva in una specie di corazza leggera, un elmo e uno scudo. L'armatura comprendeva la lancia, la spada, il giavellotto, il pugnale e le frecce. Si davano di solito convegno in una provincia di frontiera. Lo Stato passava ai soldati stipendio e vettovaglie, ma vietava loro il saccheggio, lo stupro e il ratto. I Romani erano tenuti a procurare alle truppe di passaggio vitto e alloggio. Finita la guerra, i soldati tornavano alle loro case a coltivare i campi. Così lentamente i Goti si emanciparono dalla vita nomade, e come gli antichi legionari romani diventarono agricoltori.

Teodorico trovò la Penisola finanziariamente stremata e le casse dello Stato vuote. Moltiplicò i balzelli e il numero dei *pubblicani*, che erano gli agenti incaricati di riscuoterli. Le imposte erano pesanti e generalmente si pagavano in natura: olio, vino, grano eccetera. All'erario andava anche il ricavato della vendita dei minerali e del marmo e la cosiddetta tassa sui monopoli che colpiva il diritto di commercio *in esclusiva*. Teodorico aveva il culto dei monumenti. Restaurò il teatro di Marcello, nominò un sovrintendente alle cloache e istituì una commissione di vigilanza sui vespasiani. Punì i ladri di statue e gli speculatori di terreni. Emanò una legge contro la demolizione indiscriminata e arbitraria degli antichi edifici pubblici, che era diventato un lucroso passatempo per gli abitanti dell'Urbe. «Le rovine dell'antica Roma – è stato scritto – ci sono state lasciate dagli stessi Romani.»

Nel 500 Teodorico pubblicò un Editto in centoquarantaquattro articoli. La materia che conteneva e lo spirito che l'uniformava erano romani. Romana era la giurisprudenza che assegnava a tribunali di guerra la competenza a giudicare reati militari e a corti civili quella di pronunciare sentenze comuni. Nominò presidenti dei primi i Conti goti e delle seconde i magistrati romani. Capitava assai di rado che un cittadino romano comparisse dinanzi a un giudice goto. Poteva accadere, anzi regolarmente accadeva, quando scoppiava una controversia fra Goti e Romani. In questo caso i secondi erano giudicati da un Conte assistito da un magistrato romano.

I suoi biografi ci descrivono Teodorico come un uomo giusto. Un giorno una donna gli presentò un ricorso contro certi giudici che non si decidevano a dirimere una lite in cui essa era coinvolta. Il Re li convocò e ordinò di celebrare seduta stante il processo. Pronunciato il verdetto, fece tagliare la testa ai giudici.

Non avendone di suoi, si servì per governare l'Italia di amministratori romani. Nominò Prefetto del Pretorio un certo Liberio che aveva ricoperto la stessa carica sotto Odoacre, al quale sino alla fine era stato fedele. Liberio coronò la sua carriera come Ministro delle Finanze e legò il suo nome alla riforma agraria che assegnò due terzi del suolo italiano ai Romani e un terzo ai Goti, che a giusto titolo lo avevano reclamato essendone ormai gli unici difensori. Successore di Liberio fu Cassiodoro. Anche lui aveva militato sotto Odoacre di cui era stato Tesoriere. Aveva poi offerto i suoi servigi a Teodorico che l'aveva nominato governatore della Lucania. La sua carriera fu continuata dall'omonimo figlio, il grande storico di questo periodo, che per quasi quarant'anni fu a capo dell'amministrazione gotica in Italia.

Cassiodoro *junior* era nato a Squillace in Calabria nel 480. Giovinetto si era trasferito a Roma dove aveva compiuto studi di grammatica e ornitologia. Quando il padre fu promosso Prefetto del Pretorio, egli divenne governatore della Lucania, poi assessore a Roma. In tale veste un giorno gli capitò di rivolgere un brindisi al Re. Lo fece con tanta grazia che Teodorico lo nominò prima suo segretario, poi Questore, Patrizio, e nel 514 Console. Cassiodoro non fu solo un uomo di Stato ma anche un grande storico, nonostante l'ampollosità e il tono agiografico dei suoi scritti. In una brutta «Storia dei Goti», andata perduta, attribuì a loro un'origine divina e una lontana parentela con Ercole e Teseo. Compilò anche un sommario di antichità – il *Chronicon*

– che prendeva lo spunto dalla cacciata di Adamo ed Eva dal Paradiso Terrestre. La sua opera più famosa però sono le *Variae*, una raccolta di lettere e documenti, attraverso i quali possiamo ricostruire il Regno gotico in Italia. Morì vecchissimo, a novantatré anni, nella sua tenuta di Squillace, dove si era ritirato ad allevare canarini e a trascrivere le opere di Virgilio e di Seneca.

Gli altri collaboratori civili di Teodorico, Simmaco e Boezio, erano entrambi romani. Simmaco discendeva dal console omonimo che sotto Teodosio si era opposto alla rimozione della statua della Vittoria, simbolo pagano, dall'aula del Senato. Il pronipote si era convertito al cattolicesimo e ne era diventato un campione. Odoacre l'aveva nominato Console, e Teodorico l'aveva designato Prefetto dell'Urbe col titolo di Patrizio. Nel 524 era stato eletto Presidente del Senato. Era un uomo colto, probo e raffinato. Scrisse una Storia di Roma, dotta e retorica, in sette volumi. Attraverso la figlia, s'imparentò con Boezio, di cui così divenne suocero.

Boezio era nato nel 475 a Roma dove aveva compiuto gli studi che poi aveva continuato ad Atene sui testi di Euclide, Archimede e Tolomeo. Tradusse l'*Organon* di Aristotele che servì da modello a tutta la filosofia medievale. Scrisse anche un trattato di teologia in cui dimostrò – o cercò di dimostrare – che la Fede trionfa sulla Ragione. A trent'anni Teodorico lo nominò Console, poi Maestro degli Uffici e, nel 522, Primo Ministro.

Simmaco e Boezio collaborarono con Teodorico come avevano collaborato con Odoacre; ma improvvisamente, e in modo clamoroso, nel 523, i loro rapporti col Re si ruppero, quando il referendario Cipriano accusò il Patrizio Albino di aver spedito all'Imperatore d'Oriente alcune lettere piene di calunnie sul conto del Sovrano. Boezio scagionò Albino e incolpò Cipriano, il quale a sua volta estese l'accusa a Boezio. Teodorico deferì quest'ultimo al Senato che si costituì in tribunale speciale. Fu il *processo del secolo*, e si concluse con la condanna a morte dell'imputato riconosciuto reo di tradimento, magia e spiritismo. Boezio fu rinchiuso in carcere a Pavia e il 23 ottobre del 524 giustiziato. I carnefici gli cinsero la fronte con una cordicella e la strinsero finché gli occhi non schizzarono fuori dalle orbite. La stessa sorte toccò a Simmaco, colpevole solo di aver preso le difese del genero.

Nella cella di Boezio fu rinvenuto un manoscritto che egli aveva composto durante i lunghi mesi di reclusione, e al quale aveva dato il titolo significativo di *Consolatio philosophiae*. L'opera è scritta in un bel latino classico che riecheggia quello di Seneca, e alcune pagine sono intrise di un accorato lirismo. La *Consolatio* fu il *best seller* del Medioevo. La lesse anche Dante. Fu tradotta in tutte le lingue. L'elenco completo delle sue edizioni riempie ben cinquanta pagine del catalogo del *British Museum* a Londra.

Le accuse di Cipriano non erano infondate. A Roma da tempo tirava aria di fronda. Ma di questa fronda, più che Boezio e Simmaco, l'anima erano il Pontefice e i Senatori, che trescavano con Bisanzio.

Fino a Odoacre, nel marasma del basso Impero, le province erano state governate dai Vescovi. Con quello di Pavia, Epifanio, i Goti avevano trattato la resa della città. Consolidata la conquista e istallatosi a Ravenna, Teodorico aveva reclutato un corpo di funzionari e li aveva spediti, in qualità di *Presidi*, nelle province. La giurisdizione civile aveva sostituito quella ecclesiastica e il Re, coi suoi Conti, non più il Papa coi suoi Vescovi, era ora l'arbitro della situazione.

Dapprincipio i rapporti fra lo scettico e tollerante Teodorico e la Chiesa erano stati cordiali. Quando nel 500 per la seconda volta egli si era recato a Roma, il Papa Simmaco gli era andato incontro a Monte Mario e l'aveva accompagnato in trionfo a San Pietro. Il Re ariano aveva pregato sulla tomba dell'Apostolo, e ai piedi dell'altare aveva deposto due candelabri d'argento del peso di settanta libbre. Simmaco era stato eletto contro un certo Lorenzo che era il candidato dell'Imperatore d'Oriente. Nel 500 la lite non si era ancora sopita, e il Pontefice era stato addirittura accusato di adulterio e peculato. L'anno seguente Teodorico aveva convocato un concilio in Laterano. Simmaco era stato processato e assolto. Era stata questa l'unica volta che il Re era intervenuto negli affari della Chiesa, e lo aveva fatto perché i Vescovi glielo avevano chiesto. Aveva concesso al clero cattolico la più ampia libertà di culto. Però aveva anche esonerato i preti da quegli impieghi che erano incompatibili con la dignità del loro ministero, e li aveva tassati e privati di molte immunità di cui in passato avevano goduto. Aveva sottoposto anche i monaci al pagamento delle imposte. Ciò fatalmente gli aveva alienato la Chiesa che tramò con Bisanzio la sua rovina.

Nel 524 l'imperatore Giustino bandì un editto contro gli eretici e i manichei che li escludeva dalle funzioni civili e militari e riconsacrava le chiese ariane al rito cattolico. L'ariano Teodorico convocò il Papa Giovanni a Ravenna e gli ordinò di recarsi a Costantinopoli a chiedere la revoca dell'editto. Il Pontefice, vecchio e malato, lo scongiurò di mandare qualcun altro, ma Teodorico fu irremovibile. Allora il Papa, accompagnato da tre ex-consoli e da alcuni preti, partì. Durante il viaggio – riferisce il *Libro Pontificale* – avvennero numerosi miracoli. Quando Giovanni varcò le mura di Costantinopoli, un sordomuto lo toccò con un dito e riacquistò l'udito e la favella. Bisanzio gli tributò grandi accoglienze. Giustino andò incontro al Vescovo di Roma e si inginocchiò ai suoi piedi, imitato dai prelati e dai dignitari del seguito. Il giorno di Pasqua, sorretto dal Patriarca di Costantinopoli che gli dava la destra, Giovanni celebrò la messa nella chiesa di Santa Sofia. Al termine incoronò Giustino Imperatore, quindi lo scongiurò di revocare il bando, ma senza osare di far cenno all'altra pretesa di Teodorico: che Giustino permettesse a coloro che avevano abiurato all'arianesimo per abbracciare l'ortodossia, di riconvertirsi all'antica fede. Al principio del 526, stremato dal lungo viaggio e dalla gotta, Giovanni tornò in Italia. Dopo lo sbarco fu condotto al cospetto di Teodorico, che pubblicamente l'accusò di tradimento e lo fece imprigionare. Morì in carcere il 25 maggio del 526, e la Chiesa lo considerò uno dei suoi martiri.

Il Re fece appena in tempo a dargli un successore, che il 30 agosto dello stesso anno morì. Le fonti ecclesiastiche attribuiscono la sua fine a un attacco di dissenteria. Anche Ario era stato stroncato dalla diarrea. Evidentemente, secondo la Chiesa, è questo il destino degli eretici. Narra Procopio che, dopo la morte di Simmaco, Teodorico fu tormentato dal rimorso. Un giorno, mentre mangiava, vide il merluzzo che gli era stato servito su un vassoio d'argento assumere il sembiante, pallido e smunto, della sua vittima: gli occhi erano sbarrati e iniettati di sangue, in un torvo rigurgito di vendetta. Il Re fu colto da delirio e trasportato a letto dove, due giorni dopo, spirò. Più probabilmente Teodorico, che soffriva di disturbi circolatori, fu vittima di una trombosi. Gregorio Magno, nei suoi *Dialoghi*, racconta che fu precipitato nell'Inferno attraverso la bocca di un cratere situato al centro dell'isola di Lipari.

Quando calò nella tomba, Teodorico aveva settantadue anni. Negli ultimi tempi era diventato scorbutico, sospettoso e misantropo, ma aveva conservato le sue vecchie abitudini. Si alzava la mattina all'alba, consumava un'abbondante colazione a base di frutta fresca e carne arrostita, e faceva una lunga cavalcata nei boschi. Alle dieci andava a messa. In pubblico era molto devoto. Poi, accompagnato dal Conte degli armigeri, s'avviava alla sala del trono. Cominciavano le udienze, che duravano un paio d'ore. A mezzogiorno compiva un sopralluogo al tesoro, che custodiva in un grande forziere di cui portava sempre con sé, attaccate alla cintura, le chiavi. Se gli avanzava un po' di tempo, visitava le stalle. All'una si metteva a tavola. Gli piaceva la mensa bene imbandita, i piatti d'argento, le brocche d'oro, le tovaglie di pizzo. Dopo mangiato, di rado si concedeva una siesta. Preferiva fare una partita ai dadi con gli amici. Se perdeva si arrabbiava, ma naturalmente i suoi avversari facevano in modo che questa disgrazia gli capitasse di rado. Alle quattro, fino alle sette, ricominciavano le udienze. Poi andava in giardino ad annaffiare i fiori che coltivava con molta cura. Alle otto cenava, in compagnia della moglie, della figlia e di pochi intimi, circondato da nani e buffoni. Si coricava tardi, dopo essersi fatto leggere dal segretario un capitolo di Tacito o di Svetonio. Si recava spesso in visita al mausoleo che si stava costruendo a Ravenna e che era un massiccio edificio di marmo bianco a due piani circolari concentrici, sormontati da una cupola monolitica. Esempio di architettura romano-barbarica, esso si è mantenuto intatto nei secoli e, dopo aver subìto alcuni restauri, è stato trasformato in chiesa. È stato paragonato al Pantheon, ma gli mancano l'imponenza e la levità del monumento di Agrippa.

Teodorico non fu forse quel grande Re che alcuni storici hanno descritto, ma certamente fu il primo barbaro che seppe innalzarsi sopra il livello del capotribù. I suoi Goti portarono in Italia, con le vecchie superstizioni germaniche e il selvaticume dell'orda, la virtù guerriera, il senso dell'onore, il culto della donna e un certo spirito avventuroso e cavalleresco. Siccome il suo popolo era una minoranza, temendo che i Romani lo fagocitassero, Teodorico cercò di impedire, finché fu in vita, che si mescolasse coi vinti.

Negli ultimi tempi aveva trasferito la sua residenza a Pavia, e fu qui che in punto di morte convocò al suo capezzale i Conti goti e la figlia Amalasunta. Il genero Eutarico era calato nella tomba da quattro anni e il nipote Atalarico era ancora un bambino. Amalasunta fu nominata reggente in nome del figlio. Era una donna colta, bella e prepotente. Parlava correntemente il latino e il greco, conosceva i classici, ed era imbevuta di filosofia. I Goti la detestavano perché si sentivano disprezzati da lei che si circondava di Romani e frequentava i loro salotti. Riabilitò la memoria di Simmaco e di Boezio, e restituì ai figli i beni confiscati. Aumentò lo stipendio ai maestri di retorica e fondò nuove scuole. Si riconciliò col Senato e col popolo romano, e s'impegnò a non violare le leggi dei Quiriti. Affidò il figlio a un precettore romano perché lo iniziasse al culto di quella civiltà latina, di cui essa era intrisa. I Goti protestarono. Il Re, per loro, doveva essere un guerriero, possibilmente analfabeta, come lo era stato Teodorico.

Un giorno Amalasunta rimproverò Atalarico e gli appioppò un ceffone. Il bambino scoppiò a piangere al cospetto di alcuni Conti goti che obbligarono la Regina a licenziare il precettore e a consegnare a loro il figlioletto. Atalarico, sottoposto a strapazzi d'ogni genere, morì a diciotto anni, consunto dalla tisi. La madre allora si associò al trono il cugino Teodato.

Era figlio di Amalafrida, sorella di Teodorico, aveva vissuto a lungo in Toscana dove possedeva un castello e vaste tenute. Amalasunta lo prediligeva perché aveva studiato filosofia a Roma e aveva scritto un saggio su Platone. Ma sotto la vernice dell'intellettuale, egli covava una smodata sete di potere. Si era arricchito coi soprusi e la violenza. Amalasunta ebbe a lamentarsi presto del collega che la detestava e voleva liberarsi di lei. Un bel giorno decise di fuggire a Bisanzio. Caricò tutti i suoi tesori su un *dromone* e si accinse a salpare dal porto di Classe. Troppo tardi. Teodato, informato, fece occupare la nave dai suoi sbirri. La Regina fu arrestata, condotta sul lago di Bolsena e rinchiusa in una torre. Sotto minaccia di morte, il cugino l'obbligò a scrivere una lettera all'imperatore Giustiniano in cui diceva di aver cambiato idea e di voler restare in Italia. Poi diede ordine di ucciderla. Amalasunta fu strangolata nel sonno. Correva l'anno 535.

Era l'inizio di una crisi che il Papa e i Senatori romani attendevano con impazienza. Ne avvertirono subito Costantinopoli, ricordandole che l'Italia, in linea di diritto, era sempre una provincia dell'Impero anche se di fatto Teodorico l'aveva governata da padrone assoluto. L'assassinio di Amalasunta forniva ora un buon pretesto per intervenire nella Penisola nuovamente disponibile.

Vediamo dunque cos'era questo Impero e chi era colui che in quel momento l'incarnava.

CAPITOLO DICIASSETTESIMO

BISANZIO

Come Roma, la nuova Capitale era stata costruita su sette colli. Costantino l'aveva scelta per la sua posizione naturale e strategica, estremo bastione europeo e porta d'ingresso al continente asiatico. Nel VI secolo, col suo milione d'abitanti, Bisanzio era la più popolosa città del mondo, seguita, ma a molte lunghezze, da Cartagine in Occidente, e da Alessandria e Antiochia in Oriente. La vita della Capitale ruotava intorno a tre poli: la Corte, l'Ippodromo e la chiesa di Santa Sofia.

La Corte era una specie di città nella città, come a Mosca, fin dal tempo degli Zar, lo è sempre stato il Cremlino. Al centro, circondato da diecine d'edifici, adibiti a ministeri, e da sontuose ville private, sorgeva il Palazzo Sacro, residenza ufficiale dell'Imperatore A un tiro di schioppo, la reggia dell'Imperatrice era il luogo più misterioso e di più difficile accesso della metropoli. Nessuno, senza uno speciale permesso, poteva varcarne la soglia, vigilata giorno e notte da eunuchi armati fino ai denti. Lo stesso Imperatore, quando si recava a visitare la moglie, doveva farsi annunciare.

Coi suoi sfarzosi vestiboli, coi suoi saloni sfavillanti di ori, marmi e mosaici, il Palazzo Sacro era il cuore di un Impero che la Provvidenza sembrava aver destinato a durare in eterno. A sacralizzarlo gli Imperatori vi avevano ammassato i più preziosi cimeli della Cristianità: il legno della Croce, la corona di spine e gli scheletri dei Santi e dei Martiri più in voga. Sant'Elena vi aveva fatto trasportare quello di San Daniele, Leone VI quelli di Maria Maddalena e di Lazzaro. Niceforo Foca e Giovanni Tzimisces avevano arricchito la collezione coi capelli di Giovanni Battista e i sandali di Cristo. Sotto la colonna di Costantino, alla venerazione dei fedeli che ogni giorno vi affluivano in gran numero, erano esposti i pani del miracolo. Se tutte queste reliquie fossero autentiche non si sa. Ma il metterlo in dubbio era considerato sacrilegio.

La Corte non era soltanto la residenza dell'Imperatore, ma anche il quartier generale della burocrazia e il centro commerciale più importante dell'Impero. Entro le sue mura erano chiusi i ministeri e gli uffici pubblici. I suoi ginecei ospitavano migliaia di donne intese non soltanto a prestazioni di alcova, ma anche a vere e proprie industrie tessili dove filavano la lana e la seta che lo Stato importava e lavorava in regime di monopolio. Commercianti e uomini d'affari erano gli stessi Imperatori. Giovanni Vatatzes per esempio, vendendo polli, riuscì a guadagnare abbastanza denaro per comperare all'Imperatrice una corona nuova.

L'Ippodromo, come il Foro nell'antica Roma, era il luogo dove si svolgevano le corse delle bighe e si ordivano i complotti. Dalle gradinate e dai *popolari*, capaci di ospitare fino a quarantamila spettatori, partiva la scintilla che poteva scatenare la rivoluzione. Gli omicidi, i ratti, le bastonature erano all'ordine del giorno tra le due fazioni rivali dei «Verdi» e degli «Azzurri». Contro il «tifo», la stessa forza pubblica era impotente. E impotente era l'Imperatore che, per conservare il trono, doveva assicurare il regolare svolgimento dei giuochi.

Santa Sofia era il terzo grande centro d'attrazione di Bisanzio, sebbene nella Capitale vi fossero altre quattrocento chiese. Ideata da Giustiniano e realizzata dal celebre architetto Antemio di Tralle, era la residenza ufficiale del Patriarca e il più importante luogo di riunione e di preghiera della Cristianità orientale.

Chiacchieroni, bigotti e superstiziosi, i Greci amavano pazzamente le dispute religiose che il clero secolare apertamente fomentava. È difficile misurare l'influenza che i monaci esercitarono sulla società e sul costume bizantini. Contesi da Principi e da Imperatori, goderne la fiducia era considerato un autentico privilegio. Alessio I, durante le campagne militari, era solito ospitarne uno sotto la sua tenda. Particolarmente riveriti e ascoltati erano gli eremiti. San Niceforo riuscì a indurre l'Imperatore ad abolire la tassa sull'olio santo. San Daniele, che abitava su una colonna alla periferia di Bisanzio, quando scoppiava un temporale, veniva, per ordine di Teodosio II, regolarmente rifornito di ombrello. Solo verso la fine della sua vita decise di farsi costruire una piccola tettoia. Grande fama godettero anche San Teodoro Siceota e San Basilio Minore: il primo per aver passato in una gabbia tutta una Quaresima; il secondo per aver istruito l'imperatrice Elena sul modo di avere un figlio.

Costantinopoli era sotto il patronato della Vergine, al cui culto erano dedicate alcune delle sue più belle chiese. Esse non erano solo luoghi di preghiera, ma anche veri e propri centri diagnostici e terapeutici. Come nella Roma pagana molti malati preferivano affidarsi alle cure di Asclepio e di Lucina piuttosto che a quelle del medico, così a Bisanzio si ricorreva alle ricette di Cosma e Damiano che, sembra, ne dispensavano a iosa e gratuitamente. Fra i Santi che facevano i medici c'erano, naturalmente anche gli specialisti. Per le malattie sessuali, ad esempio, gli uomini si rivolgevano a sant'Artemio e le donne a santa Febronia. Quando una diagnosi si presentava particolarmente difficile, si faceva ricorso agli astri, e talvolta si chiamava a consulto i maghi e gli stregoni, sebbene la loro principale attività fosse la lettura del futuro. Non sempre costoro azzeccavano i pronostici. Catanance, per esempio, profetizzò la morte di Alessio I, e invece a morire fu il leone di Corte. Ciò non gli impedì, dopo alcuni anni, di rinnovare la profezia. Ma anche questa volta i fatti lo smentirono perché a tirare le cuoia fu l'Imperatrice-Madre.

Era una città cosmopolita, una specie di *melting-pot*, un crogiuolo di lingue, di razze, di costumi, un miscuglio di Greci, di Illiri, di Sciti, di Asiatici, di Africani, amalgamati e tenuti insieme dall'ortodossia e dalla lingua comune. Lacerato dalle eresie, l'Impero Romano d'Oriente, per la sua eterogeneità etnica, non fu mai agitato dallo spettro del razzismo. Frequenti erano anzi i matrimoni misti che gli stessi Imperatori incoraggiavano. Giustiniano II, per esempio, fece sposare al proprio cuoco negro la figlia di un ricco e influente senatore.

A dispetto di un clima umido e afoso, Costantinopoli era incorniciata da un panorama incantevole e da un paesaggio nobile e lussureggiante. La sapienza urbanistica dei suoi architetti aveva fatto di questa città un gioiello di armonia e di equilibrio estetico. C'erano, si capisce, anche le *coree* – come oggi si chiamerebbero – ma, tutto sommato, il volto di Bisanzio poteva benissimo reggere il confronto con quello della Roma d'Augusto. Secondo schemi romani infatti erano costruite le case: alte due piani con piccole finestre che si affacciavano su un cortile-patio o che guardavano all'esterno sulla strada. I balconi erano sollevati dal suolo di almeno cinque metri. Le scale esterne erano vietate.

Cure particolari erano dedicate alle fogne che sboccavano direttamente nel mare. Poiché a Bisanzio non esistevano cimiteri, i cadaveri venivano inumati fuori delle mura. Solo i membri della famiglia imperiale potevano essere sepolti dentro la città. Larghi *boulevards*, costeggiati da alberi e da preziose statue di marmo, attraversavano il centro, che nelle ore di punta doveva essere particolarmente affollato.

Un capitolo a parte meriterebbero gli eunuchi. Erano tutti di buona origine aristocratica e borghese, e venivano castrati per evitare che le loro energie fossero distratte dal servizio di Stato. Di solito si sottoponevano volontariamente a quell'operazione, obbligatoria per chi voleva far carriera a Corte e nelle alte gerarchie amministrative, ecclesiastiche e militari. Grandi Patriarchi e ottimi Generali erano eunuchi. La loro condizione era considerata un privilegio: e ciò dimostra fino a che punto l'Impero Romano si fosse ormai orientalizzato.

L'Imperatore – o Basileus – erede dei Cesari, aveva diritto di vita e di morte su tutti i sudditi. Eletto da Dio, di cui era il luogotenente in terra, come Dio era infallibile. Il Patriarca lo consacrava sull'ambone di Santa Sofia, ma poi diventava praticamente il suo Ministro del Culto. Il Basileus designava e investiva i Vescovi che poteva deporre quando gli pareva e piaceva. Convocava i Concili, fissava i dogmi, modificava la liturgia. Era legato alla Vergine da speciali vincoli di collaborazione. Sui campi di battaglia, infatti, l'Imperatore e la Madonna erano considerati colleghi di pari grado. Giudice supremo, il suo tribunale giudicava in prima istanza e in appello. I capricci e i gusti del sovrano dettavano la moda e fissavano i limiti del lusso. Di quello degli altri, si capisce.

La successione al trono non era regolata da norme fisse. Ma di solito si praticava il regicidio. In 1058 anni, sui 107 Imperatori, solo trentaquattro morirono di morte naturale e una mezza dozzina in guerra. Gli altri o abdicarono o furono sgozzati.

La divinità del sovrano si manifestava durante le udienze quando, issato su un trono gigantesco, egli riceveva i ministri, i cortigiani e gli ambasciatori stranieri. L'Imperatore si esprimeva a gesti. Nessuno parlava, e tutti stavano in piedi. A intervalli regolari il *Basileus* scompariva, sollevato in aria con tutto il baldacchino da macchine invisibili e misteriose. Quando ricompariva, indossava vesti nuove e sempre più sontuose. Coloro che gli rendevano omaggio gli facevano tre inchini e gli baciavano le pantofole di porpora.

Gli ordini dell'Imperatore non si discutevano perché nella sua persona si fondevano insieme i poteri esecutivo, legislativo e giudiziario, oltre a quello religioso. Il Senato, completamente esautorato e costretto ad abdicare alla sua tradizionale funzione di organo legislativo, era diventato una specie di Consiglio di Stato, e si limitava a fornire i quadri dirigenti della burocrazia. Di estrazione senatoriale erano i direttori generali, i capi di gabinetto e i ministri dei vari dicasteri. Più che figlia di quella romana, l'amministrazione bizantina col suo forsennato centralismo fu la madre di quella russa, sia zarista che sovietica. Nulla sfuggiva al suo controllo. Nei ministeri della Capitale lavoravano diecine di migliaia di impiegati e di funzionari. La lingua ufficiale, ai tempi di Giustiniano, era ancora il latino. In latino venivano rilasciati i certificati. In latino veniva compilata la «Gazzetta Ufficiale». Ma dopo di lui il greco prese il sopravvento.

Accanto a una burocrazia vessatrice ma efficiente, operava una diplomazia sottile, spregiudicata e intrigante. È difficile dire quanto ad essa l'Impero Romano d'Oriente sia stato debitore della sua longevità. Lo studio dei barbari era la sua maggiore preoccupazione. In un apposito ufficio venivano raccolti *dossiers* e rapporti confidenziali sui popoli stranieri. Nei collegi e nelle università greche i figli dei Principi unni, degli Emiri arabi, dei Khan tartari si mescolavano con i rampolli dell'aristocrazia e dell'alta borghesia bizantina. Per rafforzare questi vincoli d'amicizia, si combinavano anche matrimoni. Quando l'emergenza batteva alle porte, non ci si faceva scrupolo di seminare zizzania tra gli alleati, alimentandone i dissensi. La morale era subordinata alla Ragion di Stato. Ai fini politici e imperialistici veniva impiegata anche la religione, la cui fastosa liturgia, più che gli oscuri dogmi, colpiva e impressionava la fantasia dei barbari.

L'esercito era la terza pietra angolare di questo Impero. Diocleziano e Costantino lo avevano riformato creando, come abbiamo già detto, un'armata di frontiera e un esercito centrale mobile. I soldati arruolati nella prima erano contadini armati che facevano la guardia ai confini. In luogo del soldo ricevevano terra da coltivare. L'esercito mobile, alle dirette dipendenze dell'Imperatore, era invece regolarmente pagato e stanziava nella Capitale.

Fino al 378 la fanteria fu la spina dorsale dell'esercito bizantino. Dopo il disastro di Adrianopoli che sanzionò il trionfo della cavalleria gotica, Teodosio I decise di assoldare un forte contingente di cavalieri barbari al comando dei rispettivi capi-tribù. Alcuni di costoro, promossi Generali, presero a fare e disfare gli Imperatori che di essi, del resto, spesso si servirono per farsi togliere le castagne dal fuoco.

Circondata da popoli invadenti, bellicosi e famelici, Bisanzio visse sempre sul piede di guerra. L'astuzia dei suoi diplomatici e l'abilità dei suoi Generali le assicurarono tuttavia una vita lunga e brillante. L'autocrazia satrapesca dei Basilei che s'avvicendarono al potere fu il mastice che tenne unito un Impero che pure conteneva in sé numerosi germi di disgregazione. Dal 330 ai primi del VI secolo il contenimento dei barbari e la riorganizzazione della sconquassata baracca che Roma gli aveva lasciato in eredità erano stati i due maggiori problemi che l'Impero d'Oriente si trovò ad affrontare. E malgrado tutto, era riuscito a risolverli abbastanza bene.

CAPITOLO DICIOTTESIMO

GIUSTINIANO

Non possiamo fare qui la storia circostanziata di Bisanzio che esula da quella nostra. Parleremo solo del protagonista degli episodi che più da vicino toccano l'Italia e l'Europa: Giustiniano.

Era nato nel 482 a Skoplie, in Macedonia, da una famiglia di pecorai. La Macedonia era, ed è, una delle regioni più grame della Grecia, coperta di boscaglie e irta di monti, patria di pastori selvatici, cocciuti e ignoranti. Giustiniano però aveva dirazzato. Crebbe mingherlino e malaticcio, ma con addosso una gran voglia di studiare. A chiamarlo a Bisanzio fu suo zio Giustino che aveva fatto una bella carriera negli eserciti di Anastasio e non aveva figli. Il vecchio soldato era un uomo grossolano e volgare. Non sapeva né leggere, né scrivere, ma sapeva fare i propri conti. Fece studiare il nipote, e gli diede quell'istruzione che a lui era mancata. Quando Giustiniano si laureò in legge, egli lo assunse come segretario e lo adottò come figlio. Non sappiamo quale parte egli abbia avuto nella scalata al trono dello zio che alla morte di Anastasio ne occupò, anzi ne usurpò il posto. Ma qualche parte l'ebbe di certo perché, appena coronato Imperatore, Giustino lo nominò Console. Giustiniano, che aveva allora trentotto anni, festeggiò l'avvenimento distribuendo al popolo denaro e frumento, e organizzando nell'anfiteatro un grande spettacolo al quale parteciparono venti leoni, trenta pantere e un centinaio di altre bestie feroci.

A Corte la sua influenza cresceva di giorno in giorno. In breve volgere di tempo egli ne divenne l'eminenza grigia.

Le dame se lo contendevano, ma senza successo. Giustiniano era un uomo timido, casto, di media statura, nero di pelo, riccioluto e sempre ben rasato. Non beveva, non mangiava carne, rispettava la vigilia e si sottoponeva a lunghi digiuni. Era assai mattiniero e cominciava a lavorare all'alba. A tarda notte le sue stanze erano ancora illuminate, e lui sprofondato nella lettura di Platone, Aristotele e S. Agostino. Giustino, rimbambito dall'età e dagli acciacchi, passava le giornate a farsi impacchi a una gamba rosa dalla cancrena in seguito a una brutta ferita ricevuta in guerra. Nell'aprile del 527, quattro mesi prima di morire, l'Imperatore convocò il nipote al capezzale e gli annunciò che aveva deciso d'associarselo al trono. Fu una investitura puramente formale perché, di fatto, le redini del potere erano già da un pezzo passate nelle sue mani.

Il giorno stesso in cui il Patriarca gli conferì le insegne imperiali, Giustiniano s'era sposato. La moglie era una ex-baldracca. Si chiamava Teodora e era figlia di un domatore d'orsi. Procopio dice ch'era bellissima. Ma non è vero. Aveva le gambe piuttosto corte, i fianchi robusti, il seno troppo abbondante, l'incarnato anemico. Ma gli occhi neri e vivaci, i capelli corvini, lo sguardo da civetta la rendevano talmente sexy da risvegliare persino i sensi pigri di Giustiniano. A quanto pare questi era, a quarant'anni, ancora vergine, quando la incontrò sulla *mesé*, ch'era la via Veneto di Bisanzio. Da quel giorno, anzi da quella notte, essa divenne la sua amante, e lui il suo prigioniero. Non potendo alloggiarla a palazzo, le fece costruire una graziosa *garçonnière* in uno dei quartieri residenziali della Capitale dove, una volta al giorno, andava a trovarla. Costantinopoli era una città pettegola e indiscreta. In capo a ventiquattr'ore la relazione di Giustiniano con Teodora divenne di pubblico dominio. Nei salotti non si parlava d'altro. Le dame dell'alta società la cui reputazione non era, del resto, migliore di quella di Teodora, gridarono allo scandalo. Ma Giustiniano finse di non sentirle sebbene anche Eufemia, moglie di Giustino, di cui un tempo era stata la schiava, tuonasse contro Teodora. Quanto all'Imperatore, non mostrò di disapprovare la decisione del nipote di sposare una donna di strada. Fu anzi questa probabilmente l'ultima soddisfazione che Giustiniano gli diede prima che, nell'agosto del 527, calasse nella tomba.

A differenza di quanto era accaduto alla morte di Anastasio, la scomparsa di Giustino non fu funestata da disordini. Il trapasso dei poteri era stato predisposto in tempo, e l'elezione fu salutata dalle solite manifestazioni di entusiasmo e omaggio del Senato, del clero e del popolino, anche se il nuovo Imperatore era piuttosto impopolare. Teodora fu proclamata Imperatrice-Regnante e Bisanzio passò una mano di spugna sul suo passato. Nei salotti il suo nome cominciò a essere pronunciato con rispetto. L'adulazione più smaccata dilagò per le strade di Costantinopoli e a Corte. Con la porpora sulle spalle e la corona in testa, l'ex-prostituta sembrava una regina nata. Procopio che la conobbe bene e ne fu, pare, perdutamente innamorato, racconta che dal giorno del famoso incontro con lui, restò sempre fedele al marito, nonostante Giustiniano fosse immerso fino al collo negli affari di Stato.

Il *Basileus* e la *Basilissa* non s'assomigliavano. Giustiniano era ortodosso, ascetico e solitario; Teodora, al contrario era estroversa, amava il lusso e la buona tavola, e aveva un debole per gli eretici monofisiti. Stava quasi tutto il giorno a letto e, dopo laute libagioni, si concedeva sieste che si protraevano spesso sino al calar della notte. Quando facessero l'amore, con orari così dissociati, non si sa.

Sotto Giustino, ch'era stato un uomo incolto e scalcagnato, Bisanzio aveva perduto il suo rango. Giustiniano glielo restituì. Riformò il protocollo e dettò un cerimoniale austero. Proclamò sacra la propria persona e pretese che chi gli rendeva omaggio s'inginocchiasse e gli baciasse l'orlo del manto purpureo e le dita dei piedi.

Quello di Giustiniano fu un regno abbastanza tranquillo. Una volta soltanto minacciò di crollare. Giustino era morto da cinque anni. L'ascesa al trono del nipote aveva provocato un forte scontento, di cui s'erano fatte portavoce le fazioni dei Verdi e degli Azzurri del Circo. Nel 532 Giustiniano fece arrestare alcuni agitatori di entrambe le fazioni. Fu la guerra civile. Gli insorti, ai quali s'erano uniti alcuni Senatori, scesero in piazza, assalirono le carceri, liberarono i prigionieri, e appiccarono il fuoco al palazzo imperiale. Giustiniano, sorpreso dalla rivolta mentre era intento alla lettura di S. Agostino, perse la testa. Si barricò nelle sue stanze, e ordinò a Teodora di fare allestire una nave e preparare la fuga. L'Imperatrice invece convocò un giovane generale, Belisario, e gli comandò di reprimere la rivolta. Belisario radunò le guardie di palazzo e le ammassò all'ingresso dell'Ippodromo dove trentamila insorti si erano dati convegno. A un segnale, esse irruppero nell'arena e vi trucidarono tutti i ribelli. Il trono era salvo.

Fin da ragazzo, Giustiniano aveva avuto la passione delle leggi. Quelle che Teodosio circa un secolo prima aveva riunito nel codice che porta il suo nome erano un guazzabuglio di norme in mezzo alle quali era impossibile orientarsi. Anche i tempi erano cambiati, l'amministrazione si era fatta più complessa, e per funzionare aveva bisogno di norme chiare, semplici e uniformi. I Romani avevano conquistato il mondo con le legioni, ma lo avevano tenuto insieme con le leggi.

Nel 528 Giustiniano decise la riforma della vecchia legislazione. Nominò una commissione di esperti, e vi pose a capo il questore Triboniano, un eminente giurista, noto per la sua venalità. La commissione si mise subito al lavoro e l'anno dopo pubblicò il *Codex constitutionum*, una raccolta di quattromilacinquecento leggi. Nel 533 uscirono le *Pandectae*, che raccoglievano le opinioni dei più grandi giuristi romani, e le *Institutiones*, una specie di *Bignami* del diritto, a uso degli studenti.

Il Codice giustinianeo, o *Corpus iuris civilis*, come fu battezzato, si apre con un'invocazione alla Trinità e l'affermazione del Primato ecumenico cioè universale della Chiesa, la quale riceve ordini solo dall'Imperatore. Il Codice proibisce agli ecclesiastici di fare speculazioni finanziarie e di prender parte a giuochi pubblici o a spettacoli teatrali. Condanna a morte e alla confisca dei beni gli eretici. Incoraggia l'affrancamento degli schiavi, ma consente ai genitori indigenti di vendere i propri figli, e obbliga colui che per trent'anni ha coltivato un pezzo di terra a restar inchiodato al proprio podere fino alla morte.

Giustiniano, sotto l'influsso di Teodora, migliorò le condizioni della donna. L'adulterio non è più un delitto capitale, com'era ai tempi di Costantino. Il marito tradito può uccidere l'amante della moglie ma solo se, dopo averla avvertita tre volte, la sorprende in casa o in un luogo pubblico col rivale. Chi ha rapporti con una vedova o una zitella paga un'ammenda. Il meretricio è tollerato. Chi si macchia del delitto di omosessualità è punito invece con la tortura, la mutilazione e la morte.

Il Codice favorisce i lasciti e le donazioni alla Chiesa, le cui proprietà sono inalienabili. Ciò consentì al clero d'accumulare un patrimonio che attraverso i secoli divenne assai cospicuo. Numerosi capitoli sono dedicati all'amministrazione della giustizia. Solo un alto magistrato può spiccare un mandato di cattura. Tra l'arresto e il processo, che va celebrato alla presenza di un giudice designato dall'Imperatore, non deve trascorrere un tempo molto lungo. L'imputato può sceglliersi l'avvocato, ma questi può difenderlo solo se è convinto della sua innocenza. Le pene sono severe, ma alle donne, ai minori e a coloro che hanno violato la legge in stato di ubriachezza il giudice ha la facoltà di concedere le attenuanti. Agli agenti del Fisco che si lasciano corrompere vengono tagliate le mani. Questa mutilazione è largamente praticata insieme a quella del naso e della gola. Anche l'accecamento – a cui verranno sottoposti soprattutto gli usurpatori – è consentito. Le pene capitali comunque più in uso sono la decapitazione per i liberi e la crocefissione per gli schiavi. Uno speciale trattamento è riservato ai disertori e agli stregoni che sono invece condannati al rogo.

Il Codice è insieme un modello di spirito cristiano e un documento di barbarie e superstizione. A esso – e ai suoi orrori – Giustiniano deve la sua gloria.

Il grande legislatore fu un cattivo politico e un pessimo amministratore. Mai infatti come durante il suo regno le finanze bizantine furono tanto allegre. Affetto da mania di grandezza, svuotò le casse dello Stato che aveva trovato piene e ridusse allo stremo le province per costruire conventi, chiese e monumenti. Nella Capitale si rovesciarono decine di migliaia di contadini in cerca di lavoro. In pochi anni la *banlieue* di Bisanzio si trasformò in una *bidonville* affamata e cenciosa.

Quanto alla gloria militare, Giustiniano la deve a un accorto Generale che ricondusse sotto la sua sovranità l'Italia e il Nord-Africa. Egli non ebbe altro merito che quello di aver saputo sceglierlo. Ma non è poco.

CAPITOLO DICIANNOVESIMO

LA RICONQUISTA DELL'ITALIA

A capo della spedizione contro i Vandali del Nord-Africa, fu chiamato Belisario. Era nato intorno al 505 in una piccola città di Macedonia, e la sua famiglia era nobile. Dopo un breve tirocinio a Corte, a soli ventun anni era stato promosso Generale dell'esercito imperiale. Si era segnalato sul fronte persiano, ma soprattutto si era guadagnato la gratitudine di Giustiniano salvandolo dall'insurrezione dei Verdi e degli Azzurri nel 532. S'era sposato con una certa Antonina, una vedova che aveva ventidue anni più di lui e che ciò nonostante passò la vita a riempirlo di corna.

La campagna contro i Vandali si risolse in un trionfo. Il loro re Gelimero fu costretto a fuggire sui monti dove, per tre mesi, trovò ospitalità presso alcuni selvaggi. Quando Belisario, in cambio della resa, gli offrì un cospicuo vitalizio, egli si disse disposto ad accettarlo a condizione che il generale gli spedisse subito una spugna, una pagnotta e una lira. Fu accontentato. Ma passò per matto.

Con la distruzione dei Vandali caddero nelle mani di Giustiniano anche quei territori che del regno di Gelimero facevano parte: la Sardegna, la Corsica, le Baleari, Ceuta e numerose altre città della Mauritania. Belisario tornò in patria e fu accolto come un trionfatore. Sfilò per le vie imbandierate di Bisanzio, seguito dalle truppe che con lui avevano combattuto e vinto. Fu un'apoteosi che un'udienza imperiale suggellò. La caduta dei Vandali in Africa parve lì per lì un fausto evento. Invece le sue conseguenze furono disastrose. Con la liquidazione di Gelimero crollò infatti l'unico baluardo in grado di porre un argine all'alluvione

araba che di lì a poco si sarebbe abbattuta su quelle province.

La campagna contro i Goti fu molto più lunga e difficile di
quella africana. Durò con alterne vicende diciotto anni.

Nell'autunno del 535 ottomila uomini, al comando di
Belisario, reduce dal trionfo africano, sbarcarono sulle coste della Sicilia. Nell'Italia meridionale l'influenza gotica
era stata scarsa. Le popolazioni avevano sempre mostrato
poca simpatia per le bande di Teodorico, e lo sbarco era stato preparato con grande cura dalle quinte colonne bizantine. Le guarnigioni gotiche caddero come birilli sotto i colpi dei greci. Quando ebbe saldamente in pugno l'isola, Belisario passò lo stretto di Messina e puntò su Napoli. Anche
questo fu un assedio facile. Quasi senza colpo ferire, facendo passare i soldati attraverso un acquedotto, Belisario riuscì a impadronirsi della città partenopea. Sebbene i Bizantini, nel tripudio della vittoria, si fossero abbandonati a un
orribile saccheggio, gl'Italiani li accolsero con giubilo. S'il-
ludevano – come al solito – che l'invasione rappresentasse
la *liberazione* dall'invasione precedente.

La notizia dei successi di Belisario allarmò i Goti. Teodato, che aveva dato buone prove solo come uxoricida, fu deposto e sostituito con un valoroso ufficiale di nome Vitige
che sloggiò subito le truppe da Roma e le ammassò a Ravenna. Nell'Urbe lasciò poche migliaia di uomini che forse
sarebbero riusciti a contenere gli invasori, se il Papa non
avesse consegnato con l'inganno a Belisario le chiavi della
città. I Goti allora ridiscesero a Sud e cinsero Roma d'assedio. Dopo un anno lo scoppio di una pestilenza e l'annuncio di rinforzi bizantini indussero Vitige a chiedere una tregua. Belisario, smanioso di congiungersi con le truppe fresche che Giustiniano gli aveva inviato, gliel'accordò.

Comandava queste truppe il Gran Ciambellano Narsete,
un eunuco di sessant'anni che aveva fatto a Corte una bril-

lante carriera. Quando Belisario seppe di questa nomina, montò su tutte le furie. Di cose militari infatti Narsete non capiva niente. Non aveva mai combattuto una guerra e aveva trascorso gran parte della vita nei salotti e nei ginecei di Bisanzio. Ma pare che Giustiniano non avesse potuto esimersi dal creare quella pericolosa diarchia perché Teodora non gli dava pace. L'Imperatrice era gelosa di Belisario, o per meglio dire era gelosa della popolarità che ne derivava ad Antonina la quale, pur seguitando a tradire clamorosamente suo marito, si pavoneggiava delle sue vittorie.

L'idea d'affiancare Narsete a Belisario fu un disastro. Il dualismo di comando provocò una serie di rovesci che culminarono nella conquista gotica di Milano e nel massacro di trentamila abitanti. Malgrado le proteste di Teodora, Giustiniano richiamò l'eunuco e restituì a Belisario i pieni poteri. Libero finalmente di condurre la guerra come voleva, il Generale passò al contrattacco. Per avere ragione dei Goti, doveva però impadronirsi a tutti i costi di Ravenna. A fornirgliene il modo furono gli stessi nemici che, stremati da una lotta che si protraeva ormai da troppo tempo, gli offrirono la corona di Vitige. Belisario finse d'accettarla a condizione che gli venisse posta sul capo a Ravenna. I Goti, ignari del tranello, gli spalancarono le porte della città. Solo quando i Bizantini ne ebbero varcate le mura scoprirono l'inganno. Le donne gote, appena videro i greci, sputarono in faccia ai loro mariti corbelloni.

Poco dopo, Belisario fu convocato da Giustiniano che lo spedì in tutta fretta sul fronte orientale dove i Persiani si stavano minacciosamente ammassando. La sua assenza ridiede baldanza ai Goti che frattanto erano riusciti a ricucire i brandelli del loro esercito sotto la guida di un nuovo e valoroso Re, Totila. Ancora una volta le sorti della guerra volsero in loro favore, e Giustiniano fu di nuovo costretto a spedire Belisario in Italia.

Quando vi giunse, il Generale si rese subito conto che la

situazione si era pericolosamente deteriorata. Gli ufficiali ai quali aveva delegato il comando ne avevano abusato al punto che le popolazioni erano passate al nemico. Anche le truppe sembravano stremate da una guerra che non finiva mai. Giustiniano, che l'aveva voluta, era stufo di portarla avanti. A Est incombeva il pericolo persiano. Bisognava disimpegnare al più presto il fronte occidentale per difendere quello orientale. Nel 552 l'Imperatore rispedì in Italia Narsete, ormai ultrasettantenne e pieno d'acciacchi. Nello stesso anno, tra Perugia e Ancona, il Gran Ciambellano sconfisse Totila, che perse la vita in combattimento. I Goti furono messi in rotta e si ritirarono verso la Campania dove, al comando di Teia, s'accinsero a un'ultima, disperata resistenza. Battuti una seconda volta sulla piana del Vesuvio, domandarono la pace. In un messaggio a Narsete, ne posero anche le condizioni che egli accettò senza batter ciglio. Chiesero di lasciare l'Italia e di portarsi via tutti i tesori che nelle sue fortezze avevano accumulato. In cambio s'impegnavano a non far guerra entro i confini dell'Impero. Un migliaio di barbari rifiutò di deporre le armi e, organizzatisi in bande partigiane, si diedero alla macchia. Altri settemila chiesero di essere arruolati nell'esercito greco e, come i loro padri, tornarono a Bisanzio a fare i mercenari.

Crollava così il primo autentico regno romano-barbarico instaurato in Italia. E crollava per cause interne più che per i colpi degli eserciti bizantini.

Come fosse ridotta l'Italia dopo diciotto anni di guerra, ce lo racconta Procopio nelle sue *Storie*. «In Emilia gran parte della popolazione era stata costretta a abbandonare le proprie case e a migrare sulle rive del mare, sperando trovarvi di che sfamarsi. In Toscana gli abitanti andavano sui monti a raccogliere ghiande per macinarle e farne un surrogato del pane. Quelli che s'ammalavano diventavano pallidi e smunti, la pelle s'inaridiva e si contraeva sulle ossa. Le loro facce assumevano un'espressione stupefatta, gli occhi si dilatavano in una specie di spaventosa follia. Alcuni morivano per aver mangiato troppo quando trovavano cibo. I più erano talmente dilaniati dalla fame che, se vedevano un ciuffo d'erba, si precipitavano a sradicarlo. Quando erano troppo deboli per riuscirvi, si buttavano bocconi per terra, con le mani contratte sulle zolle.» Qua e là si verificarono veri e propri episodi di cannibalismo. Non possediamo un censimento della popolazione italiana in questi anni. Sembra, comunque, che il suo numero non superasse i quattro milioni d'anime. Nel 556 Roma non aveva più di quarantamila abitanti.

Scarse sono anche le notizie sul viceregno di Narsete che durò dodici anni. Non fu un'impresa da poco per il vecchio eunuco rimettere ordine nell'immenso caos in cui l'Italia era precipitata. Dovunque miseria, abbandono, disperazione. La furia unnica degli eserciti goti e bizantini aveva ridotto le belle città dei tempi d'Augusto a cumuli fumanti di macerie, a focolai di pestilenze che decimavano le popolazioni. Ricostruire l'Italia fu la parola d'ordine di Giustiniano. Ma con quale denaro? Le casse imperiali erano vuote. La campagna gotica aveva condotto Bisanzio sull'orlo della bancarotta. Per rimettere in piedi la baracca non c'erano che le tasse. Un'orda di agenti del fisco sommerse la Penisola. S'inventarono nuovi balzelli e s'inasprirono quelli vecchi. Gregorio Magno racconta che in Sardegna i pagani per poter celebrare i loro riti, dovevano pagare a Bisanzio una tassa. Il bello è che continuarono a pagarla anche quando si furono convertiti al Cristianesimo. In Corsica gli abitanti vendevano i figli. Per Giustiniano tutte le entrate erano esigibili. Con le buone o con le cattive. Dove non era possibile spremere denaro, si ricorse alle *corvées*, cioè praticamente ai lavori forzati, con l'impiego di vecchi, donne e bambini. Bisanzio costrinse artigiani e agricoltori a vendere a prezzi d'imperio i loro prodotti. Nel 554, l'Imperatore, riconoscendo che da Costantinopoli era difficile governare l'Italia, emanò una *Prammatica sanzione* con la quale accordò, fra l'altro, ai Vescovi italiani una larga autonomia e molti poteri amministrativi. Essi ne approfittarono per accentuare la loro indipendenza da Bisanzio.

Nel 565, a ottantatré anni suonati, Giustiniano non era più che l'ombra di se stesso. Nel 548, uccisa dal cancro, era calata nella tomba Teodora. Sul letto di morte s'era fatta promettere dal marito che non avrebbe revocato i privilegi e le immunità di cui sino allora i monofisiti avevano goduto. La perdita di Teodora fu un colpo tremendo per Giustiniano. Essa era stata l'unica donna della sua vita e per amore suo egli aveva rischiato di giocarsi il trono. È difficile calcolare l'influenza che la moglie aveva esercitato su di lui.

Minato dall'arteriosclerosi, di politica aveva finito per interessarsi sempre meno. *Hombre de cabinete* – come dicono gli spagnoli – lo era sempre stato. Ma da quando Teodora era morta, si era vieppiù isolato. Faceva ogni giorno la comunione e non voleva vedere che preti coi quali s'intratteneva sino a notte fonda. Sotto di lui l'unità religiosa tra Roma e Bisanzio mostrò le prime crepe. Grazie a Teodora, il monofisitismo aveva fatto a Corte molti progressi. Per difendere quest'eresia, Giustiniano si schierò anche contro il Papa di cui, durante la guerra gotica, aveva cercato l'amicizia.

Quando, dopo trentotto anni di regno, il 14 novembre del 565, morì, il popolo, che non lo aveva mai amato, trasse un sospiro di sollievo. A succedergli fu chiamato il nipote Giustino II, un uomo rozzo e un po' scimunito. Dopo otto anni di governo infatti, uscito di senno, dovette rinunciare al trono.

Scomparso Giustiniano, nei salotti di Costantinopoli era

cominciata a circolare una *Storia segreta*, che fece la delizia di quella pettegola società. Non portava il nome dell'autore, ma non si tardò a indovinarlo: era Procopio, ormai morto anche lui.

Procopio era stato lo storico ufficiale di Belisario, che se l'era portato al seguito in tutte le sue imprese e credeva di avere in lui il più fidato segretario, consigliere e apologeta. Procopio infatti lo aveva servito benissimo nei suoi otto volumi di *Storia delle guerre*, pieni di elogi per il Generale, per l'Imperatore, per le rispettive consorti e per tutti i più altolocati personaggi della Corte. Ma questo, aulico agiografico e cortigiano, era, diciamo così, il suo linguaggio di giorno. Di notte affilava il pennino, lo intingeva nel veleno invece che nell'inchiostro, e si vendicava perfidamente della piaggeria cui lo costringeva quel regime basato sul *culto della personalità*. Passando dalla storia ufficiale a quella segreta, destinata ai posteri, il suo stile acquista un mordente che fa capire da morto tutto ciò che di questo strano personaggio si era ignorato da vivo: la sua intelligenza e la sua viltà, la sua penetrazione psicologica e il suo doppio giuoco politico, il suo opportunismo e il suo rancore per chi ve l'obbligava. Doveva essere un uomo geniale, ambiguo e marcio, tutto miele di fuori e tutto fiele di dentro. Pare che fosse inacerbito da un amore senza speranze per Teodora. Comunque, nel suo libello ce n'è anche per lei. Ma non si salva nessuno. Voltaire, che con Procopio doveva sentire qualche affinità, fu deliziato di scoprire che il più grande Imperatore di Bisanzio e il suo più valente Generale non erano stati che due *stupidi becchi*.

Erano morti entrambi ora, contemporaneamente. Sugli ultimi anni di vita di Belisario, gli storici ci hanno lasciato più d'una versione. Una cosa però sembra certa: dopo il secondo richiamo dall'Italia le azioni di Belisario cominciarono a calare. Giustiniano era invidioso della sua popolarità e dei suoi trionfi. Teodora poi non sapeva rassegnarsi all'idea che i favori dei Bizantini andassero più al marito di Antonina che al suo. Per ben due volte l'Imperatore ordinò la confisca dei beni del Generale, ma glieli fece regolarmente restituire. Falsa è quindi la leggenda che ci rappresenta Belisario, vecchio e cieco, ridotto a chiedere l'elemosina sulla *mesé.*

Dei quattro grandi protagonisti della storia bizantina di questo periodo, l'unico ancora in vita era Narsete. In Italia s'era reso talmente odioso che i Romani l'avevano denunciato a Giustino. «Non vogliamo essere trattati come schiavi» gli avevano scritto, e avevano minacciato di rivoltarglisi contro. Giustino, che lo detestava, lo liquidò e chiamò al suo posto il prefetto Longino. Alcuni storici raccontano che Narsete, per vendicarsi, invitò i Longobardi a invadere l'Italia. Ma non si tratta che di voci. Una cosa però è sicura: da tempo questo popolo di nomadi, premuto dalle tribù vicine, aveva puntato lo sguardo sulla Penisola.

Le poche cose che dei Longobardi allora si sapevano erano contenute nei rapporti di Strabone e di Tacito e negli archivi di Bisanzio. La loro storia sarebbe cominciata qualche secolo avanti Cristo nelle desolate lande della Svezia meridionale. Di qui sarebbero emigrati nel Continente. È probabile che a determinare questo esodo sia stata la necessità di pascoli e di preda. I Longobardi erano nomadi, praticavano la pastorizia e il saccheggio, e non avevano alcuna nozione di agricoltura. Abitavano in capanne di legno che piantavano accanto ai rozzi carri di cui si servivano per i loro frequenti spostamenti. Adoravano le capre, il Sole e la Terra, la cui immagine, vigilata giorno e notte da un sacerdote, era custodita in un'isola. Una volta l'anno la preziosa icona, chiusa in un tabernacolo, attraversava il mare per essere recata in pellegrinaggio fra le sparpagliate tribù, su un carro trainato da buoi. Ricondotta nell'isola veniva immersa in un lago sacro per essere purificata. Compivano l'operazione alcuni schiavi, i quali venivano poi sgozzati. Non sappiamo se queste usanze i Longobardi le conservarono quando, risalendo il corso dell'Elba, in successive migrazioni, andarono a stanziarsi lungo le rive ungheresi del Danubio.

Erano biondi, villosi e gagliardi. Portavano lunghe barbe, lunghissimi capelli spioventi sulla fronte e sulle orecchie, e si rapavano la nuca. Indossavano ampie vesti di crudo lino dai bordi variopinti e calzavano stivaloni di cuoio. Le capanne in cui vivevano erano miseramente arredate. Decoravano le pareti con lugubri trofei di guerra, e a terra stendevano pelli di capra.

Non avevano un'organizzazione politica. Nomadi, anarchici, divisi in tribù, o *fare*, al comando ciascuna del suo *Duca*, in guerra continua fra loro, erano allergici alle più elementari nozioni di diritto e di Stato. Solo con Alboino si configurò un embrione di governo centrale. Come tutti i barbari, non commerciavano e ignoravano l'uso della moneta. L'unico patrimonio culturale che possedevano erano le *Saghe*, le leggende tramandate oralmente di padre in figlio, che avevano importato dalla Scandinavia e che celebravano le imprese dei loro eroi.

Nel corso delle avventurose trasmigrazioni dalla Svezia al Mar Nero alla Pannonia, a contatto con le popolazioni dell'Europa orientale – Bulgari, Sarmati, Sassoni – l'originario ceppo etnico si era contaminato. In comune questa composita orda aveva solo la religione, che era quella ariana. Ma a differenza dei Vandali che quando si convertirono all'eresia di Ario si diedero a perseguitare i cattolici, i Longobardi erano tolleranti. Il fanatismo religioso contrastava con la loro natura nomade: solo i popoli sedentari possono permettersi il lusso delle persecuzioni. Vedremo gli Arabi conquistare il Mediterraneo in nome di Allah. Ma solo dove si insediarono stabilmente riuscirono a far trionfare l'Islam. Alboino e i suoi successori si servirono dell'arianesimo per distruggere le chiese cattoliche così come, una volta convertiti alla nuova religione, si sarebbero serviti dei suoi dogmi per abbattere quelle ariane. La Fede era per loro l'alibi del saccheggio e del genocidio.

Per circa tre secoli, dalla fine del secondo agli inizi del sesto, la loro storia è avvolta nel più fitto mistero. È probabile che, travolti dalla valanga unna, siano stati trascinati a ingrossarne l'orda. In seguito allo sbandamento provocato dalla morte di Attila – ma anche questa è una semplice congettura – si sarebbero istallati in Pannonia. Qui infatti li troviamo sul principio del sesto secolo.

Non sappiamo quanti mesi trascorsero tra la visita degli ambasciatori di Narsete (se questa ambasciata realmente ci fu) al campo di Alboino e la partenza dei Longobardi alla volta dell'Italia. Probabilmente il tempo necessario per smontare le capanne di legno, caricare le masserizie sui carri e affilare le armi.

Nella primavera del 568 un'orda di trecentomila uomini e una moltitudine di armenti si mise in marcia verso Occidente. Le greggi spianavano i sentieri. Le seguivano i carri con le donne, i vecchi e i bambini. I guerrieri a cavallo chiudevano la carovana. E alle spalle si lasciavano le dolci pianure ungheresi che un tempo erano state verdi e fertili. Cominciava una nuova *Saga*.

I Longobardi entrarono in Italia attraverso il passo del Predil, sulle Alpi Giulie, di dove dilagarono nelle valli venete senza incontrare resistenza. Anche sul Piave non trovarono opposizioni. Le truppe del viceré Longino che avrebbero dovuto accorrere a presidiarne le rive e a bloccare l'invasione che stava sommergendo la pianura padana non uscirono da Ravenna. Vicenza, Verona e numerose altre città della provincia veneta caddero sotto i colpi dei Longobardi. Quando ebbe ben salda in mano l'Italia nordorientale, Alboino volle chiudere la porta attraverso la quale era entrato. La chiave di questa porta, che s'apriva sulla città di

Cividale, la consegnò, insieme con alcune centinaia di cavalli, al nipote Gisolfo che s'acquartierò nel Friuli con tutta la sua tribù di guerrieri, come luogotenente e guardia armata del Re, e fu il primo Duca longobardo in Italia. Alboino puntò quindi sulla Liguria che ai primi del 569 era quasi completamente conquistata. Di qui risalì al Nord. Il 3 settembre Milano capitolava, e il Re longobardo assumeva il titolo di *Signore* d'Italia.

Il suggello alla conquista lo impresse la caduta di Pavia. La vecchia città sul Ticino, dove Teodorico aveva trascorso gli ultimi anni della sua vita, presidiata da una guarnigione bizantina, tenne duro fino al 572. Solo dopo tre anni di resistenza, stretta nella morsa di un blocco disperato, s'arrese. Alboino risparmiò i suoi abitanti e la elesse a propria capitale.

Mentre il grosso dell'esercito assediava Pavia, il resto completava la conquista della valle padana, accingendosi a invadere l'Italia centrale. Nel 571 i Longobardi attraversarono gli Appennini e occuparono la Toscana. Alla fine dello stesso anno s'impadronirono di Spoleto e di Benevento. Fu poi la volta delle fortezze dislocate lungo la via Flaminia, il cui possesso consentì ad Alboino di isolare i due centri imperiali di Roma e Ravenna, bloccandone le comunicazioni. In ogni città fu nominato un Duca, il quale non era altro che un capo-tribù che aveva combattuto a fianco del Re e si era segnalato.

Vediamo ora che cosa l'alluvione longobarda non riuscì a sommergere. Nel Nord: Venezia, Padova, Cremona, Piacenza e Modena. Sulla costa adriatica: Ravenna e la cosiddetta Pentapoli, roccaforte dei Bizantini, che comprendeva Ancona, Fano, Pesaro, Rimini e Senigallia. Nel Lazio solo Roma e dintorni non furono conquistati, e nel Mezzogiorno Napoli, Pesto, Salerno e parte dell'Abruzzo. I Longobardi, gente terragna, occuparono insomma l'Italia continentale, lasciando ai Bizantini le fasce costiere e le isole.

Nel 569, mentre gli eserciti longobardi devastavano la penisola, fra la popolazione era scoppiata una pestilenza, seguita da una spaventosa carestia. Lo storico Paolo Diacono racconta che le greggi vagavano abbandonate nelle vaste pianure della Lombardia, della Toscana e del Lazio, i genitori lasciavano insepolte le salme dei figli, il grano attendeva invano la falce e i grappoli d'uva marcivano nei vigneti. Dovunque silenzio, desolazione, fetore di cadaveri in decomposizione ammucchiati nelle piazze o sparsi nelle campagne.

Nel 572, dopo tre anni di regno, Alboino improvvisamente morì, vittima di una congiura ordita dalla moglie. Rosmunda s'era vendicata dei continui affronti del marito il quale, durante i banchetti, l'obbligava a bere nel teschio del padre, il vecchio Re dei Gepidi, massacrato in Pannonia dai Longobardi. Dopo il delitto, Rosmunda era fuggita con uno dei cospiratori, un certo Elmechi, di cui pare che fosse l'amante. La coppia era riparata a Ravenna dove era stata accolta con grandi onori da Longino, al quale non sembrava vero di poter mettere contemporaneamente le mani sulla Regina e sul tesoro reale che essa aveva portato con sé. Facendo balenare ai suoi occhi la possibilità di diventare la *Prima Signora* di Ravenna, il Viceré l'aveva indotta a sbarazzarsi dell'amico. Un giorno Rosmunda, mentre Elmechi stava prendendo un bagno, entrò nel *frigidarium* e gli offrì un bicchiere di cordiale. L'uomo, dopo averne bevuti alcuni sorsi, fu colto da lancinanti dolori di pancia. Uscì barcollando dalla vasca, brandì la spada e costrinse anche Rosmunda a bere. I due cadaveri vennero scoperti poche ore dopo dallo stesso Longino.

Dopo la morte di Alboino seguì un breve interregno. Nella tarda primavera del 572 i Longobardi acclamarono Re Clefi, che conquistò l'Emilia, Rimini e parte dell'Umbria seminando stragi dovunque. Gli stessi Longobardi lo detestavano perché era un uomo avido e scostumato. Fu assassinato due anni dopo da uno schiavo. Nel 574 trentasei Duchi si diedero convegno a Pavia per dargli un successore. Non riuscendo però a mettersi d'accordo sul suo nome, perché ciascuno proponeva quello proprio, costituirono una specie di confederazione e vi posero a capo il Duca di Pavia che con quelli del Friuli, di Spoleto e di Benevento godeva di una posizione di preminenza. Ma non si trattava che di una supremazia fittizia e di una carica puramente onoraria. In realtà ognuno badava ai fatti propri.

Con la istituzione del Ducato furono spazzati via gli ultimi residui dell'aristocrazia senatoriale romana. Gli stessi Longobardi s'incaricarono di liquidare i superstiti delle grandi dinastie dei tempi di Cesare e di Cicerone. I pochi che sopravvissero alle *purghe* diventarono schiavi.

Dei Duchi, i più irrequieti erano quelli di Spoleto e di Benevento che volevano conquistare Roma e il Lazio. Nell'estate del 578, alla morte del Papa Benedetto I, cinsero d'assedio l'Urbe, che era presidiata dalla milizia cittadina e da una sparuta guarnigione greca. Il nuovo Papa Pelagio spedì all'Imperatore d'Oriente una ambasceria e tremila libbre d'oro scongiurandolo di inviare un esercito in Italia e di liberarla dai Longobardi, come Giustiniano l'aveva liberata dai Goti. Ma su Costantinopoli incombeva la minaccia persiana. Il *Basileus* rimandò indietro l'oro al Papa con la raccomandazione d'impiegarlo per corrompere i Duchi, che infatti rinunciarono ai loro disegni e si ritirarono.

Nel frattempo, l'inetto Longino era stato licenziato e sostituito con un certo Smaragdo, che fu il primo Viceré greco a essere insignito del titolo di *Esarca*. Esso era giudice supremo, aveva pieni poteri di pace e di guerra, nominava i funzionari civili e designava le alte cariche militari. Per delega imperiale confermava o revocava l'elezione del Papa, scelto dal clero e dal popolo romano. Ma in qualsiasi momento, e senza preavviso, il *Basileus* poteva deporlo.

Col denaro fu guadagnato alla causa bizantina anche

Drofulto, Duca di Brescello, e il sobborgo di Classe tornò in mano al Viceré. Quando però il Papa invitò in Italia con la promessa di cinquantamila monete d'oro Childeberto Re dei Franchi, un popolo d'origine germanica che abitava al di là delle Alpi, i Duchi convocarono una *dieta*, o assemblea straordinaria, a Pavia. Dieci anni d'interregno avevano seminato tra loro la discordia e l'anarchia. Sciolsero la Confederazione e ricostituirono il regno longobardo con il figlio di Clefi, Autari, che ricacciò i Franchi entro i loro confini.

A un dipresso in questi anni un autentico diluvio universale sommerse l'Italia. La furia delle acque spazzò via intere fattorie. Centinaia di villaggi furono letteralmente allagati. L'Adige ruppe gli argini e invase le strade di Verona, dove solo la chiesa di San Zenone riuscì miracolosamente a sfuggire alla furia degli elementi. Nonostante le sue mura fossero state investite da onde alte dieci metri – si legge in una cronaca dell'epoca – non una goccia filtrò attraverso le sue pareti, rese impermeabili dalle reliquie dei Santi che in esse erano contenute. A Roma, le acque del Tevere allagarono i quartieri bassi della città. Dalle onde furono visti emergere centinaia di serpenti e un drago di proporzioni gigantesche che, dopo avere attraversato le vie della Capitale, era scomparso verso il mare. Così almeno diceva la gente impaurita.

Autari governò sei anni, occupò una vasta fascia di territorio ai piedi delle Alpi e conquistò la Calabria. Si racconta che, giunto a Reggio, scagliò da cavallo la sua lancia contro una colonna di marmo, situata alle porte della città, esclamando: «Qui finisce il mio Regno». Nel 590 si sposò con una bella ragazza bionda, di origine bavarese, la cattolica Teodolinda, figlia di un duca Garibaldi. Il matrimonio che la ragion di Stato oltre a quella del cuore aveva dettato, fu celebrato con grande pompa a Verona. Dopo un anno Autari improvvisamente morì.

Contro ogni tradizione, i Duchi confermarono Regina Teodolinda la quale, dopo essersene fatta regolarmente impalmare, s'associò al trono il duca di Torino, Agilulfo, un prode e bellissimo guerriero che allargò il dominio longobardo a Padova, Mantova, Cremona, Camerino e Perugia.

GREGORIO MAGNO

Nel generale sfacelo in cui i Longobardi precipitarono l'Italia, solo la Chiesa si salvò. E ci riuscì grazie a un grande Papa, Gregorio Magno, che ne consolidò il potere temporale e pose le condizioni per affrancarlo da quello imperiale di Bisanzio e per imporlo su tutta la cristianità occidentale. Purtroppo, per ricostruirne la figura, non abbiamo che il *Libro pontificale*. E, come tutte le fonti ecclesiastiche, anche questa serve più alla propaganda che all'informazione.

Era nato nel 540 a Roma da una ricca famiglia patrizia che aveva dato due Pontefici alla Chiesa e una dozzina di Senatori allo Stato. Il padre Gordiano e la madre Silvia abitavano un palazzo sul monte Celio, una delle sette circoscrizioni in cui l'Urbe era divisa. Tre sue zie avevano fatto voto di castità. Due l'avevano mantenuto. La terza aveva finito con lo sposare il proprio cameriere, suscitando grande scandalo nei salotti e negli ambienti ecclesiastici della Capitale.

Un ritratto dell'epoca ci raffigura Gregorio di media statura, precocemente calvo, con grandi occhi neri, il naso aquilino e le dita affusolate. L'espressione del volto è quella di un uomo autoritario, nato più per comandare che per pregare, e abituato a farsi ubbidire.

Compì gli studi nelle migliori scuole di Roma. A vent'anni conseguì a pieni voti il diploma in grammatica e retorica, poi entrò nei ranghi dell'amministrazione civile. Nel 573, dopo un lungo tirocinio pubblico, fu nominato *Praefectus urbis*. Come tale, Gregorio era Presidente del Senato, indossava il manto di porpora e percorreva le strade della

L'Italia longobarda e bizantina (603).

città su una carrozza splendidamente addobbata, trainata da quattro cavalli bianchi. Ma a questo dispiego di pompa non corrispondeva un potere effettivo che potesse soddisfare un uomo come lui. Quando il mandato di Prefetto venne a spirare, si fece frate.

Suo padre era morto, lasciandolo erede di un immenso patrimonio. Gregorio ne distribuì un terzo ai poveri e col resto finanziò la fondazione di sei monasteri. Per sé tenne solo il palazzo sul Celio, dov'era nato, e che trasformò in convento. Qui trascorse tre anni di studio e di rinunzia. Si nutriva quasi esclusivamente d'insalata, ma la voleva servita su un vassoio d'argento. Nel 578 Benedetto lo nominò *Settimo diacono*, con l'incarico di provvedere alla distribuzione delle elemosine.

Quando Benedetto morì e sul Soglio Pontificio salì Pelagio II, Gregorio abbandonò il suo ufficio di *diacono* e partì come *Apocrisario* – cioè a dire Nunzio Apostolico – per Bisanzio. Il pericolo longobardo, coi Duchi di Spoleto e di Benevento che premevano sui confini del Lazio, si faceva ogni giorno più incombente. Solo l'Imperatore sembrava in grado di scongiurarlo o, almeno entro certi limiti, di porvi un argine.

La missione in Oriente durò sei anni. Nonostante l'affettuosa amicizia che lo legava all'imperatrice Costantina, Gregorio non amava Bisanzio. L'offendevano gl'intrallazzi dei suoi Generali e le mene dei suoi preti, l'infastidiva il formalismo liturgico della sua Corte, e lo amareggiava la diffidenza del *Basileus* Maurizio che considerava l'*Apocrisario* una spia del Papa. Ciò tuttavia non incrinò mai la lealtà di Gregorio verso di lui.

Nel 585 Pelagio lo richiamò a Roma. Appena vi giunse, si ritirò di nuovo in convento di dove, cinque anni più tardi, quando il Pontefice morì, fu tratto dal clero e dal popolo che lo acclamarono suo successore. Gregorio scrisse all'Imperatore scongiurandolo di non confermare l'elezione. Ma la lettera non giunse mai a destinazione, per il semplice motivo – crediamo – che non era stata scritta. Essa non era punto in carattere col carattere di quel personaggio autoritario.

Pelagio era stato ucciso dalla peste bubbonica che proprio in quei giorni s'era abbattuta sull'Urbe e ne aveva decimato gli abitanti. Per allontanare dalla città il flagello – racconta il *Libro pontificale* – Gregorio ordinò una solenne processione alla quale parteciparono decine di migliaia di fedeli. Il mesto corteo attraversò salmodiando le strade di Roma diretto alla basilica di San Pietro. Fu una marcia macabra che lasciò sul terreno ottanta cadaveri. Quando i pellegrini giunsero in prossimità del Mausoleo d'Adriano, Gregorio, che li guidava, vide sulla cima del monumento un Angelo nell'atto di riporre nella guaina una spada. Il simbolo del prodigio era palese. Il gesto stava a significare che la pestilenza era finita. Da quel giorno il Mausoleo d'Adriano mutò il suo nome in quello di Castel Sant'Angelo.

Nell'autunno del 590 giunse a Roma la conferma imperiale. Quando Gregorio ne fu informato – dice sempre il *Libro pontificale* – s'apprestò a fuggire. Si nascose in una cesta di biancheria sporca e ordinò a due servi di trasportarlo fuori città. Mentre la comitiva s'accingeva a varcarne le mura, intorno alla cesta si formò una specie d'aureola. I passanti, insospettiti, obbligarono i due servi a svuotare il recipiente. Gregorio fu così smascherato, e a furor di popolo trascinato in San Pietro dove il giorno stesso venne consacrato Papa.

Il primo compito che dovette affrontare fu l'amministrazione dell'Urbe e la gestione del patrimonio ecclesiastico. Nel sesto secolo, in seguito alle cospicue donazioni laiche, questo patrimonio era diventato ragguardevole. Le invasioni barbariche, le pestilenze e le carestie avevano spopolato le campagne. I grandi proprietari si trasferivano in città o si ritiravano nei grandi monasteri nominando la Chiesa erede

177

universale dei loro beni. Il possesso di vasti fondi nel Lazio, in Campania e nelle isole aveva fatto del Papa il più grosso proprietario terriero della Penisola. Ma, oltre a questo, c'era un problema ben più grave da risolvere, o almeno da impostare: quello dei rapporti fra il potere laico e quello ecclesiastico.

Con la *Prammatica sanzione*, Giustiniano aveva trasformato i Vescovi in ufficiali imperiali delegando loro quelle funzioni amministrative che i vecchi organi municipali dei tempi d'Augusto e di Traiano non erano più in grado di assolvere. Il potere s'andava ogni giorno di più concentrando nelle mani del Papa. Le vecchie magistrature laiche non erano ormai che fantasmi del passato. Il Senato aveva cessato praticamente d'esistere. Il *Praefectus urbis* era il portavoce e l'esecutore di ordini che partivano dal Laterano. Il *Magister militum* istruiva le truppe che il Pontefice arruolava e armava. Delegati apostolici sovrintendevano alle opere pubbliche e a quelle di difesa. La Chiesa costruiva ospizi, brefotrofi e ospedali. I Romani non chiedevano più *panem et circenses*, ma solo *panem*, e ogni giorno Gregorio ne faceva distribuire nelle piazze.

Agli agenti fiscali di nomina imperiale il Papa sostituì i *Diaconi*, ai quali i coloni versavano un regolare canone in denaro o in natura. Il monopolio agrario era per la Chiesa ancora uno strumento di conversione. Gli Ebrei che abiuravano alla loro fede infatti ottenevano la conferma della proprietà e una forte riduzione delle tasse. Una parte degli introiti Gregorio la elargiva pubblicamente al popolo il giorno del suo compleanno. Ogni lunedì distribuiva grano, vino e legumi ai nobili romani decaduti. Alle monache corrispondeva un regolare stipendio e un forte appannaggio annuale per il rinnovo della biancheria. Ai poveri e agli infermi faceva servire il pranzo a domicilio.

Trovò anche il tempo di riformare la liturgia e la disciplina della Curia. La celebrazione della Messa di rito romano gli è debitrice dei suoi schemi semplici e solenni; la musica sacra, delle sue armonie. Gregorio compose infatti inni bellissimi – i cosiddetti *Canti gregoriani* – che personalmente dirigeva nel coro di San Pietro. Al posto del podio aveva istallato una branda sulla quale si coricava durante i frequenti attacchi di gotta che lo tormentavano. In Laterano introdusse un regime di rigorosa austerità. Licenziò il personale civile e affidò l'amministrazione della Chiesa esclusivamente a quello ecclesiastico.

Impegnato in tutte queste imprese, non si sa dove trovasse il tempo da dedicare alla letteratura. Eppure fu uno scrittore rozzo, ma prolifico, che difese la lingua latina dandone pessimi saggi. In un monumentale *Epistolario* in quattordici libri ci ha lasciato la storia del suo pontificato. Durante la missione apostolica alla corte di Bisanzio aveva composto un commento alla Bibbia per dimostrare che il Libro di Giobbe conteneva e anticipava la Teologia Cristiana. Fu anche autore di una brutta raccolta di *Miracoli*, che servì da modello a tutto il Medioevo.

Nel 592 il Duca di Spoleto Ariulfo marciò su Napoli. La capitolazione della città partenopea, ch'era amministrata da un governatore bizantino, poteva essere il preludio alla conquista del Lazio. Per scongiurarla Gregorio comprò la ritirata e la pace di Ariulfo.

Le trattative fra il Pontefice e il Duca erano state però condotte all'insaputa di Agilulfo che per rappresaglia, nella primavera del 593, mosse col suo esercito alla conquista dell'Urbe. Quando la notizia giunse nella Capitale, Gregorio ordinò dal pulpito la mobilitazione dei Romani.

Un cronista dell'epoca racconta che le città tosco-emiliane furono spianate al suolo, i villaggi distrutti e le chiese bruciate. Gli uomini subirono orrende mutilazioni. Quando il Papa, dall'alto dei bastioni che cingevano Roma vide la marea degli invasori avanzare verso la città, preceduta da migliaia di prigionieri con la cavezza al collo e le mani mozzate, credette che coi Longobardi s'avvicinasse la fine del mondo. Gli apprestamenti difensivi che aveva messo in atto rischiavano di crollare al primo urto. Ancora una volta, per salvare l'Urbe e risparmiare ai suoi abitanti gli orrori del saccheggio, Gregorio ricorse agli strumenti pacifici del negoziato. Il Papa e il Re s'incontrarono ai piedi della basilica di San Pietro. Le suppliche di Gregorio sortirono l'effetto sperato. Agilulfo rinunciò ai suoi piani. E il Pontefice a una parte dei suoi tesori.

Questo accordo spianò la strada a una pace generale coi Longobardi. L'unico scoglio era rappresentato dall'ostinazione dell'esarca Romano che di trattare coi Longobardi non ne voleva sapere. Ai primi del 597 Romano morì e il suo successore si dichiarò disposto al negoziato. Nella primavera del 599 la pace fu conclusa. Agilulfo, l'Esarca e un delegato pontificio la ratificarono sanzionando lo *status quo* e la spartizione della Penisola nelle tre sfere d'influenza: longobarda, bizantina e romana.

La pace interna fu per Gregorio, che n'era stato l'artefice, la premessa alla conversione al cattolicesimo dei conquistatori ariani. In ciò egli trovò una formidabile alleata nella cattolica Teodolinda. Dopo la morte di Autari, la Regina longobarda s'era circondata di Vescovi cattolici attraverso i quali manteneva i contatti col Papa che non conosceva ma che la colmava di benedizioni e di doni. Le simpatie di Teodolinda verso la Chiesa di Roma, se avevano provocato malumore a Corte, non avevano incontrato resistenza da parte del Re. Sebbene ariano, Agilulfo favoriva i piani della moglie e di Gregorio. Capiva che in un'Europa ormai in gran parte convertita all'ortodossia, l'eresia era pericolosa perché conduceva fatalmente all'isolamento.

Nella primavera del 603, dopo undici anni di matrimonio, Teodolinda diede alla luce un figlio che venne battezzato secondo il rito romano. Era il segnale dell'imminente capitolazione ariana. Dopo pochi mesi infatti i Longobardi si convertirono in massa al Cattolicesimo.

Ai primi di marzo del 604, Gregorio morì stroncato da un ennesimo attacco di gotta. Le sue esequie furono celebrate nella basilica di San Pietro dove la salma venne tumulata. A succedergli fu chiamato un certo Sabiniano che revocò la quotidiana distribuzione di frumento al popolo. I Romani scesero in piazza chiedendo la sua deposizione. Gregorio, che non rinunziava a far miracoli neanche da morto, per tre notti di seguito – racconta il solito *Libro pontificale* – apparve in sogno a Sabiniano e lo ammonì a revocare il provvedimento. Ma invano. La quarta volta, visto che le parole non servivano a nulla, lo colpì alla testa con un bastone. L'indomani il Papa morì.

Scongiurata la carestia, nell'Urbe cominciarono a circolare voci calunniose sul conto di Gregorio. L'accusa più grave che gli si muoveva era quella d'aver dilapidato il tesoro di San Pietro. Qualcuno propose di bruciare tutti i suoi scritti. I Romani avevano già acceso i primi falò quando un *Diacono*, di nome Pietro, rivelò d'aver visto un giorno posarsi sul capo del Pontefice lo Spirito Santo sotto forma di colomba. La folla inferocita gli gridò di giurarlo. Pietro lo giurò e cadde a terra stecchito. Così la memoria e i libri di Gregorio furono salvi.

La Chiesa ha fatto di lui un Santo, e ne avrà le sue ragioni. Ma ai nostri occhi egli appare piuttosto un grande uomo di Stato, saggio amministratore e diplomatico accorto. Odiò i Longobardi, ma capì che per conquistarli bisognava prima convertirli. Sperimentò la debolezza di Bisanzio, ma non si ribellò mai alla sua autorità. A lui il Papato deve un potere temporale, di cui tuttavia non sappiamo quale vantaggio abbia recato a quello spirituale.

ROTARI

INNOMINE DNIETSALVA
TORIS NRIJHUXPI;
incipit edictum quod renouauit donn

L'unico Longobardo che Teodolinda non era riuscita a convertire al Cattolicesimo era stato suo marito. Neppure sul letto di morte Agilulfo rinunciò a quella fede ariana in cui era cresciuto e nella quale non aveva mai creduto. Più tardi alcune fonti ecclesiastiche accreditarono l'ipotesi che il Re longobardo avesse ricevuto in *extremis* il battesimo. Ma si tratta di congetture prive di fondamento.

Rimasta vedova nel 616, Teodolinda governò in nome del figlioletto Adaloaldo. Ma la vecchia amicizia con Gregorio e i cordiali rapporti coi Vescovi cattolici avevano suscitato diffidenze. A Corte era considerata un'intrusa. Per i Duchi era un'usurpatrice. L'opposizione non cessò quando Adaloaldo uscì di minorità e fu incoronato.

Poco sappiamo di lui, e questo poco è probabilmente leggenda. Si racconta che dopo alcuni anni di regno egli venne affatturato da un mago bizantino che l'avrebbe spinto a uccidere dodici ministri. Il tredicesimo avrebbe assassinato lui ed elevato al trono il Duca di Torino Arioaldo che aveva sposato la sorella del Re, la cattolica e devota Gundiperga. Correva l'anno 625. Nel 628 Teodolinda calò nella tomba. Dopo la morte del figlio, s'era ritirata a vita privata. Raramente usciva dalle sue stanze, dove riceveva frequenti visite di Vescovi che si recavano da lei a chiedere sussidi. Grazie al suo mecenatismo, furono innalzate in Lombardia numerose basiliche tra cui quella bellissima di San Giovanni Battista a Monza, che custodisce la corona di ferro dei Re longobardi.

Il regno di Arioaldo durò dieci anni durante i quali non

successe nulla. Alla sua morte Gundiperga fu invitata a rimaritarsi col Duca di Brescia, Rotari. Le nozze furono celebrate a Pavia e i due sovrani trascorsero la luna di miele in un vicino castello sul Po. Dopo pochi mesi Rotari accusò la moglie di propaganda clericale, la confinò nei suoi appartamenti e la rimpiazzò con un battaglione di concubine. La Regina si sottomise con rassegnazione alla volontà del marito per la cui anima continuò a pregare fino al giorno in cui, cinque anni dopo, per intercessione del Re dei Franchi, fu liberata. Gundiperga tornò a indossare le insegne regali e a sedersi al fianco di Rotari, il quale le restituì le terre e i tesori che le aveva confiscato. Rotari fu un Re saggio e coraggioso malgrado la poligamia, o forse proprio per questo; governò sedici anni, dal 636 al 652, e diede ai Longobardi le prime leggi scritte che soppiantarono le antiche consuetudini tramandate oralmente di padre in figlio e regolate dal principio della *faida*, o vendetta privata. Nelle steppe ungheresi questo barbaro codice poteva anche funzionare. Lo imponevano, in un certo senso, la precarietà della vita nomade e la provvisorietà del bivacco. Ma in Italia, dopo un insediamento che durava ormai da oltre settant'anni, una siffatta giustizia andava riformata se si voleva trasformare l'orda in popolo.

Il 22 novembre del 643 Rotari pubblicò un Editto in 388 capitoli, che da lui prese nome. Il Re, che non sapeva leggere né scrivere, lo aveva dettato al notaio di Corte, il quale l'aveva compilato in un latino raffazzonato. Era un codice di diritto civile e penale e fissava le tariffe, o *guidrigildo*, che l'offensore doveva pagare all'offeso, a riparazione del danno che gli aveva arrecato. Il *guidrigildo* sostituiva la *faida* ed era un segno dell'incivilimento dei Longobardi che il contatto coi Romani e la conversione al Cattolicesimo avevano propiziato. Il carattere dell'Editto era militare perché militare era la società longobarda, formata dai guerrieri o *arimanni*. Fra costoro, i nobili, o *adelingi*, discendenti da antiche tribù germaniche, avevano una posizione preminente. I Duchi e lo stesso Re appartenevano a questa classe che godeva di privilegi e immunità, e governava. Tutti gli *arimanni* erano liberi e tutti i liberi *arimanni*. La guerra e, in tempo di pace, la caccia erano le loro uniche occupazioni. Le terre che essi avevano tolto ai Romani erano coltivate a mezzadria dagli *aldii* e dagli schiavi. Gli *aldii* erano dei barbari che i Longobardi avevano arruolato nell'orda, durante le loro scorribande attraverso le pianure danubiane, prima di calare in Italia. Erano uomini liberi, godevano dei diritti civili ma, non facendo parte dell'esercito, erano privi di quelli politici, e non partecipavano all'assemblea del popolo in armi, supremo organo della sovranità. La regolamentazione dei rapporti fra cittadini dimostrava che i Longobardi non avevano fatto complimenti: gl'Italiani erano stati trattati come un popolo vinto e ridotto in servaggio. Il razzismo aveva trionfato.

I Longobardi erano in Italia un'esigua minoranza militare e costituivano una casta chiusa. Nella razza difendevano, per così dire, la superiorità della loro inferiorità numerica e la loro difficile condizione di stranieri in un Paese conquistato con le armi, sottomesso con la violenza e governato col terrore. I matrimoni misti non erano consentiti. L'Editto vietava infatti a una ragazza o a una vedova libera di sposare un uomo di condizione servile, com'erano quasi tutti gl'Italiani. Se contravveniva al divieto, esponeva il marito alla pena di morte e se stessa al bando.

L'Editto – come tutti i codici germanici – fissava il *guidrigildo* non solo per i danni arrecati agli uomini ma anche per quelli cagionati agli animali e alle cose. I Longobardi identificavano l'individuo con gli oggetti che gli appartenevano: chi strappava un occhio a un cavallo era come se l'avesse cavato al suo padrone. La multa che doveva pagare – computata in *soldi* – era proporzionata al rango della vittima. Rotari, che doveva essere piuttosto pignolo, compilò un minuzioso tariffario, e lo corredò di una descrizione particolareggiata dei vari delitti. Stabilì, per esempio, che la frattura di una costola valeva dodici soldi e la rottura di un dente incisivo sedici. Leggendo l'Editto scopriamo con una certa sorpresa che presso i Longobardi la pena di morte era tutt'altro che frequente. Ne erano passibili solo le mogli che uccidevano o tradivano i mariti, gli schiavi che scannavano i padroni, i traditori, gli ammutinati e i disertori.

L'amministrazione della giustizia era ispirata non al diritto romano, ma alle vecchie concezioni tribali. Le procedure giudiziarie erano il giuramento, il giudizio di Dio o *ordalia*, e il duello. Esse erano richieste per sostenere un'accusa o per difendersi dalla medesima. Il giuramento poteva essere imposto dall'imputato al querelante perché dimostrasse la fondatezza della denuncia o dall'accusatore al presunto reo perché provasse la sua innocenza. Col giuramento prestato sui Vangeli chi si era in precedenza riconosciuto colpevole poteva ritrattare la propria confessione. Il giudizio di Dio sostituiva il giuramento nelle controversie gravi. L'*ordalia* si svolgeva alla presenza di un giudice, al cui cospetto imputato e parte lesa convenivano. Il rito, che aveva luogo sul sagrato della chiesa, richiedeva una grossa pentola d'acqua bollente, ed era preceduto da una messa cantata al termine della quale l'officiante pronunciava questa frase: «Fa', o Signore, che possa ritrarre sana e illesa la mano da questa pentola chi ve l'immerge innocente». Quindi, rivolgendosi alla caldaia, soggiungeva: «Ti benedico, o creatura acqua che bolli al fuoco, nel nome del Padre, del Figliolo e dello Spirito Santo». L'imputato veniva poi invitato a immergere la mano destra nel recipiente. Se l'arto subiva ustioni, l'accusa era fondata; se usciva illeso, era falsa. Peccato che i cronisti dell'epoca si siano dimenticati d'informarci se vi furono mai sentenze assolutorie.

Oltre al giuramento e all'*ordalia*, si ricorreva come prova anche al duello che aveva avuto gran voga presso i Goti. Esso si svolgeva in aperta campagna. Lo spazio in cui aveva luogo veniva recintato con delle corde, come un *ring* di pugilato. Si procedeva alla lettura di un bando che comminava pene corporali a chi provocava disordini e turbava il regolare svolgimento del combattimento. Nessuno durante la sfida poteva parlare o fare il tifo per i duellanti o *campioni*. Al perdente, ritenuto per ciò stesso colpevole, veniva amputata la mano destra. Coloro che si sottoponevano al giuramento, al giudizio di Dio o al duello, non potevano portare sul corpo amuleti o erbe incantate. I Longobardi erano molto superstiziosi. Credevano alle streghe e adoravano le vipere. «Gli uomini di questa età» ha scritto Gabriele Pepe nel suo bel libro sul *Medioevo barbarico d'Italia* «temevano Satana, e volevano ogni momento essere benedetti; perciò cominciarono a diffondersi le acquasantiere nelle chiese.» La legislazione longobarda venne successivamente perfezionata da Liutprando, Rachis e Astolfo, ma l'Editto del 643 ne rimase il fondamento.

Settantatré capitoli sono dedicati alle condizioni economiche e sociali dei Longobardi. I principali centri di scambio erano le città: Pavia, Milano, Venezia, Ravenna e Roma. Pavia era la capitale del Regno, ospitava la Corte e pullulava di caserme. Era una specie di fortezza e la sua popolazione era in prevalenza militare. Il commercio era in mano agli *aldii*. Lo sbocco naturale dei prodotti agricoli dell'Oltrepò e della Lomellina era il mercato di Milano che si teneva in quella che è oggi piazza Cordusio. Le colture più diffuse erano quelle dei cereali e della vite. Nelle fattorie della Bassa e nei monasteri si allevavano maiali e cavalli, che furono per tutto il Medioevo gli animali più pregiati. Uno stallone valeva più di una casa e di dieci schiavi messi assieme. Chi provocava l'aborto di una cavalla pagava un soldo di multa, e tre se le tagliava la coda, che era considerata il più bell'ornamento equino.

Gli scambi tra città e campagna erano rari e rare erano le

186

fiere e i mercati, che si svolgevano nei pressi delle chiese. Un commercio fiorente era quello del sale con Comacchio e delle spezie con l'Oriente. Quest'ultimo passava per Venezia che importava droghe ed esportava schiavi. Una conseguenza del ristagno economico fu la crisi demografica. Le famiglie non avevano in media più di due figli. Lo storico Paolo Diacono racconta che nel 679 una pestilenza provocò un numero così alto di morti che padri e figli, fratelli e sorelle venivano composti in due per bara.

La ricchezza era concentrata nelle mani degli Abati e degli *arimanni*. I monasteri e i castelli erano i grandi centri economici. La decadenza della città favorì la formazione di un proletariato urbano, parassita e turbolento, le cui condizioni non erano migliori di quelle dei contadini inchiodati alla servitù della gleba.

Nel 652 Rotari morì. Gli successe il figlio Rodoaldo, che dopo appena cinque mesi fu pugnalato da un servo al quale aveva insidiato la moglie. Sul trono di Pavia fu innalzato un certo Ariperto il quale governò nove anni e li riempì a costruire basiliche. Quando morì fu incoronato Re Grimoaldo, un uomo mite che amava la caccia e la buona tavola. Calò nella tomba nel 671, ucciso da un'emorragia. Fu un accanito difensore della monogamia, in favore della quale promulgò alcune leggi. Gli successe Pertarito, un cattolico fanatico che si segnalò per il suo antisemitismo. Sotto il suo regno, gli Ebrei furono convertiti con la forza al Cristianesimo. Quando Pertarito morì, la corona passò sul capo del figlio Cuniperto che la conservò fino al 700.

Lo spazio non ci consente di ritracciare le vicende dinastiche che ne seguirono. Merita di essere ricordato Ariperto, un Re bigotto, diffidente e taccagno che riceveva gli ambasciatori stranieri che venivano a chiedergli aiuti vestito di stracci per sottolineare la miseria del suo popolo e per rifiutare ogni sussidio. Di notte si recava in incognito nelle taverne e nei lupanari per spiare i sudditi e sentire quello che dicevano di lui. Morì di dissenteria nel 712, e sul trono salì finalmente un grande Re: Liutprando.

Liutprando tentò d'impadronirsi del Lazio e di riportare all'obbedienza i Duchi di Spoleto e di Benevento sempre insofferenti del giogo di Pavia. Quando minacciò Roma, papa Gregorio – come Leone aveva fatto con Attila – gli andò incontro. Liutprando scese da cavallo, gli si prostrò ai piedi, in segno di sottomissione si tolse anche la corona, ed entrò nell'Urbe al suo fianco. L'indomani si recò alla basilica di San Pietro e sull'altare depose le insegne regali. Nel 739 – quando ormai Gregorio era morto – si impadronì di quattro città del Ducato romano; ma tre anni dopo, nella primavera del 742, le restituì al Papa. Già a titolo personale aveva donato alla Chiesa, nel 728, la cittadina di Sutri, ch'era un piccolo borgo con quattro case, una chiesa e un po' di boschi. Alcuni storici hanno interpretato questo atto come la data di nascita dello Stato della Chiesa. Altri – più verosimilmente – la semplice offerta di un Re bigotto e superstizioso.

Liutprando non fu soltanto un cattolico sincero ma anche un saggio legislatore. Perfezionò l'Editto di Rotari e l'arricchì di 153 articoli. Abolì il *guidrigildo* e lo sostituì con la confisca dei beni dell'imputato riconosciuto colpevole. Fissò pene a carico dei padri che facevano sposare le figlie prima dei dodici anni. Inasprì le leggi contro la bigamia e l'adulterio. Stabilì che la infedele colta in flagrante doveva essere battuta a sangue e il seduttore arrostito. Punì coloro che durante i matrimoni scagliavano escrementi contro gli sposi. Multò i Romani che s'introducevano furtivamente nelle *toilettes* delle matrone longobarde e tastavano loro le terga. A Pavia restaurò la zecca che coniava le due monete circolanti del tempo, il *soldo* e la *tremisse* d'oro.

Morì nel 744, dopo trent'anni di regno, e fu sepolto nella chiesa di S. Adriano accanto alla tomba del padre.

LA CHIESA E LE ERESIE

Con la *Prammatica sanzione*, abbiamo detto, Giustiniano aveva delegato ai Vescovi i poteri che sino allora erano stati esercitati dai Prefetti. Ma non era una rivoluzione. Era solo il riconoscimento e il legale avallo di una situazione che già esisteva. In mancanza di uno Stato, la Chiesa ne assume le funzioni. Così diventa protagonista anche della storia politica – e non solo di quella spirituale – del nostro Paese; e ci obbliga a studiare un po' meglio la sua organizzazione anche a costo di un lungo passo indietro.

Le prime *ecclesie* – o comunità di fedeli – non erano state né più né meno che delle cellule, come oggi si chiamano quelle comuniste. Erano sparse un po' dovunque, in tutte le città dell'Impero dov'era giunta la parola degli Apostoli. A capo di ogni comunità era posto un *Presbitero*, cioè un prete, liberamente scelto dalla piccola assemblea dei fedeli. Ad assisterlo furono designati i *Diaconi*, i *Suddiaconi*, gli *Accoliti*, i *Lettori* e gli *Esorcisti*, ai quali era affidata la cura degli ossessi e degli epilettici. Nessuna di queste funzioni costituiva una carriera. Nelle prime ecclesie ognuno prestava la propria opera volontariamente e gratuitamente. *A latere*, per così dire, dei *Diaconi* c'erano le *Diaconesse*, qualcosa come le Dame della San Vincenzo o l'Esercito della Salvezza. Costoro assistevano i poveri e i malati. A fornirne i quadri erano soprattutto le vedove.

In un primo tempo le *ecclesie* non ebbero tra loro rapporti gerarchici. Il *Presbitero* rispondeva della propria condotta solo a Dio e ai fedeli che lo avevano eletto. Il che garantiva una perfetta democrazia, ma non costituiva un'organizzazione. Di un'organizzazione vera e propria si cominciò ad avvertire la necessità con la diffusione capillare e massiccia del Cristianesimo nelle province dell'Impero. Moltiplicandosi le *ecclesie*, in ogni città i vari *Presbiteri* finirono per eleggere un *Episcopo*, un Vescovo, che ne coordinasse l'azione. Nel IV secolo cominciarono ad apparire i primi *Arcivescovi*, i *Metropoliti* e i *Primati*, ch'erano i supervisori dei Vescovi di una provincia. Finché in cinque città – Roma, Costantinopoli, Antiochia, Gerusalemme e Alessandria – fu installato un *Patriarca*. Quello di Roma si chiamò Papa. Ma il titolo veniva usato anche per molti altri Vescovi. Il Papa di Roma era soltanto il Vescovo di Roma eletto, come tutti gli altri, dal clero e dal popolo della città.

Su richiesta di un *Arcivescovo*, tutti i *Vescovi* di una provincia si riunivano in un Concilio che, perciò, si chiamava *provinciale*. Quando ad esso facevano capo tutti i Vescovi dell'Oriente o tutti quelli dell'Occidente, prendeva il nome di *plenario*. Se riuniva sia gli uni che gli altri, si chiamava *generale* o *ecumenico*. E le sue decisioni, in questo caso, erano vincolanti per tutti i Cristiani. Fu da questa unità che venne alla Chiesa il nome di *cattolica*, che vuol dire universale. Fin dai primi tempi, fu stabilito che i *Presbiteri* dovevano aver compiuto i trent'anni e gli *Episcopi* i cinquanta.

I Cristiani delle origini compivano i loro riti in case solitarie o in cantine. La Santa Messa, che oggi viene di regola celebrata al mattino, allora veniva officiata la sera. La funzione religiosa era aperta dalla lettura dei testi sacri. Seguivano la predica, l'omelia del *Presbitero*, il canto dei Salmi e l'orazione dei fedeli. A suggello della cerimonia ci si scambiava il bacio di pace. Questa consuetudine diventò presto causa di deviazionismi spiacevoli a furia di essere troppo piacevoli. Per ovviarvi si raccomandò ai fedeli di tenere la bocca chiusa. Poiché la raccomandazione finiva per essere regolarmente elusa, il bacio di pace fu soppresso.

La comunione veniva amministrata con pane e vino. L'uso dell'ostia consacrata fu introdotto più tardi. Il calice col vino era comune e serviva per tutti. La comunione poteva essere ricevuta solo dai battezzati. Il battesimo, che in greco vuol dire immersione, i Cristiani lo avevano preso dagli Ebrei, i quali a loro volta ne erano debitori agli Egiziani. Nei tempi apostolici ci si faceva battezzare da adulti. Cristo, che non battezzò mai nessuno, fu battezzato da Giovanni Battista, all'età di trent'anni. Nel secondo secolo si cominciò ad amministrare questo sacramento ai bambini, otto giorni dopo la nascita. Chi moriva prima era condannato al Limbo, una specie d'inferno mitigato. Nel III secolo invalse nuovamente l'uso d'immergersi nel bagno sacro in punto di morte. Si temeva, infatti, che il battesimo lavasse i peccati una volta soltanto. L'imperatore Giuliano, nella sua «Satira dei Cesari», mise in bocca al figlio di Costantino, Costanzo, queste parole: «Chiunque si senta colpevole di stupro, di assassinio, di rapina, di sacrilegio e di tutti i delitti più abominevoli, non appena io l'avrò lavato con quest'acqua, sarà netto e puro».

Poiché il battesimo per immersione poteva provocare nei bambini, nei vecchi e nei malati delle spiacevoli reazioni, lo si sostituì con la semplice aspersione: uno spruzzo d'acqua santa, e via. L'innovazione fece molto rumore. Il Vescovo di Cartagine, Cipriano, se ne scandalizzò al punto da dichiarare che coloro ch'erano stati battezzati per aspersione avevano una dote di Grazia infinitamente minore di quelli ch'erano stati immersi tre volte nel bagno sacro.

La confessione che gli Ebrei praticavano a colpi di Salmi e di frusta, i Cristiani si limitarono a farla seguire da un certo numero di preghiere. Pubblica fino a tutto il IV secolo, fu resa segreta sotto Teodosio quando una donna, dinanzi a migliaia di fedeli, si accusò d'essere andata a letto, il giorno avanti, col *Diacono* che la stava in quel momento confessan-

191

do. In Occidente, la confessione dei propri peccati a un prete fu introdotta nel VII secolo. Prima ci si poteva confessare anche fra laici. Nei conventi le badesse confessavano le monache con tanta indiscrezione che i Vescovi si videro costretti a revocare loro questa facoltà. Per un certo tempo invalse l'uso di munire i Cristiani di un certificato di confessione, una specie di ricevuta al portatore da esibire al sacerdote al momento della comunione.

Durante la celebrazione della Messa, grande importanza rivestiva la predica che i fedeli scandivano con uragani d'applausi o bordate di fischi. In chiesa chiunque poteva parlare, meno le donne. Ai *catecumeni* era fatto divieto d'assistere alla parte centrale della celebrazione eucaristica. Solo dopo tre anni d'istruzione religiosa e dopo l'ingestione di un intruglio di latte e miele, che era il cibo dei neonati, essi diventavano membri di pieno diritto dell'*ecclesia*.

La festa settimanale dei Cristiani era la domenica. Il mercoledì e il venerdì erano giorni di magro o di digiuno. La Pasqua e la Pentecoste furono, per alcuni secoli, le uniche festività annuali. Dopo Costantino si cominciò a celebrare anche l'Epifania.

I costumi cristiani nell'età apostolica erano un modello di santità. La Chiesa condannava la magia, l'astrologia e l'aruspicina. L'aborto e l'infanticidio che i Romani praticavano con pagana disinvoltura furono aboliti ed esecrati. Fu denunciata – non sappiamo con quali risultati la prostituzione che fin allora era stata considerata l'unico sfogo alla monogamia; acerbamente riprovati l'adulterio e la pederastia; caldamente raccomandata, invece, la verginità. Il celibe era considerato più cristiano di colui che si sposava. Nei primi secoli i preti – come oggi i pastori protestanti – furono liberi di prender moglie. Nel 306 un canone del sinodo d'Elvira proibì agli ecclesiastici di contrarre matrimonio, pena la destituzione. Ma il divieto rimase praticamente lettera morta.

Condannata era la cura eccessiva del proprio corpo, e giudicato indecente l'uso di indossare orecchini, di truccarsi gli occhi, di tingersi i capelli e di portare parrucche. Per la Chiesa il *maquillage* non era solo uno strumento di seduzione e di lussuria, ma anche un rimprovero a Dio quasiché non avesse dotato le sue creature di sufficienti attrattive.

Con particolare severità erano giudicati gli sport e i giuochi d'azzardo. Ammesse, invece, la ginnastica, la caccia e la pesca. Scoraggiati i matrimoni misti. Il divorzio veniva concesso solo su richiesta della moglie, se costei era pagana. La schiavitù era tollerata. Ad essa i Romani condannavano la donna libera che sposava il suo servo. Il cristiano Costantino temperò quest'uso facendo giustiziare la moglie e arrostire il marito. Agli schiavi la carriera ecclesiastica era interdetta mentre i liberti potevano facilmente accedervi.

Nel IV secolo i preti, sull'esempio di alcuni ordini monastici, adottarono la tonsura. Nei tempi più antichi l'abbigliamento degli ecclesiastici non era diverso da quello dei laici. Durante la messa i sacerdoti indossavano la comune tunica romana. Sullo scorcio del Trecento ai preti venne imposto l'uso di un abito liturgico fisso. Dalla tunica derivò così il clamide di colore, generalmente, bianco. L'anello e il pastorale diventarono le insegne episcopali. Nel 325 il Concilio di Nicea proibì ai parroci di tenere in casa donne giovani. Si fondarono i primi seminari. L'organizzazione ecclesiastica si perfezionò. Si crearono nuovi uffici. Fra i più importanti, quello dei becchini. Sempre nel IV secolo si diffuse il culto delle immagini e il traffico delle reliquie. In Occidente le dame dell'aristocrazia accolsero nelle loro alcove, come direttori spirituali e amministratori patrimoniali, chierici e monaci.

La teoria che San Pietro, fondando a Roma la prima *ecclesia*, aveva inteso attribuirle un primato, cominciò a svilupparsi nel quinto secolo. Fin allora il suo Vescovo aveva conservato lo stesso rango e i medesimi attributi di quelli delle altre quattro sedi patriarcali: Alessandria, Antiochia, Costantinopoli e Gerusalemme. Solo il Concilio di Calcedonia del 381 lo riconobbe con molti contrasti *primus inter pares*. Nel sesto secolo quella supremazia ch'egli di fatto già da tempo esercitava in Occidente venne consacrata col titolo di Pontefice, cioè a dire di successore di Pietro e vicario di Cristo e capo ecumenico della Chiesa.

A questa organizzazione non si giunse però senza intoppi. Appunto perché mirava all'unità e al comando unico, la Chiesa dovette vedersela con le tendenze centrifughe del Cristianesimo che la primitiva sparpagliatezza delle *ecclesie* autonome aveva fomentato. Per venirne a capo, essa dovette per forza mettere un po' d'acqua nel vino della tolleranza, che aveva reclamato e di cui s'era giovata di fronte allo Stato pagano per crescere e prosperare; ma che poteva minare la sua compattezza, ora che aveva vinto. È un po' il destino di tutte le religioni. Le quali chiedono per sé la libertà di organizzarsi, in nome dei princìpi laici; eppoi, una volta organizzate, la rifiutano agli altri, in nome dei propri dogmi.

Queste forze centrifughe furono le eresie, che cominciarono a manifestarsi nel momento stesso in cui ai *Presbiteri*, cioè ai semplici preti, si sovrapposero i Vescovi. Ed esse ebbero subito due aspetti: uno teologico, l'altro politico, tra loro strettamente legati. In pratica, era il nazionalismo che rinasceva attraverso di esse. Il pretesto era un diverso modo di concepire Dio e d'interpretare le Sacre Scritture. E chi se ne faceva banditore, magari, mirava davvero solo a questo, come fu certamente il caso di Ario. Ma le forze che agivano nel sottofondo e che le trasformavano in vere e proprie ribellioni, erano quelle della rivolta contro il potere centrale, in favore degli autogoverni locali. In Oriente la Chiesa era diventata uno strumento dello Stato; in Occidente lo stava sostituendo. Nell'uno e nell'altro caso essa era, per i nazionalisti, il nemico da abbattere. Così i Donatisti lottavano per liberare l'Africa da Roma e i Monofisiti per affrancare la Siria e l'Egitto da Costantinopoli.

Noi qui non possiamo seguire lo svolgimento di questa lotta contro le innumerevoli sette che pullularono in questo primo periodo: gli Apollinariani, i Priscillanisti, i Sabelliani, i Macedoniani, i Messalini, eccetera. Questo capitolo fa parte della Storia della Chiesa, a cui rimandiamo il lettore che abbia voglia d'istruircisi. Però, tra questi *deviazionismi*, come oggi si chiamerebbero, ce ne fu uno che influenzò profondamente la vita italiana, anzi rischiò di mutarne il corso: quello di Ario.

Ario era un predicatore di Alessandria del IV secolo che aveva confutato la consustanzialità, cioè negato l'identità di Gesù Cristo con Dio. Il Vescovo dal quale dipendeva lo aveva scomunicato, ma Ario seguitava a predicare e a fare seguaci. L'imperatore Costantino, che aveva fondato la nuova Capitale dell'Impero in Oriente e intendeva esercitare sulla Chiesa un alto patronato, chiamò i due litiganti per cercare di metterli d'accordo. Ma il tentativo fallì. Il conflitto s'era allargato e approfondito. E quindi non restava, per mettere fine a una diatriba che minacciava di rompere l'unità cattolica, che indire un Concilio Ecumenico, che fu tenuto a Nicea, presso Nicomedia.

Il Papa Silvestro I, vecchio e malato, non poté intervenire. Contro il suo accusatore Attanasio, Ario si difese con onestà e coraggio. Era un uomo sincero, povero e malinconico, che credeva nelle proprie idee. Dei trecentodiciotto Vescovi che si erano riuniti per giudicarlo, due soli lo sostennero fino in fondo, e furono scomunicati con lui. Ma evidentemente ce n'erano molti altri che, senza avere il coraggio di dirlo, pensavano come Ario e seguitarono, anche dopo la condanna, a predicare le sue tesi. Uno di essi fu certamente Eusebio. E abbiamo già detto dell'importanza che costui ebbe come maestro di Ulfila, il cristianizzatore ariano dei popoli barbari.

Non erano ancora trascorsi quattro secoli dalla fondazione della prima *ecclesia* di Pietro, che già tutto il mondo cristiano era in preda alle convulsioni. In Africa, Donato, contemporaneo di Ario, proclamava che i sacramenti amministrati dai preti che si erano macchiati di qualche peccato, non erano validi. Condannato, ebbe subito con sé una turba di fanatici che innestarono sulla diatriba teologica una rivolta nazionale e sociale: quella dei Circoncellioni, o ladruncoli vagabondi. Fra un saccheggio e un comune furto di polli, predicavano la povertà e l'uguaglianza. E quando incontravano un carro tirato da schiavi, v'issavano sopra questi ultimi obbligando i padroni a spingerlo. Se costoro resistevano, li accecavano riempiendogli gli occhi di sabbia, o li uccidevano, sempre in nome di Gesù Cristo, si capisce. Se toccava a loro di morire, lo facevano allegramente, sicuri di volare in Paradiso. Anzi il loro fanatismo arrivò a tanto che cominciarono a fermare le carovane militari supplicando i soldati di ucciderli. Morivano cantando e ridendo, fra le fiamme del rogo o precipitandosi nei crepacci.

In Oriente, Nestorio revocava in dubbio la verginità di Maria, sostenendo ch'essa era stata la madre non di un Dio, ma di un uomo che aveva sì, qualcosa di divino, ma mescolato a ingredienti umani. Nestorio cercava il martirio, ma la Chiesa gli diede invece un posto di Vescovo a Costantinopoli. L'Arcivescovo di Alessandria, Cirillo, ne scrisse in termini indignati al Papa Celestino I. Questi convocò un Concilio plenario a Roma che offrì a Nestorio le dimissioni o la deposizione. Nestorio rifiutò questa e quelle. Sicché occorse un Concilio Ecumenico a Efeso per scomunicarlo. L'eretico, confinato ad Antiochia, seguitò ad agitarsi e a predicare. L'Imperatore lo fece deportare in un'oasi del deserto libico. Dopo alcuni anni si pentì e mandò a richiamarlo. Ma i messaggeri lo trovarono morente, vegliato da alcuni fedeli che, dopo la sepoltura, emigrarono in Siria, vi costruirono chiese intitolate al loro martire e tradussero nella lingua

196

del posto la Bibbia e le opere di Aristotele, preparando così i fondamenti della cultura musulmana che più tardi lì doveva impiantarsi e che ne rimase molto influenzata. Di nuovo perseguitati dall'imperatore Zenone, si rifugiarono in Persia e di lì si sparpagliarono fino in India e in Cina dove tuttora sopravvivono le loro sètte in guerra contro la *Mariolatria*, cioè il culto di Maria.

Ma il problema della natura di Gesù seguitava ad alimentare eresie su eresie. Il monaco Eutiche sosteneva che c'era solo quella divina. Flaviano, il patriarca di Costantinopoli, convocò un Concilio per scomunicarlo. Eutiche fece appello ai Vescovi di Alessandria e di Roma. Si dovette indire un altro Concilio a Efeso dove, in odio a Costantinopoli, il clero egiziano difese l'accusato e attaccò con tale violenza Flaviano che questi ne morì. Papa Leone I, quello di Attila, si era già espresso in favore del patriarca. Indignato della sua fine rinnegò il sinodo di Efeso chiamandolo il «Sinodo dei ladroni», e ne convocò un altro a Calcedonia che riconobbe la doppia natura di Gesù e tornò a scomunicare Eutiche. Il clero di Siria e d'Egitto respinse il verdetto e adottò l'eresia *monofisita* dello scomunicato. Un Vescovo ortodosso mandato ad Alessandria per rimettere ordine fu linciato dalla folla in cattedrale il giorno del Venerdì Santo. Il monofisitismo diventò la religione nazionale dei Cristiani di quei due Paesi, e si propagò anche all'Armenia. Perché, come al solito, esso serviva a coprire soprattutto un moto d'indipendenza da Costantinopoli.

I PADRI DELLA CHIESA

Se le eresie di Ario, di Donato e di Nestorio avevano minacciato di scardinare la Chiesa, i suoi Padri – Ambrogio, Girolamo, Agostino – le ridiedero unità e vigore.

Di Ambrogio abbiamo già detto come da governatore diventò Vescovo di Milano e al cospetto di Teodosio proclamò la superiorità del potere spirituale, incarnato dalla Chiesa, su quello temporale, incarnato dall'Imperatore. Fu un grande predicatore e i suoi sermoni erano ascoltati e applauditi da migliaia di fedeli. Compose un'opera di esegesi biblica – l'*Hexaemeron* – e un commento al Vangelo di S. Luca. Rinnegando il suo passato di funzionario romano affermò che il primo dovere di un cristiano non era l'obbedienza allo Stato ma a Dio, di cui i Vescovi erano i vicari in terra. Fu autore di bellissimi inni fra i quali il celebre «Veni Redemptor Gentium» ne ispirò uno analogo a Martin Lutero.

Quando Girolamo nacque nel 340 a Stridone, un piccolo villaggio al confine tra la Dalmazia e la Pannonia, non erano trascorsi che quindici anni dal Concilio di Nicea che aveva scomunicato Ario, e l'eco di quella drammatica lotta non si era ancora spenta. In Oriente e in Occidente, il clero non riuscendo a mettersi d'accordo sulla natura, creata o increata, di Cristo, si divideva e si scomunicava. Girolamo andò giovinetto a Roma per compiervi gli studi, frequentò per alcuni anni la scuola del celebre grammatico Elio Donato e ne divenne l'allievo prediletto. Era dotato di una grande intelligenza e possedeva una memoria prodigiosa. Sentiva tutto il fascino della cultura classica e conosceva a memoria Catullo e Lucrezio. A Roma imparò anche il greco, sui testi di Platone, Aristotele e Tucidide.

Conseguito il suo bravo diploma, lasciò la Capitale e si trasferì ad Aquileia dove, con alcuni amici, fondò un monastero. Era un asceta vegetariano, portava il cilicio, si sottoponeva a veglie e digiuni, e passava buona parte della giornata in preghiera. Le sue prediche erano in tono con l'austerità della sua vita ma dispiacevano al Vescovo che in fatto di morale era piuttosto accomodante. Girolamo, quando lo seppe, gli diede dell'eretico, e con alcuni compagni abbandonò Aquileia, la «Sodoma dell'Illiria». Riparò ad Antiochia dove entrò in un convento. Ma il clima della Siria era umido e insalubre. Con una bisaccia a tracolla e una scorta di libri Girolamo si ritirò allora nel deserto e per quattro anni visse come un anacoreta. Pregava e leggeva. Ma più i carmi di Catullo che i Vangeli.

Nel 379 tornò ad Antiochia e fu ordinato prete. Aveva appena trentanove anni ma era già un vecchio, malato, canuto e macilento. Nel 382 Papa Damaso, che cercava un segretario, lo chiamò a Roma e gli affidò la traduzione latina del Nuovo Testamento. Girolamo s'installò in Laterano. Indossava una mantellina di capra e una tunica unta e sbrindellata, camminava scalzo e portava al collo un crocifisso di legno. Mangiava in piedi in una ciotola di creta e dormiva sulla paglia. I prelati della Curia lo guardavano con un miscuglio di disprezzo e d'invidia dall'alto dei loro sontuosi baldacchini. Due dame dell'alta società, Marcella e Paola, note per la loro filantropia ma più ancora per il loro bigottismo, lo nominarono consigliere spirituale. Girolamo frequentava il loro salotto, commentava la Bibbia e faceva propaganda in favore della verginità e del celibato.

Roma, nonostante la Chiesa, o forse proprio per questo, era una città depravata e le vergini si contavano sulla punta delle dita. Non lo erano forse nemmeno Marcella e Paola sebbene fossero tutt'e due nubili. Qualcuno accusò addirittura Girolamo di trescare con loro. Ma era una calunnia alla quale il Santo replicò con una violenta filippica contro le donne che si dipingono, indossano parrucche, vanno scollate, portano il busto e abortiscono. Non risparmiò neppure i preti ai quali rimproverava le vesti troppo ricche e le acconciature ricercate. La piaga dell'umanità – diceva – è il matrimonio. Lo considerava l'ottavo peccato capitale, e si dimenticava che era un sacramento. Era ossessionato dal sesso e proponeva di «abbattere con la scure della verginità l'albero del matrimonio». In una lettera a una fanciulla di nome Eustochio esaltò i piaceri della castità. Forse perché – insinuarono i maligni – non aveva mai gustato quelli della lussuria. Disse che la verginità poteva essere perduta anche con un solo pensiero e raccomandò, per serbarla, il cilicio e il digiuno. Dopo la pubblicazione della lettera fu aggredito da alcuni scalmanati e bastonato. Nel 384 una giovane asceta morì in seguito a una prolungata astinenza. La madre ne tenne responsabile Girolamo, e i Romani proposero di ucciderlo e di buttarlo nel Tevere. Dovette intervenire il Papa ma egli fu costretto a lasciare l'Urbe. Partì per Betlemme conducendo con sé la bella Eustochio. Andò ad abitare in una grotta, dove passò, in letture e in preghiere, il resto della sua vita.

Fu uno degli uomini più dotti del suo tempo. Dall'aramaico e dall'ebraico tradusse in latino la Bibbia, che passò alla Storia sotto il nome di *Vulgata*. Modello di finezza interpretativa e di stile, essa resta uno dei più alti monumenti letterari del Medioevo. Girolamo morì in solitudine nel 419. Già da alcuni anni, consunta dalla tisi, era calata nella tomba la vergine Eustochio. La perdita della compagna lo aveva piombato nello sconforto e isolato vieppiù dal mondo. Fu il più bisbetico e il più arcigno dei Padri della Chiesa. Più che un Santo, fu un moralista brillante e battagliero. Paragonò il patriarca di Gerusalemme Giovanni a Giuda e il povero Ambrogio a un corvo. Litigò con gli amici e perseguitò i nemici, che lo accusarono di essere ipocrita e avaro. A S. Girolamo la teologia cristiana è debitrice della sua lingua; la morale, del suo rigore.

Nel momento in cui Girolamo lasciava la nativa Stridone per trasferirsi a Roma a continuarvi gli studi, in una piccola città della Numidia, Tagaste, nasceva nel 354 Sant'Agostino. Il padre Patrizio era assessore comunale e aveva un piccolo fondo. Era un uomo grossolano e scostumato. Amava le donne, il gioco e la buona tavola. La madre, tutta casa e chiesa, si chiamava Monica, e si guadagnò il Paradiso perdonando le numerose infedeltà del marito.

Agostino assomigliava al padre. Era magro, piccolo, bruno, aveva occhi e capelli neri e le gambe leggermente storte. A dodici anni fu mandato a scuola a Madaura e a diciassette a Cartagine. Era un ragazzo turbolento e intelligentissimo. Studiò latino, retorica, matematica, musica e filosofia. Lesse con avidità Platone, ma nella traduzione latina perché conosceva male il greco. A Cartagine conobbe una bella ragazza e ne fece la propria amante. La condusse con sé in casa dell'amico Romaniano, di cui era ospite. Quando Monica ne fu informata, si precipitò a Cartagine per indurre il figlio a regolarizzare la sua posizione e a sposare la concubina. Ma al matrimonio Agostino era allergico. A diciotto anni gli nacque un figlio, cui impose il nome di Adeodato. Nel 385 piantò la compagna e tornò con la madre. Insegnava retorica e grammatica e guadagnava abbastanza per mantenere la famigliola e pagare i debiti del padre.

Cartagine, prima dell'arrivo dei Vandali, era una bella città di provincia, colta e ricca, ma noiosa. A ventinove anni Agostino decise di trasferirsi a Roma. Partì alla chetichella per paura che Monica lo seguisse. Nell'Urbe trovò subito un posto d'insegnante, ma dopo un anno diede le dimissioni perché gli studenti non lo pagavano. Simmaco, il Senatore pagano, gli offrì una cattedra di grammatica a Milano. Agostino emigrò nella città lombarda dove, poco dopo, Monica lo raggiunse. Aveva rinunciato all'idea di ammogliarlo e ora voleva a tutti i costi farlo battezzare.

A Milano Agostino entrò in contatto con le grandi correnti della filosofia classica. Per nove anni fu un seguace del manicheismo che nel 383 rinnegò per il neoplatonismo. Un giorno il Vescovo Ambrogio lo invitò ad ascoltare le sue prediche e a leggere le Epistole di San Paolo. L'impenitente peccatore ne rimase fulminato. La domenica di Pasqua del 387 Agostino e Adeodato furono battezzati, e poche settimane dopo ripartirono per l'Africa. A Ostia, al momento d'imbarcarsi, Monica morì. Ma prima di spirare raccomandò ancora una volta al figlio di sposarsi.

Sbarcato a Cartagine, Agostino vendette i pochi beni che possedeva, distribuì il ricavato ai poveri e si trasferì a Tagaste dove fondò un monastero in cui andò ad acquartierarsi col figlio e con l'amico Alipio. Nel 389, Adeodato morì. Due anni dopo il Vescovo di Ippona, che conosceva Agostino e aveva bisogno di un collaboratore, lo ordinò prete e gli mise a disposizione il proprio pulpito. Ippona era una città di quarantamila abitanti, in maggioranza pagani e manichei. C'era solo una chiesa cattolica e uno sparuto gruppo di fedeli. Il Vescovo manicheo era un certo Fortunato, un predicatore efficace e pieno di foga. Agostino lo sfidò a un pubblico dibattito che si svolse al cospetto di un'immensa folla e durò due giorni. Fortunato fu letteralmente sommerso dall'impeto oratorio del rivale. Sceso dal pulpito, tra i lazzi e gli sberleffi degli spettatori, il poveretto fu costretto a fuggire da Ippona.

Nel 396 il vecchio Valerio si ritirò in un monastero e nominò Vescovo Agostino, che per trentaquattro anni resse la diocesi africana, coadiuvato da due diaconi e due monaci. Dormiva su una branda in un'umida cella, indossava una vecchia tonaca, mangiava solo verdura e spesso digiunava.

L'unico *comfort* era una stufetta a legna che lo riparava dal freddo e dai reumatismi.

Fu un grande Vescovo perché riuscì a cacciare i donatisti da Ippona e a farli condannare nel 411 come eretici da un Concilio, convocato a Cartagine dall'imperatore Onorio. Ma la sua passione era la teologia. Polemista violento e appassionato, scrisse migliaia di lettere e centinaia di trattati, guadagnandosi i galloni di primo Dottore della Chiesa. Il peccato originale, il libero arbitrio, i rapporti tra l'Uomo e Dio furono i grandi temi delle sue ricerche. Nel *De libero arbitrio*, che fu una delle sue prime opere, dimostrò che Dio lascia all'uomo la libertà di scegliere tra il bene e il male. Pochi sono gli eletti, predestinati al Regno dei Cieli dagli imperscrutabili disegni della Provvidenza. Parecchi secoli più tardi, i calvinisti si riallacciarono ad Agostino elaborando la loro dottrina sulla Grazia. Nel *De Trinitate* cercò di spiegare la coabitazione di tre Persone – Padre, Figliuolo e Spirito Santo – in una sola: Dio.

Il migliore Agostino è però racchiuso nelle opere filosofiche. Le *Confessioni*, scritte a quarantasei anni, sono una brillante autobiografia di centomila parole. Contengono la storia della sua vita, dagli «anni ruggenti» di Madaura e Cartagine, al viaggio in Italia, all'incontro con Ambrogio. L'autore ripercorre le tappe della sua Fede, fino alla conversione, al battesimo e alla prima milizia cristiana quando Valerio lo nominò Vescovo d'Ippona. «Le *Confessioni* – è stato scritto – sono poesia in prosa. La *Città di Dio* è filosofia in storia.» Scritta dal 413 al 426, è uno zibaldone di mille duecento pagine, in ventidue libri. Agostino la pubblicò a puntate, e quando giunse a metà si dimenticò l'inizio. È una superba apologia del Cristianesimo e un atto d'accusa al Paganesimo. I filosofi romani avevano attribuito la decadenza dell'Impero ai cristiani e alla loro nuova religione che aveva liquidato quella antica di Augusto e di Marco Aurelio. Agostino replicò che furono i pagani col loro politeismo a provocare il crollo dell'Impero. I barbari, quando invasero l'Italia, abbatterono i templi di Giove e di Minerva, ma risparmiarono le chiese di Cristo. La Città di Dio, di cui la Chiesa custodisce in terra le chiavi, fu costruita dagli angeli. Ad essa si contrappone la Città degli uomini, edificata dal demonio. Nella Città di Dio affondò le sue radici la teocrazia medievale, la dottrina cioè della supremazia del potere spirituale su quello temporale, del Papa consacrato da Dio sui Re incoronati dagli uomini.

Gli ultimi anni di Agostino furono drammatici e tribolati. I Vandali di Genserico assediavano Ippona, dove il vecchio Vescovo moriva lentamente di arteriosclerosi, di emorroidi e d'inquietudine davanti ai grandi problemi di dottrina che lo tormentavano. La donna conserverà in cielo il sesso che aveva sulla terra? Cosa accadrà il giorno del Giudizio di coloro che furono divorati dai cannibali? Morì a settantasei anni, povero com'era vissuto, senza lasciare testamenti né ricchezze, e senza aver trovato una risposta a queste domande. Sant'Agostino dominò il pensiero occidentale fino a San Tommaso e a lui si ricollegarono i riformatori protestanti. Asservì l'intelletto al sentimento religioso e fondò la filosofia medievale.

È difficile calcolare la portata dell'influenza esercitata dai Padri della Chiesa. Voltaire, a chi gli chiedeva un giorno se li avesse letti, rispose: «Sì, ma me la pagheranno».

La dominazione gotica e quella longobarda avevano trasformato l'Italia in un immenso deserto di barbarie. Le ombre dei secoli bui si erano allungate sulla Penisola cancellando le ultime tracce di una civiltà ormai in avanzato stato di putrefazione. Ma in questa specie di necropoli vide la luce il più straordinario fenomeno religioso e sociale del Medioevo: il Monachesimo.

Era nato in Oriente nei deserti del basso Egitto, della Siria e della Palestina, e la sua prima manifestazione fu l'eremitismo. Gli eremiti erano uomini che avevano volontariamente rinunciato a ogni *comfort* e si erano ritirati dal mondo. Abitavano in caverne, in capanne di paglia e di sterco; o, come gli stiliti, in cima a colonne. Su una colonna alta dieci metri, Simeone restò appollaiato trent'anni, esposto ai vermi, alle intemperie e ai proiettili dei monelli che lo bersagliavano con escrementi. Quando morì, la Chiesa lo fece Santo. In Occidente lo stilitismo, per l'inclemenza del clima, non riuscì mai ad attecchire. È nota la storia di quel vecchio Longobardo il quale, dopo essere salito su una colonna, fu costretto precipitosamente a ridiscenderne da un attacco di reumatismo. Abbiamo anche notizia di donne stiliti, soprattutto vergini e vedove.

Il Monachesimo conobbe in Oriente altre manifestazioni estremiste come, per esempio, i Pascolanti, i Reclusi, gli Acemeti. I Pascolanti si chiamavano così perché vagavano continuamente in mezzo ai campi nutrendosi di erbe. I Reclusi, invece, si facevano murare vivi in celle dove trascorrevano il resto della vita. Gli Acemeti, infine, pregavano ininterrottamente e non dormivano mai.

L'eremitismo fu, comunque, la prima fase, e la più rozza, del Monachesimo. Una spinta alla sua evoluzione la diede l'anacoretismo, che in greco vuol dire ritiro. Il primo anacoreta fu Sant'Antonio il quale, dopo vent'anni d'isolamento, creò una comunità di religiosi cui però non diede alcuna regola. Finalmente con San Pacomio, fondatore ai primi del quarto secolo di un convento nell'alto Egitto, abbiamo il primo esempio di cenobitismo, cioè a dire di vita comune organizzata. I monaci coltivano i campi, confezionano stuoie e cesti che poi vendono. Col ricavato sostentano il monastero e soccorrono i poveri. Sempre nel IV secolo il Monachesimo, incoraggiato e favorito dalla Chiesa, si diffonde in Occidente. Nell'Italia meridionale e in Gallia spuntano i primi cenobi. Nel 375, il Vescovo di Tours, Martino, fonda sulla Loira il monastero di Marmoutier. Le regole sono numerose, ma nessuna riesce a sopraffare le altre e a unificarle. Le varie comunità monastiche non hanno in comune che la preghiera e l'esercizio liturgico. Solo agli albori del VI secolo, con San Benedetto, il Monachesimo assume il suo vero volto: quello che, attraverso i secoli, è giunto sino a noi. Per ricostruirlo, oltre la regola benedettina, l'unica fonte a nostra disposizione è il secondo libro dei *Dialoghi* di San Gregorio. Si tratta naturalmente di una fonte agiografica in cui è difficile sceverare il soprannaturale dall'umano, il miracolo dalla cronaca.

Benedetto nacque verso il 480 a Norcia, nell'Umbria meridionale, da un'agiata famiglia di agricoltori. Terminati gli studi elementari, venne a Roma per compiervi quelli superiori. Dopo breve tempo, decise di abbandonarli e di ritirarsi in campagna, in un piccolo villaggio sulle rive del fiume Aniene. Di qui, operati alcuni miracoli, si trasferì in una grotta nei pressi di Subiaco dove, coperto di una semplice tonaca e di una rozza mantella di lana, passò tre anni a pre-

gare e a lottare contro le tentazioni della carne che lo divo-
ravano. Una notte sognò una ragazza che aveva conosciuto
a Norcia. La visione gli mise addosso un tale sgomento che
si gettò nudo in un ciuffo di ortiche che – racconta San Gregorio – si mutarono in rose.

La notizia di questo miracolo fece tale rumore che lo
chiamarono a dirigere il convento di Vicovaro. Benedetto
instaurò un regime così severo che i monaci, per liberarse-
ne, decisero di assassinarlo. Scoperto il complotto, Benedetto tornò a Subiaco e vi fondò dodici monasteri in uno
dei quali egli stesso andò a acquartierarsi. L'iniziativa di-
spiacque al parroco del paese, un certo Fiorenzo, che cercò
di sabotare l'opera del Santo mettendogli i bastoni tra le
ruote e il veleno nel pane. Anche questo secondo attentato
fallì. Il pane, invece di Benedetto, se lo mangiò un corvo.
Non riuscendo a aver ragione dell'abate, Fiorenzo pensò di
corrompere i monaci, allestendo uno spogliarello nel giardino del convento. Alla rappresentazione presero parte sette giovani donne. Dopo avervi assistito, il Santo fece fagotto
e s'allontanò dalla città per non farvi più ritorno. Ma prima
di andarsene volle compiere un ultimo miracolo, di cui a fare le spese, stavolta, fu il povero Fiorenzo. Il quale, per godersi la scena della partenza, s'era affacciato a un balcone
che improvvisamente era crollato sommergendolo sotto un
cumulo di macerie.

Montecassino, a mezza strada tra Roma e Napoli, fu la
tappa successiva dei vagabondaggi di Benedetto. Appena vi
mise piede, ordinò la demolizione di un vecchio tempio pagano costruito sul cocuzzolo del monte. Al suo posto fece
erigere un monastero. Non fu un'impresa da poco tirarne
su le mura: il progetto questa volta era dispiaciuto al Demonio che cercò di farlo fallire andandosi a sedere sui mattoni che dovevano servire alla costruzione. Nel 529 tuttavia
l'edificio fu ultimato, e Benedetto coi suoi monaci poté finalmente istallarvisi.

Contenuta in settantatré brevi capitoli, la Regola della comunità rimane ancora oggi uno dei pilastri più alti e una delle testimonianze più originali del Cristianesimo. Si può riassumere nel motto: *Ora et labora*, prega e lavora.

I monaci cominciano la loro giornata alle tre del mattino quando nella cappella del convento hanno inizio le funzioni religiose: il canto dei Salmi, la recita delle orazioni, la lettura del Vangelo o di qualche passo della Bibbia. Al termine della Messa, si ritirano in biblioteca. Un sorvegliante, appositamente designato dall'abate, bada che nessuno si distragga dalla lettura dormendo o chiacchierando col vicino. A intervalli regolari, allo scadere cioè delle cosiddette ore canoniche, lo studio viene interrotto per la preghiera. Alle nove, il prete, che spesso vive fuori del convento, celebra una seconda Messa alla quale tutti hanno l'obbligo di intervenire. Dopo la funzione ciascuno se ne va per i fatti suoi: i cuochi in cucina, i giardinieri nell'orto, i falegnami in officina.

Alle undici viene servita la colazione. Ecco il *menu*: mezzo chilo di pane, un piatto di pesce o di carne, contorno di verdura, formaggio e frutta. La carne d'animali a quattro zampe è proibita. La Regola ne tollera la speciale dispensa solo ai vecchi e agli ammalati. Ogni monaco ha diritto a mezza pinta di vino e, talvolta, a una razione supplementare. A tavola nessuno parla a meno che l'abate non inviti esplicitamente a farlo. Un monaco legge a alta voce le Vite dei Santi. Dopo mangiato è consentita una pennechella. Poi ricomincia il lavoro e la preghiera. Al calar del sole, dopo una frugale cena, di nuovo a letto. Il monastero dispone di numerosi dormitori. I materassi sono imbottiti di paglia, di crine o di canne. La mancanza di riscaldamento e la scarsezza di coperte obbligano a coricarsi vestiti, con sandali, tonaca e cappuccio. L'arredamento è sobrio. Non ci sono guardaroba, non ci sono comodini. I pochi effetti personali – un fazzoletto, un coltello e una penna – sono sistemati ai piedi del letto, accanto a una tonaca da lavoro e a un ricambio di pedalini e mutande. Nessun monaco può scrivere o ricevere lettere, accettare o fare doni. Per chi s'ammala c'è l'infermeria, il solo posto dove sia possibile prendere un bagno. Per chi disobbedisce, la frusta. I recidivi sono puniti con l'isolamento, e nei casi più gravi con l'espulsione. Per le decisioni importanti l'intera comunità viene convocata in assemblea plenaria. Tutti possono intervenire nel dibattito ma l'ultima parola spetta sempre all'abate. Nessuno, per nessuna ragione, senza uno speciale permesso, può uscire dal convento o intraprendere un viaggio.

Il monastero è meta di continui pellegrinaggi. Non passa giorno che qualcuno non bussi alla sua porta per mendicare un piatto di minestra o per chiedere di esservi accolto come novizio. Siamo nel VI secolo. In Italia infuria la guerra gotico-bizantina. La carestia, la malaria, la peste bubbonica decimano la popolazione. Il convento è l'unico luogo dove sia possibile mettere d'accordo il desinare con la cena e sfuggire al contagio.

Il novizio viene sottoposto a un'accurata visita medica e a una severa selezione. La vita del monastero è dura e, per sopportarla, egli deve dimostrare di possedere una salute di ferro. Solo dopo un anno di tirocinio e dopo aver superato una lunga serie di *tests*, diventa membro di pieno diritto dell'Ordine, e fa voto di preghiera, di penitenza e di castità. Rinuncia a tutti i suoi beni in favore del monastero o dei poveri. Col passare del tempo, questa rinuncia verrà fatta più a beneficio del primo che dei secondi. L'oblazione, l'offerta cioè che i padri facevano dei propri figli al convento e che accompagnavano con una cospicua donazione, fu una delle maggiori fonti d'arricchimento dell'Ordine benedettino.

Nel 543, quattordici anni dopo la fondazione di Montecassino, Benedetto morì, in seguito a un attacco di febbre. Il trapasso di cui, una settimana prima, egli stesso aveva dato l'annuncio, avvenne nell'oratorio del monastero dove il Santo, sentendo prossima la fine, aveva voluto essere trasportato. Fu sepolto accanto alla tomba della sorella Scolastica alla quale, in vita, era stato particolarmente legato.

Il Monachesimo ha avuto una parte decisiva nella vita economica e sociale del Medioevo. Quando esso nacque l'Italia era precipitata nel caos. Gli eserciti barbarici avevano spianato al suolo le sue città e i suoi villaggi. Le campagne erano spopolate. I poteri centrali non funzionavano perché nessuno era in grado di farli funzionare. Quelli periferici, affrancati da ogni controllo, si erano mutati in strumenti d'oppressione. Per sfuggire alle violenze e alle angherie alle quali veniva sottoposta, la popolazione italiana si strinse allora attorno ai monasteri. Ai quali, in cambio della protezione ch'essi le accordavano, offrì le proprie braccia. Il Monachesimo anticipò così di alcuni secoli il feudalesimo.

I grandi conventi, a poco a poco, si trasformarono in città fortificate, autarchiche, chiuse, isolate dal resto del mondo. Fra un abate di Montecassino e un Duca longobardo non c'è alcuna differenza. Tutt'e due sono sovrani assoluti di Stati più o meno grandi e egualmente indipendenti. Tutt'e due godono di speciali privilegi e di speciali prerogative. Impongono dazi, non pagano tasse e battono moneta. I monasteri arruolano truppe, amministrano la giustizia e non sono sottoposti a alcun controllo da parte dell'autorità episcopale.

Con le continue e cospicue donazioni di Re e di grandi proprietari terrieri, preoccupati di salvare la propria anima, essi vieppiù s'ingrandirono, manifestando la pericolosa tendenza a trasformare i coloni in servi della gleba. Riunendo nelle proprie mani i poteri civili, religiosi e militari, i monasteri non fecero che fronteggiare un'emergenza. Abusandone, finirono per tradire quello spirito evangelico che Benedetto, con la sua Regola, aveva cercato di infondergli.

Ma frattanto avevano reso il più prezioso di tutti i servigi: il salvataggio dell'eredità culturale di Roma. Furono le biblioteche dei grandi conventi benedettini infatti a conservare e a tramandarci le Orazioni di Cicerone, le Odi d'Orazio, le Storie di Tacito che sarebbero andate altrimenti perdute, travolte dalla furia devastatrice dei barbari.

FRA ROMA E BISANZIO

I Goti prima, i Longobardi poi sottrassero l'Italia all'Impero. Nella Penisola Bisanzio conservò a lungo un caposaldo: Ravenna, e un interlocutore: il Papa. A Ravenna risiedeva l'*Esarca*, ch'era diventato una specie di Viceré in esilio. Ufficialmente era il rappresentante dell'Imperatore ma, in pratica, non rappresentava che la sua impotenza. Era in relazione col Pontefice. Faceva la spola tra Ravenna, Roma e Costantinopoli. Riceveva ordini dal *Basileus* e li trasmetteva al Papa che regolarmente li trasgrediva.

Roma ribadiva la propria obbedienza a Bisanzio ma con accenti sempre più polemici. L'Impero d'Oriente aveva scatenato contro quello d'Occidente, di cui l'Urbe continuava a rivendicare il titolo di capitale morale, l'alluvione gotica e non aveva saputo arginare quella longobarda. I rapporti del Papa col Patriarca di Costantinopoli erano tesi. Il secondo non riconosceva la supremazia del primo e reclamava per se un primato che i grandi concili ecumenici gli avevano rifiutato. Era fatale che il cordone ombelicale che univa Roma a Bisanzio finisse col lacerarsi. Due eventi precipitarono la crisi: l'editto contro le dispute religiose – o *Tipo* – e quello contro il culto delle immagini – o *Iconoclasmo*.

Il *Tipo* fu bandito nel 648 dall'imperatore Costante II. Era un uomo scettico, prepotente e bizzarro. Gli piaceva comandare. Non andava mai in chiesa e detestava i monaci che infestavano l'Impero e lo corrompevano. Solo a Bisanzio ce n'erano circa diecimila. Vivevano di elemosine e custodivano nei conventi le reliquie dei santi e dei martiri che il popolino credulone venerava come talismani miracolosi.

Erano rissosi, intriganti e depravati. Fomentavano disordini e ordivano congiure. Erano ricevuti a corte con tutti gli onori, soprattutto dalle Imperatrici di cui talvolta erano i confessori e spesso gli amanti. Il *Basileus* li proteggeva e il Patriarca li temeva. Col *Tipo* Costante s'illuse di restituirli alla cura delle anime e di porre fine alle interminabili diatribe che essi scatenavano e che avevano finito col contagiare anche il clero secolare. Il *Tipo* conteneva le sanzioni contro coloro che non si fossero uniformati. Il trasgressore, se Vescovo, veniva deposto; se laico, licenziato in tronco; se nobile, punito con la confisca di tutti i beni, che lo Stato incamerava. Il Patriarca ratificò il decreto e lo rese esecutivo.

In Italia esso scatenò tuoni e fulmini. Il Papa Martino convocò in Laterano un concilio di duecento Vescovi che scomunicò il Patriarca. Non osò scomunicare Costante, ma con quel gesto ne sottintese la condanna. Risoluto a imporre il *Tipo* anche in Italia, l'Imperatore ordinò all'esarca Olimpio di recarsi a Roma e di assassinare il Pontefice. Olimpio partì con una piccola scorta di soldati. I Romani l'accolsero con ostilità. Il sicario incaricato di pugnalare Martino mentre sull'altare della basilica di Santa Maria Maggiore celebrava la Messa, nell'atto di colpire il Papa, fu accecato. Così almeno riferiscono le fonti ecclesiastiche che hanno sempre costruito la storia sui miracoli. Olimpio lasciò Roma e partì per la Sicilia dove, alcuni anni dopo, morì combattendo contro i Saraceni.

Nel giugno del 653 Costante affidò al nuovo esarca Calliopa la stessa missione in cui era fallito il suo predecessore. Martino si rifugiò nella basilica del Laterano e si barricò in un baldacchino che aveva fatto installare ai piedi dell'altare. Ciò non impedì ai soldati bizantini di entrare nel tempio e trascinarne fuori il Papa. Il popolino tumultuò contro l'Imperatore e il sangue corse. La mattina del 19 giugno, all'alba, il Pontefice, vecchio e malato, fu caricato su una nave con sei accoliti e un cuoco. Trasportato a Nasso fu rinchiuso in una specie d'osteria dove trascorse più d'un anno, sottoposto a continue angherie e a ogni sorta di disagi. Gli sbirri gli proibivano persino di radersi e di tagliarsi i capelli. Due volte sole gli diedero il permesso di fare il bagno.

Nel settembre dell'anno successivo fu condotto a Costantinopoli. Durante la traversata fu colto da un attacco di dissenteria, e quando sbarcò i Bizantini l'accolsero a sberleffi. Tre mesi dopo fu processato. In tribunale i giudici gli impedirono di sedersi. Quando le forze gli venivano meno due soldati lo sorreggevano. Un interprete lo interrogava: Martino non conosceva il greco, e i suoi accusatori ignoravano il latino. Fu riconosciuto colpevole d'intelligenza coi nemici di Cristo, di scarsa devozione alla Vergine, e condannato a morte. La pena gli fu poi commutata in quella del confino che scontò a Cherso, sul Ponto Eusino, dove nel settembre del 655 morì di gotta, dimenticato da tutti e ridotto a comprare il pane alla borsa nera. La Chiesa lo fece Santo.

Durante il suo esilio, a Roma era stato eletto Papa un prete di nome Eugenio che regnò tre anni infischiandosi del *Tipo* e di Bisanzio. Gli successe un certo Vitaliano che con Costante dovette invece fare i conti. Il giovane *Basileus* aveva deciso di ritrasportare la Capitale a Roma e di restaurare l'Impero d'Occidente. L'assurdo progetto non era ispirato da nobili propositi di gloriosa riconquista. Era solo sollecitato da una vergognosa paura. I Musulmani sfidavano da Est la Grecia e minacciavano di sommergerla. Sullo scorcio del 662, quasi alla chetichella, Costante salpò dalla nuova Roma alla volta di quella vecchia. Quando la nave levò l'ancora si portò a poppa e rivolto ai concittadini che gremivano la banchina sputò ripetutamente al loro indirizzo. Non aveva mai amato i Bizantini i quali lo avevano sempre detestato. Al principio del 663 sbarcò a Taranto. Invase il Ducato di Benevento, ma fu volto in fuga dai Longobardi accorsi in sua difesa. Allora risalì a Nord e puntò su Roma. Il 5 luglio ne varcò le mura. Il Papa lo benedisse e il popolo lo portò in trionfo fin dentro la basilica di San Pietro sul cui altare egli depose ricchi doni.

Costante restò a Roma dodici giorni, il tempo per demolire la cupola del Pantheon e trafugare le tegole di rame che la ricoprivano. Il tredicesimo caricò i coppi sulle navi e partì per Siracusa. Morì nel 668 in Sicilia, assassinato da un servo che lo colpì con un portasapone mentre si trovava nella vasca da bagno. Con lui fu sepolto l'ultimo tentativo di riportare l'Italia sotto l'Impero bizantino.

L'*Iconoclasmo* ribadì e inasprì la crisi che il *Tipo* aveva aperto e che nemmeno la morte del suo autore aveva sopito. L'editto contro il culto delle immagini fu promulgato nel 726 dall'imperatore Leone III. Era nato in Cilicia da genitori armeni, e il padre era un ricco allevatore di pecore. Quando Giustiniano II fu coronato Imperatore, Leone gliene portò personalmente cinquecento in regalo a Costantinopoli. Il *Basileus* ricambiò il dono nominandolo guardia di palazzo e poi comandante delle legioni anatoliche. Quando Giustiniano II morì, a Bisanzio scoppiarono gravi disordini. Leone, che comandava l'esercito, li soffocò e riuscì a farsi proclamare Imperatore. Era un uomo caparbio e ambizioso e un magnifico soldato. Nel 717 liberò Costantinopoli dalla flotta saracena che incrociava al largo del Bosforo. Gli storici ecclesiastici attribuirono lo scampato pericolo all'intercessione della Vergine.

Regnava da nove anni quando, nel 726, forse sotto l'influsso del giudaismo e dell'Islam, proibì il culto delle immagini sacre – o *icone* – e ne ordinò la distruzione. Il Vecchio Testamento interdiceva la riproduzione degli animali terrestri, compreso l'uomo. Le chiese primitive infatti erano disadorne, e la divinità non vi era rappresentata. Le immagini furono una contaminazione pubblicitaria: un veicolo di propaganda imposto soprattutto dal fatto che le popolazioni da convertire, primitive e analfabete, erano più sensibili alla figura che alla parola. Ma se n'era abusato, e la moltiplicazione delle immagini aveva dato luogo a uno scandaloso commercio.

I santi più in voga erano naturalmente gli Apostoli e i Padri della Chiesa. Ognuno di essi aveva i propri *fans*. San Paolo era l'idolo delle donne che ne custodivano l'immagine nella borsetta o sotto il cuscino. I ricchi non si accontentavano della semplice *icona*. Pretendevano addirittura la statua, e la volevano di grandezza naturale. Quella delle immagini sacre era così diventata in tutto l'Impero un'industria assai fiorente. Impresari ne erano i monaci che in essa avevano investito un immenso capitale di menzogne e d'imbrogli. In Oriente non c'era casa, non c'era bottega, non c'era cantone senza l'effige di un santo o di un martire. A Bisanzio esistevano persino *clubs* intitolati a questo o a quello. I membri ne appiccicavano l'immagine sugli abiti come un distintivo e un portafortuna. L'iconolatria diede origine a manifestazioni di fanatismo che spesso degenerarono in tafferugli e in vere e proprie scene d'isterismo collettivo. Quando scoppiava un'epidemia, il popolino scendeva in piazza brandendo croci, sventolando santini e moltiplicando il panico.

Per Leone il culto delle immagini era un elemento di instabilità e una superstizione. Nel 730, davanti al Senato, proclamò traditore della Patria chiunque lo praticasse. L'alto clero appoggiò l'editto, quello basso e i monaci gli si rivoltarono contro, il popolo inorridì. Nella Capitale scoppiarono sanguinosi tumulti. Nelle Cicladi i ribelli deposero Leone e armarono una flotta contro Bisanzio. In Italia il Papa Gregorio convocò un Concilio che scomunicò l'Imperatore e dispensò i Romani dal pagargli le tasse.

E fu un'altra tappa sulla strada della rottura fra Roma e Bisanzio, che doveva consumarsi trecent'anni dopo.

CAPITOLO VENTISETTESIMO
I FRANCHI

E riprendiamo il filo del nostro racconto. Nella primavera del 539, la pianura padana era stata sommersa da un'orda di guerrieri biondi ferocissimi. Numerosi villaggi furono spianati al suolo, le chiese bruciate, gli abitanti trucidati. Sembravano tornati i tempi di Attila e di Alarico. In Italia, da quattro anni, gli Ostrogoti e i Bizantini si stavano scannando in una guerra che ne durò trenta e che trasformò la Penisola in una necropoli. L'alluvione che d'oltralpe si rovesciò sulle verdi pianure del nord ingigantì il disastro, ma rifluì quasi subito in seguito ad un'epidemia di tifo che decimò gli invasori.

Costoro erano originari del basso Reno dove nel IV secolo avevano costituito una confederazione di tribù alle quali avevano dato un capo e una legge, ch'era quella del più forte. Si chiamavano Franchi, nelle loro vene scorreva sangue germanico, e si erano acquartierati nella parte settentrionale della Gallia che d'allora in poi cambiò nome, e si chiamò, grazie a loro, Francia. Ogni tanto si coalizzavano e mettevano insieme le proprie risorse, ch'erano poche, e la loro ferocia, ch'era molta, per saccheggiare e devastare le terre dei vicini. Più spesso si facevano guerra tra loro, per un ciuffo d'erba o un gregge di capre. Finché i due gruppi più potenti, quello dei Salii e quello dei Ripuarii, emersero sugli altri e li ridussero sotto il loro dominio.

Verso la metà del V secolo i Salii occupavano una vasta area che comprendeva il Belgio, l'Artois e la Piccardia. I Ripuarii si erano stabiliti nel bacino della Mosella. Nel 481 i Salii proclamarono Re un ragazzo di nome Clodoveo (dal quale sembra derivi il francese Louis e il nostro Luigi). Succedeva costui al padre Childerico, figlio di un certo Meroveo che aveva dato il nome alla dinastia: i Merovingi.

Clodoveo fu un guerriero audace e accorto. I Salii avevano bisogno di spazio. Per conquistarlo invasero il territorio compreso fra la Marna e la Senna. Entrarono vittoriosi a Parigi, di lì dilagarono nell'Isle de France, e mossero guerra agli Alemanni, ch'erano stanziati nell'alta valle del Reno. Furono costoro per Clodoveo un osso molto duro. Per domarli, impiegò 5 anni. Gli *Annali Ecclesiastici* raccontano ch'egli vinse perché rinnegò la fede pagana nella quale era stato allevato per abbracciare quella cristiana. Il giorno di Natale del 496, Clodoveo indossò la veste bianca dei catecumeni e ricevette il battesimo insieme col suo popolo nella basilica di Reims.

Tra i Germani, i Franchi furono i primi a convertirsi al Cattolicesimo. Divenuto il campione barbaro dell'ortodossia, Clodoveo sottomise successivamente i Burgundi, i Visigoti e i Ripuarii. Al principio del VI secolo egli controllava un territorio che si estendeva dall'Atlantico al Reno. Nel 508, l'imperatore Anastasio gli conferì la dignità di console. Nel 511, a solo quarantasei anni, Clodoveo calò nella tomba a Parigi, circondato dai suoi pretoriani. La sua scomparsa fu un grave lutto per la Chiesa che lo celebrò come «il più cristiano dei Re di Francia». La storia fu meno indulgente.

Alla morte del suo fondatore il regno franco passò nelle mani dei figli. Costoro non possedevano il genio del padre dal quale avevano ereditato solo la barbarie. Si trucidarono a vicenda. Delitti, tradimenti, guerre civili dilaniarono lo Stato. Nel 613, il nipote di Clodoveo, Clotario, lo riunificò e ne allargò i confini. Con lui nacque la Francia. Essa comprendeva: l'Austrasia, tra la Mosa e il Reno, la Neustria, corrispondente alla Francia occidentale a nord della Loira, l'Aquitania, tra la Loira e la Garonna, e la Borgogna nella valle del Rodano.

Quella del 539 fu la prima ma non l'ultima delle invasioni franche nel Nord d'Italia. Due altre volte, nel 576 e nel 590, la pianura padana fu sommersa dagli eserciti merovingi. I Longobardi, che della Penisola erano diventati i nuovi padroni, li ricacciarono con gravi perdite inseguendoli fin dentro i loro confini. Sullo scorcio del VI secolo Agilulfo stipulò coi Franchi un patto di non aggressione. La tregua durò centocinquant'anni. Quando la Provenza fu minacciata dagli Arabi, i Merovingi invocarono l'aiuto dei Longobardi: Liutprando attraversò le Alpi Marittime, sconfisse i Musulmani e li volse in fuga.

Il ricorso alle armi longobarde fu un segno della crisi in cui si dibatteva la monarchia franca dalla morte di Clotario. I suoi successori, salvo poche eccezioni, governarono male. Anzi, negli ultimi tempi, conservando la corona ma abdicando al potere, che passò nelle mani dei primi ministri, i cosiddetti «Maestri di Palazzo» o maggiordomi, non governarono affatto, guadagnandosi il nomignolo di *re fannulloni*. Poche dinastie precipitarono più in basso di quella merovingia. Lo storico inglese Hodgkin calcolò che i Re franchi da Dagoberto I a Childerico III, vissero in media 27 anni. Uno campò fino a 50, ma regnò appena un lustro e poi fu mandato in esilio. Furono quasi tutti vittime dei piaceri della mensa e dell'alcova. Nessuno, a quanto risulta, morì in guerra. Detronizzato di fatto se non di nome dal Maestro di Palazzo, il re fannullone viveva lontano dalla vita pubblica, in modeste tenute, circondato da concubine, parassiti e schiavi. Erano questi gli unici sudditi ai quali egli impartiva ordini e dai quali era obbedito. A corte si recava di rado e solo nelle grandi occasioni. Il mezzo di trasporto di cui si serviva nei suoi spostamenti era un rozzo carro trainato da una coppia di buoi. Un famiglio lo issava a bordo. Un codazzo di servi e di cortigiane lo seguiva.

Il Maestro di Palazzo non fu una prerogativa della monarchia merovingia. Esso allignava anche nelle corti dei Re ostrogoti, burgundi e longobardi. Ma solo in quella franca riuscì a impadronirsi del potere e a rovesciare coloro che legittimamente anche se indegnamente lo detenevano. Dapprincipio le sue competenze si erano limitate all'amministrazione del demanio pubblico che si identificava con quello del Re. Il suo potere crebbe quando costui gli affidò l'incarico di provvedere alla distribuzione delle proprietà. Nel VII secolo non circolava denaro. L'economia si basava sugli scambi in natura, e la «cinquina» dei soldati la si pagava in terra. I Generali più valorosi diventarono i latifondisti più cospicui. Il Maestro di Palazzo poteva tuttavia revocare in qualunque momento la concessione, o *beneficio*. Ciò lo metteva in grado di controllare e di manovrare coloro che di questo beneficio godevano.

Nel 622 il re Dagoberto designò Maestro di Palazzo un certo Pipino, che apparteneva ad una ricca famiglia austrasiana e era un uomo avveduto e coraggioso. Quando morì, gli successe il figlio Grimoaldo. Con lui la carica di maggiordomo divenne ereditaria nella famiglia dei Pipinidi, come da allora si chiamarono i successori del capostipite. Non possiamo fare qui la storia di tutti i Maestri di Palazzo franchi. Ma uno va ricordato: Carlo, figlio di Pipino d'Heristal e di una concubina di nome Alpaida. Quando nacque, la levatrice, mostrandolo al padre, esclamò: «È un maschio». Maschio nell'idioma franco d'allora, si diceva Karl. Pipino, raggiante, rispose: «Lo chiamerò maschio».

Carlo, che i contemporanei battezzarono Martello per la sua forza erculea, legò il proprio nome e quello dei Pipinidi a uno degli eventi decisivi della storia d'Europa: la sconfitta dei Musulmani a Poitiers, un villaggio a sud della Loira. Correva l'anno 732. Il governatore della Spagna, Abderrahman, da tempo aveva incluso nei suoi piani la conquista della Francia. Con la penisola Iberica, essa doveva entrare a far parte del *Commonwealth* arabo. L'ondata islamica, di cui diremo più tardi, aveva sommerso il Medio Oriente, la costa mediterranea dell'Africa e la Spagna, si era trasformata in marea, e minacciava di travolgere l'Europa. Carlo Martello vide il pericolo e corse ai ripari. Arruolò un grosso esercito nel quale confluirono anche Frisii, Sassoni e Alemanni. Attraversò la Loira e andò incontro agli invasori. Fu un urto tremendo. I Franchi subirono gravi perdite, ma gli Arabi furono annientati. Un secolo e mezzo più tardi Paolo Diacono scrisse che i Saraceni lasciarono sul terreno 375 mila cadaveri, mentre Carlo perdette in tutto millecinquecento uomini. Queste cifre, si capisce, sono false: Paolo Diacono era lo storico ufficiale dei Franchi. Ma la data di Poitiers, 732, è importante perché segnò la fine della guerra santa lanciata da Maometto per la conquista del mondo cristiano. Se i Franchi fossero stati sconfitti, l'Europa parlerebbe arabo, leggerebbe il Corano, e i suoi abitanti avrebbero almeno un paio di mogli.

Carlo Martello trascorse gli ultimi anni tormentato dagli acciacchi. Nel 741 il Papa lo scongiurò di accorrere in aiuto della Chiesa minacciata da Liutprando. Il Pontefice accompagnò l'appello con numerosi doni tra cui le catene di San Pietro e le chiavi del suo sepolcro. Il Re accettò i doni, ma respinse l'appello, perché le relazioni franco-longobarde, in quel momento, erano ottime.

Carlo fu un governante religioso, ma non bigotto. Favorì l'evangelizzazione dei Germani al di qua e al di là del Reno, fece abbattere gli idoli pagani, e perseguitò coloro che non volevano convertirsi. Separò la Chiesa dallo Stato. Ordinò che le decime fossero versate a questo e non a quella, come s'era fatto fin allora, e fu scomunicato. L'Arcivescovo Hincmar racconta che S. Eucherio, durante uno dei suoi numerosi viaggi nell'aldilà, vide Carlo sprofondato nell'Inferno a cui era stato condannato per i soprusi perpetrati contro i suoi nemici. Erano costoro i benefattori della Chiesa, alla quale avevano legato i cospicui patrimoni che il maggiordomo franco aveva confiscato a favore dello Stato. Ma il biografo del Santo ignorava che Eucherio era morto tre anni prima di Carlo.

Carlo Martello lasciò due figli: Carlomanno e Pipino. Quando il padre morì, Carlomanno aveva trent'anni. Era un uomo ascetico e impulsivo. Pipino, detto il Breve per la sua bassa statura, era più giovane di tre anni e aveva un carattere docile e bonario. Tra i due fratelli il Regno fu spartito così: Carlomanno ebbe l'Austrasia, Pipino la Neustria, la Borgogna e la Provenza. Entrambi governarono di fatto i loro rispettivi territori come Maestri di Palazzo: i Re merovingi erano sempre più fannulloni, ma seguitavano a cingere la corona. Nel 746 Carlomanno decise di ritirarsi in convento. L'anno successivo, accompagnato da un folto seguito di nobili, si mise in marcia per l'Italia, diretto a Montecassino. Prima volle fermarsi a Roma. Il Papa gli andò incontro e lo benedisse. Poi lo guidò alla tomba di San Pietro ai piedi della quale Carlomanno depose una tazza d'argento di 30 chili. Il Pontefice gli tagliò i capelli e gli mise addosso il saio benedettino. A Monte Soratte il figlio di Carlo fondò un monastero in onore di Papa Silvestro. Quindi si trasferì a Montecassino.

In Francia Pipino era rimasto l'arbitro della situazione. Tutti i poteri dello Stato erano ora concentrati nelle sue mani, anche se ufficialmente essi spettavano al fannullone di turno, l'inetto e malaticcio Childerico III. I tempi erano maturi per rovesciare una dinastia ridotta ormai a un Cottolengo. Pipino lo fece senza colpo ferire, e invocò il Papa perché legittimasse il gesto. I rapporti tra il maggiordomo e il Pontefice erano cordiali. Pipino sapeva che su Roma pendeva la spada di Damocle dei Longobardi. Il Papa Zaccaria, dal canto suo, non ignorava che solo il crisma ufficiale della Chiesa poteva consacrare un'usurpazione, gabellandola per un atto della Provvidenza. L'intesa fu raggiunta facilmente. Pipino inviò al Pontefice un messaggio che poneva a Zaccaria il seguente quesito: «È Re chi possiede il titolo ma non detiene il potere, o chi esercita il potere ma non gode del titolo?» Il Papa rispose: «Re è colui che comanda». Dopo pochi giorni Pipino fu incoronato Re dei Franchi dal Vescovo di Soissons, Bonifacio. Childerico fu rapato e rinchiuso in un monastero.

Quando nel 744 Liutprando morì, sul trono di Pavia salì il nipote Ildebrando che fu spodestato dopo sei mesi. Gli successe il Duca del Friuli, Rachis. Anche il suo regno fu breve. Poco dopo essere stato eletto, stipulò un trattato di pace col Papa, di cui ignoriamo i termini. Nel 749 fu costretto ad abdicare, sotto l'accusa di aver sposato una donna romana invece che longobarda. Ma il vero motivo della sua estromissione era che Rachis faceva una politica clericale, e ciò era bastato a renderlo impopolare. Finì i suoi giorni nel monastero di Montecassino in compagnia di Carlomanno che vi si era ritirato due anni prima.

La corona di ferro passò sul capo del fratello Astolfo, l'ultimo grande Re longobardo. Astolfo sognò l'unità d'Italia, ma non riuscì a realizzarla. Nel 751 strappò Ravenna ai Bizantini. Fu questo un evento di incalcolabile portata storica, non solo per l'Italia, ma per tutta l'Europa. Con la caduta della città adriatica nelle mani di Pavia, crollò il principale avamposto greco nella Penisola. I Bizantini evacuarono Ravenna, e Roma fu privata dei suoi naturali difensori. Sull'Urbe incombeva ora la minaccia longobarda: la sfida tra il nuovo Pontefice Stefano II e Astolfo era aperta. Dopo Ravenna, capitolarono la Pentapoli e l'Esarcato.

A chi appartenevano questi territori, ora che il rappresentante dell'Imperatore d'Oriente, l'Esarca, ne era stato scacciato? A questa domanda rispose il Papa: «La Chiesa» proclamò «è l'erede naturale dell'Impero Romano, Se il *Basileus* è impotente a difendere l'Italia, il Pontefice deve prenderne il posto. Coloro che vi si oppongono saranno dannati».

Astolfo s'oppose, fu scomunicato, e bandì la persecuzione dei cattolici. Essa infierì non solo nel regno longobardo, ma colpì anche il Ducato Romano dove, negli ultimi tempi, s'era costituito un forte partito antipapale sovvenzionato da Pavia. Stefano fu costretto a chiedere la pace. Fu firmata una tregua di quarant'anni.

Dopo quattro mesi – scrive un cronista ecclesiastico dell'epoca – Astolfo, istigato dal Demonio, la violò. Ripresero le persecuzioni, e Roma fu sottoposta a un oneroso balzello. Il Pontefice ordinò allora una processione alla quale intervennero il clero e il popolo. Un imponente corteo di uomini scalzi attraversò le vie dell'Urbe. Li guidava il Papa che stringeva una pesante croce sulla quale aveva fatto affiggere il trattato di pace stipulato con Astolfo. Levava alti lamenti e invocava la maledizione divina sul nemico che lo aveva spogliato di un territorio che non gli apparteneva.

La processione non operò lo sperato miracolo. Stefano allora scrisse a Pipino, scongiurandolo di prendere le armi e di marciare, in difesa di Roma, contro Pavia. In cambio gli promise, a nome di S. Pietro, il Paradiso. Il Re gli rispose a stretto giro di posta invitandolo in Francia. Nel frattempo Astolfo invase la Ciociaria, e conquistò Ceccano sul confine del Ducato Romano, tagliando le comunicazioni tra l'Urbe e Napoli dove tuttavia stanziava una guarnigione bizantina.

Il 13 ottobre del 753, il Pontefice partì. Dopo 14 miglia – racconta il *Libro pontificale* – nei pressi di Vetralla sulla Via Cassia, vide una palla di fuoco cadere dal cielo e precipitare a nord sul territorio longobardo. Il prodigio sembrò di buon auspicio. Nella palla di fuoco, Stefano riconobbe Pipino. Varcati i confini della Lombardia, il Papa fece tappa a Pavia, per tentare ancora una volta di indurre Astolfo a «restituire» alla Chiesa la Pentapoli e l'Esarcato. La richiesta fu accompagnata da copiose lacrime e da cospicui doni. Il Re longobardo respinse la richiesta, ma accettò i doni, e in cambio autorizzò Stefano a passare in Francia.

Sulla fine di novembre, accompagnato da due Vescovi, quattro presbiteri e due diaconi, il Pontefice attraversò le Alpi, al valico del Gran S. Bernardo. Le cime dei monti erano coperte di neve e le piste gelate. Ai primi di dicembre il corteo entrò nella valle del Rodano, e fece sosta al Monastero di S. Maurizio, dove il Papa trascorse alcune settimane. Pipino gli venne incontro a pochi chilometri da Ponthion, ch'era una delle sue residenze ufficiali. Il Re franco, accompagnato dal figlio Carlo, giunto al cospetto del Papa, scese da cavallo e si prostrò ai suoi piedi. Era il 6 gennaio 754, festa dell'Epifania. Quindi Pipino e Stefano fecero il loro ingresso nel palazzo reale, ch'era poco più di una spelonca. Nella cappella privata del Sovrano, il Papa indossò il saio benedettino e si sparse il capo di cenere. Poi si chinò ad abbracciare le ginocchia di Pipino, e con la voce rotta dai singhiozzi lo supplicò di indurre Astolfo a «rendergli» l'Esarcato e la Pentapoli. Pipino promise, e Stefano lo incoronò per la seconda volta «Re dei Franchi». Alla cerimonia intervennero anche la moglie di Pipino, Bertrada, nota alla storia per avere avuto un piede più lungo dell'altro, e i due figli, Carlo e Carlomanno, il primo di quattordici, il secondo di tre anni. Anche loro furono incoronati. Dopodiché il Pontefice scomunicò i nemici del Re franco, includendo fra costoro Astolfo. Infine conferì a Pipino e ai figli il titolo di *Patrizio*, che significava «difensore di Roma».

Lo scopo della missione di Stefano era quello di promuovere, attraverso una campagna militare franca contro i Longobardi, la «restaurazione» dei territori ex-bizantini a beneficio del Ducato Romano. Astolfo fiutò il complotto, e persuase il fratello di Pipino, Carlomanno, ad abbandonare il suo eremo e a recarsi in Francia a perorare la sua causa. Ma a Ponthion Pipino lo fece arrestare. Carlomanno fu rinchiuso in un convento, dove morì l'anno successivo in circostanze misteriose.

Il Re era favorevole all'impresa, ma alcuni suoi Generali erano contrari. I rapporti con Pavia erano buoni e una guerra comportava grossi rischi. Prima di tentare la sorte delle armi, Pipino volle sperimentare i metodi diplomatici. Spedì un'ambasciata ad Astolfo e l'accompagnò con ricchi doni, chiedendo in cambio l'Esarcato e la Pentapoli. Il Re longobardo, questa volta, respinse non solo la richiesta, ma anche i doni. Pipino convocò allora il *Placito*, ch'era l'assemblea generale dei Franchi. In seno ad essa, dopo lunghe discussioni, gl'interventisti furono messi in minoranza dai neutralisti. Costoro non amavano il Re al quale rimproveravano, fra l'altro, la sua bassa statura: Pipino infatti era alto appena un metro e mezzo. Il dibattito degenerò in un vero e proprio diverbio, e un Generale lanciò al Re l'accusa di codardia.

Il Sovrano ordinò a un servo di trascinare in mezzo all'assemblea, che s'era riunita in un'arena, un toro e un leone. Posti uno di fronte all'altro, i due animali cominciarono a dilaniarsi. Al culmine del combattimento, Pipino comandò al Generale che l'aveva insolentito di domarli. Poiché costui esitava, il Re sguainò la spada e si portò personalmente nell'arena. Si avvicinò prima al leone, e poi al toro, e li decapitò. La guerra era dichiarata.

I Franchi e i Longobardi si scontrarono nei pressi di Susa, l'antica città romana situata nella valle omonima. L'esercito di Astolfo fu sconfitto e volto in fuga. Pipino l'inseguì fin sotto le mura di Pavia. La città fu cinta d'assedio e costretta ad arrendersi. Il Papa dettò le condizioni della pace. Astolfo s'impegnava solennemente a restituire la Pentapoli e l'Esarcato alla Chiesa, e il Re franco ripassò le Alpi. Ma durante la marcia di ritorno, fu raggiunto da un emissario di Stefano che gli consegnò un messaggio del Papa: Astolfo aveva stracciato il trattato e s'accingeva a invadere il Ducato Romano. I Longobardi – scriveva Stefano – bruciano le chiese, violentano le monache, bastonano i preti, profanano le tombe dei Santi e ne saccheggiano le reliquie. A questo messaggio ne seguirono altri con appelli sempre più drammatici, alcuni firmati personalmente da San Pietro. Essi non erano indirizzati solo a Pipino, ma anche ai figli, alla moglie, ai Vescovi, agli abati e ai nobili franchi. «Accorrete in difesa di Roma» dicevano «e vi guadagnerete il Paradiso.» Erano un misto di invocazioni, di promesse e di minacce, che ottennero l'effetto sperato.

Per la seconda volta Pipino varcò le Alpi, e per la seconda volta Astolfo fu battuto e obbligato a chiedere la pace. Gli furono imposte le stesse condizioni di quella precedente. Il Re longobardo le accettò. Stavolta non fece in tempo a tradirle perché nel dicembre del 756, durante una partita di caccia, cadde da cavallo, picchiò la testa contro un albero, e dopo pochi giorni morì. La ferale notizia fu comunicata a Pipino da Stefano, che nella scomparsa di Astolfo scorse naturalmente l'intervento della Provvidenza. Sul trono di Pavia fu innalzato il Duca di Toscana, Desiderio.

La scelta fu accolta con favore anche dal Papa, al quale il nuovo Re giurò di restituire tutti i territori ch'egli rivendicava. Desiderio era stato designato alla successione di Astolfo nonostante le opposizioni dei partigiani di Rachis, ch'erano a Corte ancora molto potenti. Per ridurre alla ragione i nemici interni, bisognava propiziarsi quelli esterni; e fra costoro c'erano Stefano e Pipino. Una volta però domati i ribelli, Desiderio rifiutò in parte di eseguire gli accordi sottoscritti dal suo predecessore.

L'annuncio di questo ennesimo voltafaccia raggiunse il Pontefice nei suoi appartamenti laterani dove da alcune settimane giaceva gravemente malato. Ridotto allo stremo, non ebbe la forza d'invocare un'altra volta Pipino. La morte lo colse il 26 aprile del 757. Era stato un breve pontificato, il suo. Era durato solo cinque anni. Ma erano bastati a fare di Stefano un pugnace assertore del potere temporale dei Papi. Sotto di lui fu confezionata l'impostura storica che

fu per secoli la *Magna Charta* della Chiesa: la cosiddetta
«Donazione di Costantino».

È tempo di rifarne la storia, anche se ci obbliga a un altro
salto indietro, perché su questa contraffazione si è basata la
politica temporale del Papato, fino al 1870.

L'IMBROGLIO
DELLE «DONAZIONI»

Con l'editto di Milano del 313 l'imperatore Costantino aveva riconosciuto ai cristiani la libertà di culto. Questo atto non era stato dettato dalla Fede, ma dalla ragion di Stato. Esso era stato il primo passo verso il Cesaropapismo, cioè lo sposalizio, nella persona dell'Imperatore, del potere temporale con quello spirituale. In punto di morte, Costantino aveva rinnegato la religione pagana in cui era vissuto, ma non le idee che avevano guidato la sua azione politica e che i suoi successori, i *Basilei* bizantini, adottarono e ribadirono. Era stato il primo Imperatore-Papa. La sola autorità che riconosceva superiore alla sua era quella di Dio: e solo perché, non credendo in Lui, non ne temeva la concorrenza. Aveva personalmente designato i Vescovi, che liberamente aveva deposto e scomunicato. Aveva fissato il dogma e la liturgia. Aveva convocato il grande Concilio di Nicea, e lo aveva presieduto. La Chiesa, finché egli visse, era stata uno strumento della sua volontà.

A questa, ch'è la Storia, si sovrappose la Leggenda, tramandata sotto il titolo di «Donazione di Costantino»: una pappardella di cinquemila parole, compilata, se non personalmente dal Papa Stefano, certo su suo suggerimento, e condita di miracoli, anacronismi e menzogne.

Nel 314 – racconta il suo anonimo estensore – un prete di nome Silvestro venne consacrato Papa (che allora significava solo «Vescovo di Roma» senza nessun primato su tutti gli altri Vescovi). L'Urbe era in quei giorni terrorizzata da un drago puzzolente che col fetore del suo alito sterminava gli abitanti. Il mostro abitava una caverna ai piedi della rupe Tarpea, alla quale si accedeva attraverso una scala di trecentosessantacinque gradini. La città era in preda allo sgomento. Nessuno osava affrontare il drago, finché un giorno il Papa si calò disarmato nella tana del mostro e lo catturò.

Dopo alcuni giorni, continua la leggenda, l'Urbe fu colpita da una calamità ben più grave: l'imperatore Costantino aveva bandito la persecuzione contro i cristiani. Lo stesso Silvestro fu costretto a fuggire e a riparare in una grotta nei pressi del monte Soratte. Qui lo raggiunse la notizia che l'Imperatore era stato colpito dalla lebbra. I medici di Corte erano disperati. Ogni cura sembrava vana. Niente riusciva a lenire le sofferenze di Costantino, al cui capezzale furono convocati i più grandi maghi dell'Impero, che gli ordinarono di immergersi in una vasca piena di sangue spremuto dal ventre di bimbi appena nati. La ricetta era atroce, e Costantino la rifiutò.

La notte stessa gli apparvero in sogno i Santi Pietro e Paolo che gli diedero l'indirizzo di Silvestro. L'Imperatore, credendo che si trattasse di un medico, lo mandò a cercare. Il Pontefice accorse al suo capezzale, e gli somministrò i primi rudimenti della Fede. Costantino, sentendosi meglio, chiese gli altri. Dopo una breve penitenza in cilicio, fu battezzato. La cerimonia si svolse nel palazzo Laterano. L'Imperatore indossò la veste bianca dei catecumeni, e quindi fu calato in una vasca dalla quale riemerse completamente guarito. Le piaghe che gli dilaniavano il corpo erano scomparse, le ulcere si erano cicatrizzate. La persecuzione fu immediatamente revocata, e il Cristianesimo diventò la religione ufficiale dell'Impero. Nuove chiese cominciarono ad essere costruite a spese dello Stato, e di alcune l'Imperatore gettò personalmente le fondamenta.

Un giorno Costantino, sempre secondo la leggenda, ricevette dalla Bitinia una lettera della moglie Elena. In essa l'Imperatrice scriveva che la vera religione non era quella cristiana, ma quella giudaica, e lo invitava ad adottarla. Costantino convocò il Papa e il Rabbino. I tre confabularono a lungo, ma non riuscendo a mettersi d'accordo, decisero di ricorrere al giudizio di Dio. L'Imperatore ordinò allora che fosse condotto al loro cospetto un toro. Si avvicinò per primo all'animale il Rabbino e gli sussurrò all'orecchio un versetto della Bibbia. Il toro, come fulminato, piombò a terra, e tutti gridarono al miracolo. Quando fu il suo turno, Silvestro si accostò alla vittima e pronunciò il nome di Cristo. Immediatamente il toro morto rizzò la coda e fuggì. L'Imperatore, sconvolto dal prodigio abbandonò l'Urbe e partì per l'Oriente, dove fondò la città che da lui prese nome. Elena, quando lo seppe, si rifugiò a Gerusalemme.

Prima d'imbarcarsi, in segno di gratitudine, Costantino donò l'Italia e l'Occidente a Silvestro. Fu la prima rata della più cospicua parcella che sia mai stata pagata da un malato al proprio medico. Il conto fu successivamente saldato con il riconoscimento imperiale della supremazia del Vescovo di Roma sui Patriarchi di Alessandria, Antiochia, Gerusalemme e Costantinopoli. Il Pontefice ottenne anche le insegne del *Basileus*: il manto purpureo, lo scettro e la scorta a cavallo. Ciò gli conferiva automaticamente la potestà temporale sull'Impero d'Occidente e lo rendeva indipendente da quello di Oriente. Il Clero fu equiparato al Senato e autorizzato a bardare le cavalcature con gualdrappe bianche; e l'Imperatore depose personalmente l'atto di donazione sulla tomba di San Pietro.

Questa colossale mistificazione dei rapporti intercorsi tra Silvestro e Costantino, ribadita per secoli dagli storici della Chiesa, dovette aspettare il Rinascimento, cioè un minimo di libertà di pensiero e di stampa, per essere smascherata. Infatti solo nel 1440 l'umanista Lorenzo Valla dimostrò in modo clamoroso la falsità del documento che Stefano nel 757 aveva divulgato per sottrarre la Chiesa al Cesaropapismo bizantino, per salvaguardarla da quello carolingio, e per legalizzare un potere temporale usurpato in nome di Cristo.

Ma nell'Europa dei secoli bui la favola godeva di largo credito, nessuno osava revocarla in dubbio, e forse anche Pipino ci credeva.

LA FINE DEI LONGOBARDI

A Stefano era succeduto il fratello Paolo che ne era stato l'e-
minenza grigia. La sua elezione incontrò vivaci opposizioni
specie nel partito filo-longobardo che a Roma era molto potente. L'*Iconoclasmo* continuava ad approfondire il contrasto
fra Roma e Costantinopoli. Il Papa, per paura di restare isolato, alla mercé dei Re di Pavia, intensificò i rapporti con Pipino che colmò di benedizioni e di doni tra i quali una grammatica greca, un manuale di ortografia e una clessidra.

Paolo regnò dieci anni, ma li riempì di tali malestri che
quando morì non fu rimpianto da nessuno. La sua scomparsa piombò l'Urbe nel caos. Le fazioni rivali, smaniose di
raccogliere l'eredità, si sbranarono a vicenda. Il tradimento
e il delitto insanguinarono la Chiesa, e Roma si trasformò
in un vero e proprio campo di battaglia.

Nel 768, dopo un anno di torbidi, fu eletto Papa un prete siciliano che prese il nome di Stefano III. Nello stesso anno moriva – pare di febbri malariche – Pipino, lasciando il
trono ai due figli Carlomagno e Carlomanno.

Carlomanno era nato nel 751 e alla morte del padre aveva 17 anni. Controversa è invece la data di nascita di Carlomagno. Eginardo ne propone tre: 742, 743 e 744. La prima
è la più probabile. La spiegazione di questo piccolo mistero
anagrafico va ricercata in un'altra data: quella del matrimonio di Pipino con Bertrada. Quando Carlomagno nacque, il
Re e la Regina non erano ancora sposati. Presso i Germani
primitivi il concubinato era tollerato: niente di male quindi
che una coppia avesse dei figli un po' prematuri. Ma i Franchi si erano convertiti al Cattolicesimo che considerava pec-

caminose le unioni non sanzionate con l'acqua santa. Eginardo era lo storico ufficiale della dinastia carolingia, come tutti gli storici ufficiali era un cortigiano cauto e ossequioso, e quindi gli seccava dire che il suo Re era nato in anticipo sul matrimonio dei genitori. La sua *Vita Karoli* passa infatti completamente sotto silenzio l'infanzia e la giovinezza di Carlomagno. Solo alla morte del padre, Eginardo aprì su di lui uno spiraglio di luce.

Quando morì, Pipino aveva già diviso il Regno in due parti: l'Austrasia, la Neustria e l'Aquitania erano assegnate a Carlomagno; la Borgogna, la Provenza, l'Alsazia e la Svevia a Carlomanno. Il primo fissò la sua residenza ad Aquisgrana, il secondo a Sampussy.

I rapporti fra i due fratelli non erano mai stati buoni, e sul Regno franco incombeva la minaccia di una guerra civile che avrebbe irrimediabilmente compromesso la faticosa opera di unificazione condotta da Pipino. Il pericolo fu scongiurato dalle manovre combinate del Papa e di Bertrada, che riuscirono a riappacificare i due fratelli. La Regina madre era una donna autoritaria ed intraprendente, che esercitava su entrambi i figli un forte ascendente. Dopo la morte del marito la sua influenza a Corte si era notevolmente accresciuta. Partecipava ai consigli dei Ministri, controllava le spese dello Stato, e interveniva personalmente nelle decisioni militari. In politica estera s'adoperò per promuovere la riconciliazione coi Longobardi, e a questo scopo attraversò le Alpi e si recò a Pavia.

Desiderio l'accolse con tutti gli onori. Il soggiorno della Regina in Italia durò pochi giorni, ma le bastarono a combinare due importanti matrimoni: il primo tra Ermengarda, figlia di Desiderio, e Carlomagno; il secondo tra la figlia Gisila che aveva allora 12 anni e il primogenito del Re longobardo Adelchi. Carlomagno era già sposato con Imiltrude, ch'era stata a lungo la sua concubina. Quando Ermengarda, accompagnata dalla suocera, giunse ad Aquisgrana, Imiltrude

235

fu ripudiata. Il Papa scrisse una lettera indignata a Carlomagno, ma quando Desiderio e Bertrada gli donarono alcune città dell'Italia Centrale egli benedisse l'unione.

A Aquisgrana però, dopo una burrascosa luna di miele, il matrimonio tra Carlomagno ed Ermengarda fu presto sull'orlo del fallimento. La figlia di Desiderio era una ragazza gracile e malaticcia, che non sopportava l'umido clima austrasiano. Non riuscì a dare un erede al marito, e a Corte si diceva che fosse sterile. Nell'estate del 771, nonostante l'opposizione di Bertrada, Carlomagno la ripudiò, rispedendola a Pavia. Quello fu un anno importante. Il 4 dicembre, in circostanze misteriose, all'età di vent'anni, morì Carlomanno. Dopo due mesi, il 3 febbraio del 772, calò nella tomba Papa Stefano. E la scomparsa di questi protagonisti segnò o coincise con la fine della grande tregua franco-longobarda.

A Papa Stefano III successe Adriano I, un diacono romano di nobile origine, sanguigno, generoso e ignorante. Le sue lettere, raccolte nel Codice Carolino, sono un florilegio di spropositi, miracoli e bugie. L'elezione fu accolta con sfavore a Pavia dove il nuovo Pontefice era giudicato un «duro», alieno dai compromessi e fautore di una politica di forza. Nell'Urbe il partito longobardo aveva con tutti i mezzi cercato d'impedire la sua elezione, ma ogni manovra era stata vana. Desiderio allora spedì a Roma tre ambasciatori, con la missione di stringere relazioni amichevoli col Papa. Adriano accordò loro udienza in Laterano. Poi, di fronte alla Curia, accusò Desiderio di tradire i patti. Per tutta risposta, il Re longobardo occupò Faenza, Ferrara e Comacchio, che Astolfo nel 756 aveva ceduto al Papa.

All'aggravamento dei rapporti tra Roma e Pavia, si aggiunse quello delle relazioni fra Pavia e Aquisgrana. Il ripudio di Ermengarda era stato un grave affronto per Desiderio, che in esso aveva scorto il primo passo verso un rovesciamento delle alleanze. Nella primavera del 772, la vedova di Carlomanno, Gerberga, accompagnata dai due figlioletti, attraversò le Alpi e chiese asilo a Pavia. Alla morte del fratello, Carlomagno si era annesso la Borgogna, la Provenza, l'Alsazia e la Svevia, e si era fatto proclamare unico Re dei Franchi, calpestando molti privilegi e quindi provocando altrettanti malumori. Questo concorso di circostanze fece credere a Desiderio che i tempi fossero maturi per vendicare l'onta subita dalla figlia. Nell'autunno dello stesso anno i Longobardi invasero la Pentapoli, s'impadronirono di Senigallia, Iesi, Urbino e Gubbio. Adriano chiese aiuto all'unico alleato che in quel momento era in grado di fornirglielo. Scrisse una lunga lettera a Carlomagno invocando con accenti accorati il suo intervento. Poi apparecchiò la difesa dell'Urbe, fece innalzare barricate, e ordinò di trasferire il tesoro di S. Pietro nelle sue stanze.

A Pavia, i Duchi longobardi seguitavano a lagnarsi di Desiderio. Carlomagno, che aveva appena ricevuto l'appello del Papa, ne colse l'eco e tentò un accordo col rivale. Chiese a Desiderio di restituire al Pontefice quelle città che durante l'ultima campagna militare gli aveva tolto, e gli offrì in cambio 14 mila soldi d'oro e un numero imprecisato di vasi d'argento. Il Re longobardo rifiutò. Carlomagno allora ordinò la mobilitazione dei Franchi, e costituì due eserciti: uno l'affidò allo zio Bernardo, l'altro lo condusse con sé.

Il primo varcò le Alpi al Gran S. Bernardo, il secondo al Moncenisio. Desiderio mosse incontro a Carlomagno da Susa, mentre il figlio Adelchi puntò in direzione del Gran S. Bernardo. Il Re franco traversò le Alpi senza incontrare resistenza. I guai cominciarono appena calò a valle. I Longobardi avevano costruito una massiccia catena di sbarramenti. Carlomagno, temendo una guerra di posizione che avrebbe logorato le sue truppe lontane dalle basi di rifornimento, chiese, ma inutilmente, una tregua. Desiderio aveva vinto il primo *round*. I Franchi, concentrati sulle rive del fiume Dora, erano letteralmente paralizzati dalle fortificazioni nemiche.

Ma il fronte si capovolse quando a Susa giunse la notizia che Adelchi era stato sbaragliato da Bernardo il quale, a marce forzate, si stava ora dirigendo su Pavia. I Longobardi, in preda al terrore, si ritirarono, tallonati dai Franchi ch'e-rano riusciti finalmente a rompere gli argini. Le truppe di Desiderio giunsero a Pavia stremate dall'inseguimento. Si chiusero nella città e si prepararono a sostenere l'assedio. Esso durò otto mesi, dall'ottobre del 773 al giugno dell'an-no successivo. Nell'intervallo Carlomagno si recò in Austra-sia, dove aveva lasciato la terza moglie Ildegarda, una prin-cipessa alemanna di 13 anni ch'egli aveva sposato dopo aver ripudiato Ermengarda, e il figlio Pipino, un bambino di ot-to anni gobbo e malaticcio. Dopo alcune settimane tornò con loro al suo quartier generale davanti a Pavia. Nel frat-tempo Adelchi in compagnia di Gerberga e dei suoi due fi-gli si era rifugiato a Verona, dove si trovava una guarnigio-ne longobarda. Carlomagno pose l'assedio anche alla città veneta che immediatamente si arrese. Adelchi riuscì a fug-gire. Gerberga e i figli furono fatti prigionieri e rinchiusi in un monastero.

Il Re franco ritornò sotto le mura di Pavia, dove si trat-tenne sino alla vigilia di Pasqua. Quindi, accompagnato da un folto seguito di Conti, Vescovi e abati partì per Roma. Il Papa gli mandò incontro una delegazione di cardinali e di notabili che l'accompagnò fin dentro le mura dell'Urbe. Carlomagno comparve a cavallo alla testa del corteo. I Ro-mani, quando lo videro, intonarono un *Te Deum* di ringra-ziamento, e a nome del Pontefice gli offrirono una croce e uno stendardo coi colori della Chiesa. Poi tutti mossero ver-so la basilica di S. Pietro. Quando giunse ai piedi della sca-lea il Re franco s'inginocchiò, chinò la fronte, baciò il pri-mo gradino, e ripeté il gesto su quelli successivi. In cima al tempio l'attendeva Adriano. Carlomagno e il Papa, che non si conoscevano, si abbracciarono. Entrarono nella basilica e si diressero verso l'altare maggiore dove si raccolsero in preghiera. Il Pontefice celebrò una Messa cantata, poi condusse il suo ospite a rendere omaggio alla tomba di S. Pietro. Il giorno dopo il Papa battezzò alcune centinaia di Romani e di Franchi. Alla cerimonia seguì una Messa solenne.

Il 16 aprile – racconta il biografo di Adriano – nella basilica di S. Pietro avvenne un fatto storico molto importante. Carlomagno riconfermò al Pontefice la Donazione del padre Pipino, e a titolo personale l'integrò con nuovi territori, alcuni dei quali appartenevano ancora ai Longobardi e ai Bizantini, come i Ducati di Spoleto e di Benevento, Venezia e l'Istria. Il Papa diventava il padrone assoluto di due terzi dell'Italia con la sola eccezione del Piemonte, della Lombardia, di parte del Napoletano e della Calabria.

Gli storici hanno negato l'autenticità di questo racconto che fa il paio con la «patacca» della «Donazione di Costantino». In realtà Carlomagno si limitò a garantire l'incolumità del Pontefice e a difendere i confini del Ducato Romano.

Il Re franco lasciò Roma dopo una decina di giorni per tornare a Pavia, ormai stremata dal lungo assedio e da un'epidemia di dissenteria. Ai primi di giugno la città capitolò. Desiderio con la moglie Ansa e una delle figlie fu fatto prigioniero e rinchiuso nel monastero di Corbie in Piccardia. Qui passò il resto dei suoi giorni in digiuni e preghiere. Ansa condivise la sorte del marito, e fu relegata in un convento franco.

Così finì l'Italia longobarda, e nessuno può dire se fu, per il nostro Paese, una fortuna o una disgrazia. Alboino e i suoi successori erano stati degli scomodi padroni, più scomodi di Teodorico, finché erano rimasti dei barbari accampati su un territorio di conquista. Ma oramai si stavano assimilando all'Italia e avrebbero potuto trasformarla in una Nazione, come i Franchi stavano facendo in Francia.

Ma in Francia non c'era il Papa. In Italia, sì.

CARLOMAGNO

Un affresco rinvenuto a Tivoli e conservato al Museo Vaticano raffigura Carlomagno in età avanzata. Il volto, cui sovrasta una pesante corona, è scarno e affilato. I capelli bianchi e lunghi coprono le orecchie e scendono a frangia sulla fronte alta e solcata di rughe. Gli occhi sono piccoli e scuri, il naso diritto e sottile, le narici leggermente dilatate. Lunghi baffi sgrondano agli angoli della bocca. Folti basettoni e una barba caprina e biforcuta incorniciano il viso.

Una statuetta di bronzo al Museo di Cluny di Parigi ritrae Carlomagno a cavallo. Nelle mani reca le insegne del potere: in quella sinistra il globo, in quella destra la spada. Porta sul capo una corona intarsiata. Non ha barba, ma solo mustacchi spioventi. Indossa il costume tradizionale franco: una tunica drappeggiata, un panciotto di lontra, e un paio di brache di lino. Calza gambali di cuoio, stretti ai piedi da robuste stringhe.

Ambedue queste immagini sono quelle di un Carlomagno vecchio, patriarca aureolato di prestigio imperiale. Ma da giovane – racconta Eginardo, suo biografo ufficiale – era un bel ragazzo, bruno, robusto, e di statura superiore alla media. I suoi unici difetti erano la voce un po' stridula, il collo taurino e una certa tendenza alla pinguedine, che propiziava anche un appetito gagliardo, ma scevro di ghiottoneria. Carlo mangiava sodo, ma semplice. Come carne, preferiva quella di porco; ma i suoi gusti erano piuttosto vegetariani. I suoi pasti consistevano soprattutto di aglio, cipolla, cavoli e fave. Questi piatti contadini però se li faceva servire, al tocco e al vespro, da Duchi e Conti in funzione di camerieri, e su piatti d'argento. Non per amore di etichetta, di cui anzi era impaziente; ma per ribadire, anche a tavola, che il padrone era lui.

Eginardo racconta che uno dei giorni più felici di Carlo fu quello in cui scoprì il formaggio. Fu un Vescovo suo amico che, invitandolo a colazione un venerdì, gli offrì una forma di pecorino. Carlo, che non lo aveva mai visto, ne staccò una fetta, rosicchiò la buccia, la trovò disgustosa e andò su tutte le furie. Il Vescovo ebbe il suo daffare a calmarlo e a persuaderlo che il buono era la polpa. Quando l'ebbe assaggiata, Carlo se ne mostrò deliziato, e da quel giorno guai se alla sua mensa mancava quel *dessert*. Se lo portava al seguito anche nei viaggi.

In compenso, era quasi astemio, cosa rara tra quei Franchi, strenui tracannatori di vino, che prendevano a pretesto anche i morti per brindare alla loro anima e ubriacarsi. Carlo combatté questo costume col puntiglio di un proibizionista quacquero, mise al bando le sbornie e comminò la galera ai contravventori.

La sua vita domestica aveva dei lati bizzarri, e perfino sconcertanti. Amava l'intimità, e la sera cenava sempre con la moglie, i figli e il confessore che gli recitava i salmi e brani della «Città di Dio», suo libro preferito. Però non dormiva con la moglie, e si teneva per casa un certo numero di amanti. Adorava le figlie, ma a nessuna di loro consentì mai di sposarsi: il che ha fatto nascere il sospetto – pare infondato – ch'egli avesse con loro rapporti incestuosi. Le figlie d'altra parte non si ribellarono mai al divieto, ma se ne rivalsero prendendosi degli svaghi, da cui nacquero anche dei figli, e Carlo li accettò, senza protestare, come nipoti.

Era religioso, ma non bigotto. Si alzava la mattina all'alba, beveva un bicchiere d'acqua, mangiava una mela, indossava frusti abiti con gambali di cuoio, inforcava un cavallo, e per ore cacciava nei boschi, con poco seguito e talvolta solo. Era la preparazione igienica a una giornata piena d'impegni, fra cui c'erano anche quelli della sua privata amministrazione. Perché questo Re di mezza Europa era squattrinato, e doveva fare i conti col proprio bilancio personale. Per «quadrarlo», aveva messo su un verziere, un allevamento di polli e un commercio di uova. Il reddito gli serviva per mantenere le sue tre residenze, fra le quali si spostava continuamente: Heristal nel Brabante, Worms sul Reno, e Aquisgrana in Austrasia. Quest'ultima capitale era la sua preferita per via del clima mite che l'allietava, dei boschi che la circondavano e delle acque termali che ne avevano fatto la fortuna fin dai tempi dei Romani. Carlo, che soffriva di reumatismi e di gotta, aveva restaurato le fonti, e il poeta Angiberto lo descrive intento a dirigere i lavori degli sterratori che trivellavano il suolo in cerca di nuove sorgenti, e dei carpentieri intenti a costruire vasche da bagno e una piscina di porfido e marmo, dove prese l'abitudine di fare ogni giorno lunghe nuotate.

Era lì a Aquisgrana ch'egli teneva il suo animale preferito: l'elefante Abdùl Abbàs, mandatogli in dono dal califfo di Bagdad. Carlo lo aveva alloggiato a Corte come un ospite d'onore, lo lavava di persona, ci parlava, e fu proprio per eccesso d'affetto che involontariamente lo uccise facendogli prendere una solenne indigestione. Ne pianse, e ordinò un giorno di lutto nazionale.

Purtroppo, i suoi soggiorni in quella diletta città non duravano mai a lungo. Carlo era un Re peripatetico. L'immensità dei suoi domìni e la necessità di restare in contatto con le province più periferiche e coi loro problemi locali l'obbligavano a una vita errabonda e disagiata. Viaggiava come un pellegrino povero, su un semplice carro tirato da buoi, portandosi al seguito il poco bagaglio che poteva (ma in cui c'era sempre una cassa di pecorino) e alloggiando sotto i tetti che trovava, di contadini, o di frati. Amava i suoi sudditi, ci si mescolava volentieri, amministrava di persona la giustizia fra loro, spesso risolvendo addirittura cause da pretore, e dovunque raccomandando a tutti di educar bene i loro figli: le femmine, diceva, dovevano imparare il rammendo e il bucato; i maschi il nuoto, la caccia, l'equitazione, e soprattutto a leggere e a scrivere.

Questa era la sua spina nel fianco, il suo lato patetico. Carlo, che la sera andava presto a letto, dovunque si trovasse, ma soffriva d'insonnia, trascorreva spesso la notte compitando l'abbecedario e cercando di capirne le lettere. Ma inutilmente. Questo genio della politica e della guerra, ch'era riuscito a conquistare mezzo mondo, non riuscì mai a conquistare l'alfabeto. A furia di farseli ripetere dal confessore, imparò a memoria i salmi, e li cantava anzi abbastanza bene perché, se la voce era stridula, l'orecchio era buono; e arrivò anche a recitare a memoria molti brani della «Città di Dio». Ma sebbene fino alla tarda vecchiaia seguitasse a trascorrere le sue notti a fare le aste, la soddisfazione di scrivere e di leggere da sé non l'ebbe mai.

Eppure, fu Carlomagno.

Liquidato Desiderio in pochi mesi, impiegò molti anni a consolidare la conquista della Penisola, che tuttavia non inglobò mai il territorio a Sud di Roma. Rinunciò a colonizzare i Longobardi, perché erano più civili dei Franchi, e lasciò indipendenti alcuni loro Ducati, come quello di Benevento. Rispettò i loro costumi e conservò le loro leggi, ricalcò la sua burocrazia sugli schemi di quella longobarda, e assegnò alcune contee perfino a ex-funzionari di Desiderio. L'opera di pacificazione che condusse fu saggia e lungimirante. All'indomani della caduta di Pavia assunse automaticamente il titolo di Re dei Franchi e dei Longobardi, e divenne col Papa il protagonista della storia d'Italia.

I rapporti tra Carlomagno e Adriano I sono contenuti nelle lettere che per oltre un ventennio essi si scambiarono. Il succo dei messaggi papali è un continuo lamento contro i soprusi di cui era, o si credeva vittima, anche da parte dei preti. In un'epistola del 774, il Pontefice accusa l'Arcivescovo di Ravenna, Leone, di essersi abusivamente impadronito di Faenza, Forlì, Ferrara, Imola e Bologna, che appartengono al Ducato Romano. Carlomagno non prende posizione. Tre anni dopo Leone muore e il suo successore, Giovanni, si riconcilia col Papa. Fu questa una delle innumerevoli beghe territoriali in cui Adriano cercò, ma spesso inutilmente, di coinvolgere il Re franco. Il Pontefice e Carlomagno si scrivevano in latino, l'unica lingua che tutt'e due conoscevano. Il Papa, che disprezzava i carolingi non meno dei Longobardi, non aveva mai voluto imparare il franco.

Le lettere di Adriano ci informano anche sulle condizioni dell'Italia contemporanea. Il periodo delle invasioni barbariche era passato, ma le rovine e la miseria che l'avevano accompagnate erano rimaste. Nel 778 Treviso fu sconvolta da un tremendo terremoto. Le vittime si contarono a migliaia. L'esodo degli abitanti delle città verso la campagna fu la conseguenza di queste catastrofi, e accentuò quel processo di disurbanizzazione che fu la caratteristica del Medioevo.

Per alcuni anni, Carlomagno e Adriano non si scrissero. Ignoriamo le ragioni di questo silenzio che fu rotto alla vigilia della seconda visita del Re franco a Roma, nell'aprile del 781. Carlomagno, accompagnato dalla moglie Ildegarda e dai due figli Carlomanno e Luigi, rispettivamente di quattro e di due anni, giunse nell'Urbe il giorno di Pasqua. Lo scopo ufficiale del viaggio era il battesimo di Carlomanno. Il Pontefice celebrò il rito nella basilica di San Pietro, impose al principino il nuovo nome di Pipino e lo proclamò Re d'Italia. Pochi giorni dopo Carlomagno lasciò Roma. Nel viaggio di ritorno visitò Firenze e fece una breve sosta a Milano, dove assisté al battesimo della figlia Gisila. Ai primi di agosto ripassò le Alpi, dopo aver affidato l'Italia a un governatore franco, che la resse in nome di Pipino.

Nel 787 Carlomagno varcò per la terza volta le mura dell'Urbe. Stavolta vi giunse solo, senza figli né la diletta Ildegarda che era morta l'anno prima e che egli aveva rimpiazzato con Fastrada, una donna petulante e isterica. Forse fu il desiderio di restare il più possibile lontano da lei che gli fece prolungare oltre il previsto il suo soggiorno, durato stavolta più d'un mese. Mentre si trovava a Roma, una delegazione del Duca di Benevento, Arichi, guidata dal figlio Romualdo, chiese di essere ricevuta da lui. Il Ducato longobardo di Benevento era una spina nel fianco del Papa, che temeva le mire di Arichi sul Nord, ma soprattutto vedeva compromesse le proprie sul Sud. Adriano disegnava la conquista del Mezzogiorno e la sua annessione al Ducato Romano. E nei suoi piani il braccio militare per realizzare questo programma erano naturalmente i Franchi.

Il timore che Carlomagno marciasse contro il suo territorio e la speranza di dissuaderlo indussero Arichi a spedire il figlio in missione a Roma. Romualdo colmò il Re franco di doni e l'implorò di non muovere guerra al padre. Carlomagno promise. Ma quando gli ambasciatori ripartirono, il Papa lo convocò in Vaticano e piangendo lo scongiurò, in nome di San Pietro, di invadere il Ducato di Benevento.

Carlomagno, che a San Pietro non sapeva dire di no, arruolò un esercito, vi si mise a capo e puntò su Capua, dove s'acquartierò. Arichi, colto di sorpresa dal voltafaccia, invocò una tregua, che gli fu concessa. In cambio s'impegnò a pagare ai Franchi un tributo annuo di settemila soldi, a consegnare quindici ostaggi, tra i quali i figli Grimoaldo e Adalgisa, e a far tagliar la barba ai suoi sudditi, secondo il costume carolingio.

Alla fine di marzo dello stesso 787 Carlomagno tornò a Roma, dove trascorse la Pasqua in compagnia del Papa, dal quale si congedò per recarsi a Ravenna. Il 15 luglio rientrò a Worms. Il 21 Romualdo morì all'età di ventisei anni. Dopo circa un mese, il 26 agosto, calò nella tomba anche il padre Arichi. Il Ducato fu sul punto di piombare nel caos poiché l'erede al trono era ostaggio dei Franchi. Ma nella primavera del 788, inaspettatamente, Carlomagno liberò Grimoaldo che tornò a Benevento accolto da una folla esultante.

L'unico che non esultò fu Adriano. Il gesto di clemenza del Re franco, preoccupato evidentemente di non turbare l'equilibrio politico nell'Italia centro-meridionale, fu accolto a Roma come un tradimento. Il Papa indignato scrisse a Carlomagno, e lo accusò di aver trattato Grimoaldo meglio del povero San Pietro nelle cui mani Cristo aveva riposto le chiavi del Regno dei Cieli. Era un grido di dolore, ma era anche una minaccia. A questa lettera ne seguirono altre, suppergiù dello stesso tenore. Il giorno di Natale del 795, il battagliero Adriano morì. Quando gli fu recata la notizia, Carlomagno scoppiò a piangere, e Eginardo assicura che il cordoglio del Re era sincero. Il giorno stesso della sepoltura di Adriano, fu elevato al Soglio un uomo di curia che prese il nome di Leone III.

Il nuovo Papa godeva di una vasta impopolarità. All'indomani dell'incoronazione, alcuni nobili, tra cui due nipoti di Adriano, Pascale e Campolo, l'accusarono pubblicamente di adulterio e di spergiuro. Leone non tentò neppure di scagionarsi. Si limitò a spedire a Carlomagno le chiavi del sepolcro di San Pietro e il gonfalone della città.

La lotta tra i «palatini» e gli eredi di Adriano covò sorda per quattro anni. Il 25 aprile del 799 esplose. Mentre il Pontefice s'accingeva a guidare una processione attraverso la città, fu assalito da una banda di nobili, capeggiata da Pascale e Campolo. Leone – riferisce il *Libro pontificale* – fu picchiato a sangue e abbandonato in mezzo al Corso con la lingua mozza e gli occhi accecati. Nessuno dei fedeli, armati solo di labari e croci, alzò un dito per difenderlo. Tutti, in preda al terrore, si diedero alla fuga. Verso sera gli aggressori tornarono sul luogo dell'imboscata, e con grande stupore videro che il Papa respirava ancora. Pascale e Campolo gli tagliarono un altro pezzo di lingua e poi lo trascinarono nel monastero di Sant'Erasmo, sul monte Celio. Qui la notte stessa San Pietro apparve in sogno al mutilato e gli restituì la vista e la favella. La mattina all'alba, con la complicità di un monaco, Leone si calò con una fune dalla propria cella. A terra fu accolto da alcuni fedeli che lo caricarono su un mulo e lo portarono in salvo a San Pietro. Di qui con una piccola scorta partì per Spoleto.

Nella cittadina umbra passò circa un mese. Poi si mise in marcia verso la Sassonia, diretto a Paderborn dove Carlomagno aveva fissato la propria residenza estiva. Vi giunse a luglio inoltrato. Il Re franco l'accolse con ogni riguardo, ma con una certa freddezza. Contemporaneamente a Leone erano capitati a Paderborn gli emissari di Pascale e di Campolo per ribadire le loro accuse. Carlomagno ascoltò le due campane, nominò una commissione d'inchiesta, e incarico di far luce sul caso.

Il Pontefice si fermò in Sassonia alcuni mesi durante i quali ebbe frequenti colloqui col Re franco, al quale donò le reliquie del protomartire Stefano. Secondo alcuni storici fu proprio nel corso di questi incontri che Carlomagno chiese a Leone d'incoronarlo Imperatore, impegnandosi, in cambio, a far cadere le accuse che i nipoti di Adriano gli avevano mosse.

Si tratta, intendiamoci, di congetture che ci sembra, tuttavia, possano avere un qualche fondamento. Nel 799 Carlomagno era padrone dell'Europa. I confini del suo regno si estendevano dall'Elba ai Pirenei, dalla pianura padana al Mar del Nord. Era naturale che pensasse a quell'Impero d'Occidente che il legittimo titolare, cioè l'Imperatore d'Oriente, da secoli non era più in grado di amministrare.

Leone rientrò a Roma alla fine di novembre accompagnato dalla commissione d'inchiesta che si mise subito al lavoro. In capo a una settimana, trovò che gli addebiti mossi al Papa erano infondati. Ordinò l'arresto dei nipoti di Adriano e li spedì a Carlomagno perché infliggesse loro la

247

punizione che meritavano. Il Re franco li fece rinchiudere in un monastero, quindi si preparò a partire per Roma. Fissò la data del viaggio ai primi di giugno, ma la morte improvvisa della moglie l'obbligò a rimandarla all'inizio dell'autunno.

Il 24 novembre dell'800 giunse nell'Urbe dove fu accolto dal Papa e da una folla oceanica di preti, di romani e di *burini* che Leone aveva fatto affluire nella Capitale da tutto il Lazio. Il 2 dicembre il Pontefice convocò nella basilica di San Pietro un Sinodo, al quale intervennero le alte gerarchie ecclesiastiche e i nobili carolingi che avevano accompagnato il Re a Roma.

Carlomagno in persona inaugurò l'assemblea, illustrando lo scopo della sua visita, ch'era quello di far conoscere a tutti e sanzionare le conclusioni della commissione. Il giorno dopo Leone aprì il Sinodo dichiarandosi pronto a fare pubblica ammenda dei delitti di cui era stato falsamente accusato. Il gesto scatenò un uragano di applausi. L'assemblea condannò a morte Pascale e Campolo, ma la pena, per intercessione del Pontefice, fu commutata in quella del bando. Carlomagno trascorse le settimane seguenti in devoti pellegrinaggi alle chiese di Roma.

Intanto s'avvicinava il gran giorno dell'incoronazione. Il 25 dicembre, il Re franco, scortato dai suoi nobili, attraversò l'Urbe tra le acclamazioni della folla, e si diresse verso la basilica di San Pietro. Indossava la tunica e i calzari romani invece delle brache e degli stivali franchi. I capelli erano diventati grigi, e le spalle si erano un po' incurvate. La fronte era solcata di profonde rughe, ma l'aspetto era ancora giovanile, e l'uomo sembrava ancora nella pienezza del suo vigore. Il corteo entrò nel tempio tra due ali di prelati, attraversò la navata centrale illuminata da 1370 candele e adornata di statue di santi, e raggiunse il presbiterio. Qui Carlomagno si staccò dal seguito e varcò la balaustra. S'inginocchiò ai piedi dell'altar maggiore e si raccolse in preghiera.

A questo punto Leone, che stava celebrando la messa, estrasse dal tabernacolo una corona d'oro, e la depose sul capo del Re franco. Per tre volte l'acclamazione in latino «A Carlo Augusto, coronato da Dio, possente e pacifico Imperatore, vita e vittoria» rieccheggiò nel tempio. Lo storico Teofane racconta che Carlomagno, prima d'essere incoronato, fu completamente denudato dal Papa e unto dalla testa ai piedi. Le fonti ecclesiastiche riferiscono che Leone consacrò anche il piccolo Carlo Re dei Franchi, come il suo predecessore aveva fatto con Pipino e Luigi. Al termine della cerimonia Carlomagno depose ai piedi dell'altare ricchi doni, tra i quali una tavola d'argento, una patèna d'oro e tre calici tempestati di gemme.

Ma i cronisti laici danno dell'avvenimento tutt'un'altra versione. Essi sostengono che il Re franco fu sorpreso di quella incoronazione senza preavviso. Eginardo scrive: «Carlomagno non avrebbe mai varcato la soglia di San Pietro, nonostante fosse Natale, se avesse immaginato il tiro birbone che il Papa s'accingeva a giocargli».

Il nuovo Imperatore lasciò Roma ai primi di maggio diretto a Pavia dove ritirò un gioco di scacchi in avorio che il califfo di Bagdad, Harun-al-Rachid gli aveva donato. Quindi partì per Aquisgrana. Anche se si era trattato di un «tiro birbone» del Papa, non ne sembrava molto imbronciato. Ma forse nemmeno lui, malgrado il suo intuito politico, valutava appieno l'importanza di quel nuovo titolo, con cui se ne tornava a casa. Esso era destinato a ingombrare, per ben mille anni, la storia d'Europa.

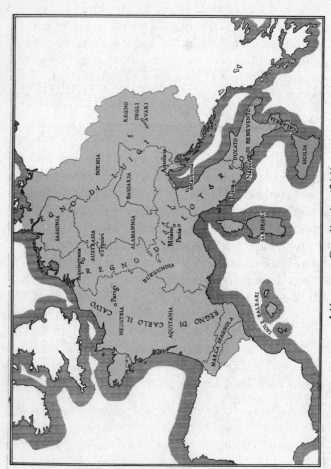

L'Impero Carolingio (814).

IL GRANDE IMPERO

Carlo aveva assunto il titolo d'Imperatore dopo esserlo già diventato di fatto. In tutti quegli anni infatti egli aveva condotto a termine un'opera di conquista e di unificazione, cui occorre accennare.

Quella contro i Longobardi era stata una guerra-lampo in .confronto alla campagna contro i Sassoni che durò la bellezza di trent'anni, e fu uno degli eventi decisivi nella storia d'Europa. La Sassonia occupava una vasta area compresa tra il Mare del Nord, il basso e medio Reno, la Turingia e l'Elba. Gli Imperatori romani avevano invano cercato di sottomettere queste popolazioni: ogni tentativo di domarle era fallito. I Sassoni erano feroci, primitivi e superstiziosi, praticavano un paganesimo grossolano e crudele, si vestivano di pelli di capra, e vivevano di furti e di rapine. Erano bellicosi e costituivano una continua minaccia per i Franchi. Il Reno era l'unica barriera che li divideva da loro, e in ogni momento potevano varcarla. Pipino il Breve li aveva tenuti a bada rafforzando lungo il confine le linee di difesa. Aveva anche imposto loro un piccolo tributo annuo di trecento cavalli.

Nel 772 gli esattori franchi incaricati di riscuoterlo si presentarono ad Aquisgrana a mani vuote. I Sassoni si erano rifiutati di pagare. Ciò fornì a Carlomagno un ottimo pretesto per muovere loro la guerra e invaderne il territorio. L'esercito franco attraversò il Reno e puntò su Ehresburg, dove costruì un forte che servì di base alle operazioni successive. Consolidata la conquista dalla parte occidentale della regione, Carlomagno risalì verso il Nord dove distrusse l'Irminsul, che era l'idolo dei Sassoni. Di qui continuò l'avanzata vittoriosa verso il Weser. Poi ripiegò verso Ovest e tornò in Austrasia. La spedizione creò le premesse della conquista militare del Paese e della conversione al Cristianesimo dei suoi abitanti.

Nel 773 i Sassoni si vendicarono incendiando le chiese che Carlomagno, al termine della breve campagna, aveva fatto costruire. Ne seguì una feroce rappresaglia. Non possiamo fare qui la storia di una serie interminabile di guerricciole che durarono fino all'804 quando la Sassonia fu completamente assoggettata. Ci limiteremo a rievocare gli episodi salienti di quella che fu la più grossa impresa militare di Carlomagno. Nel 777 egli convocò a Paderborn un'assemblea di Sassoni e di Franchi, durante la quale i primi giurarono solennemente di sottomettersi ai secondi e di convertirsi al Cristianesimo. Carlomagno ordinò un battesimo in massa. «Creando fedeli a Cristo» ha scritto Joseph Calmette «egli creava anche fedeli allo Stato franco.» Ma quando tornarono nel loro Paese, i Sassoni restaurarono gli antichi culti, ricostruirono gli idoli pagani e presero a perseguitare i missionari cristiani che erano venuti al seguito degli eserciti carolingi.

Per tener testa ai Franchi i Sassoni avevano però bisogno di un capo. Lo trovarono in Vitichindo, un gigante biondo e vigoroso. Come Vercingetorige contro i Romani, Vitichindo fu per quasi un trentennio l'anima della resistenza sassone contro i Franchi. Attaccò e massacrò le guarnigioni carolingie, incendiò le chiese, e svaligiò i monasteri. Carlomagno, che si trovava in quel momento in Spagna, a marce forzate raggiunse il confine orientale, passò il Reno e piombò sui ribelli. Domò la rivolta, ma non riuscì a spegnere i focolai che l'avevano alimentata. Da essi, quattro anni più tardi, partì la scintilla di un'insurrezione ben più violenta di quella precedente. Questa volta la rappresaglia franca fu spietata. Quattromilacinquecento ostaggi sassoni furono giustiziati a Verden, una cittadina sulla riva dell'Aller, a sud di Brema, per ordine di Carlomagno. Da allora la conquista franca fu condotta in maniera sempre più brutale. Nel 785 lo stesso Vitichindo fu costretto a sottomettersi e a farsi battezzare.

Strumento della repressione franca fu nel 785 il cosiddetto «Capitolare sassone», una specie di statuto d'occupazione, il cui contenuto fu riassunto nella formula «Cristianesimo o morte».

Carlomagno trasformò la Sassonia in un'immensa prefettura franca. Creò su tutto il territorio una rete di *Contee* o circoscrizioni militari. A capo di ciascuna pose un Conte con ampi poteri non solo militari ma anche civili, politici e giudiziari. L'opera di pacificazione fu lenta e difficile. Nel 793 una ennesima rivolta divampò nel Paese. Questa volta si trattò di una vera e propria insurrezione popolare. Carlomagno la soffocò sul sorgere e, per impedire che si ripetesse, ordinò la deportazione in Austrasia e in Neustria di migliaia di famiglie sassoni, e al loro posto mise coloni franchi. Questo scambio di popolazioni, che nel XX secolo Stalin imitò nella Unione Sovietica, fu coronato da successo.

Quando nell'804 Carlomagno ordinò l'ultima deportazione, la Sassonia faceva ormai parte dell'Impero franco di cui era il più importante satellite, embrione della futura Germania.

A tredici anni dall'inizio delle ostilità in Sassonia, Carlomagno aprì un secondo fronte in Baviera.

Il territorio, cristianizzato da San Bonifacio, era sede di sei importanti vescovati. L'agricoltura e il commercio costituivano le principali attività dei suoi abitanti, ch'erano fra i più civili d'Europa. Pipino aveva elevato la Baviera al rango di Ducato e l'aveva assegnata al nipote Tassilone, un giovane intraprendente e ambizioso. Sotto di lui la capitale, Ratisbona, era diventata una città ricca e brillante.

Sebbene fosse nominalmente vassallo del Re franco al quale aveva giurato fedeltà, Tassilone era di fatto indipendente. Possedeva esercito e fisco propri, batteva moneta, stringeva e scioglieva alleanze, e si faceva chiamare principe. Nel 776 nominò co-reggente di Baviera il figlio Teotone. Carlomagno, impegnato in Sassonia, fece finta di non accorgersi di questo gesto, che era un'aperta sfida alla sua sovranità. Ma lo scontro tra i due cugini era soltanto rimandato.

Nel 782 il Re franco convocò Tassilone a Worms e l'obbligò a rinnovare quel giuramento di fedeltà che un tempo aveva prestato a Pipino. Come pegno si fece consegnare dodici ostaggi. Nel 782 ad Aquisgrana cominciarono a circolare voci di collusione tra Tassilone e Adelchi, che alla caduta del padre Desiderio era riparato a Bisanzio. Il Duca di Baviera, vedendosi scoperto, spedì a Roma due ambasciatori con l'incarico di indurre Adriano a intercedere in suo favore presso il Re franco, che reclamava l'osservanza del giuramento. Il Papa ribadì le pretese di Carlomagno e minacciò di scomunicare Tassilone qualora avesse tradito l'impegno assunto a Worms.

L'*ultimatum* restò lettera morta. I Franchi allora invasero la Baviera e nella primavera del 788 la conquistarono. Tassilone fu fatto prigioniero e condannato a morte, ma Carlomagno lo graziò e lo fece internare in un monastero. Il Paese fu smembrato in Contee e divenne una provincia franca.

A Est i vicini orientali dei Bavari erano gli Avari, un popolo turco-mongolico, cugini degli Unni dai quali avevano ereditato la barbarie e l'ùzzolo del saccheggio. Erano penetrati in Europa attraverso la Russia, risalendo il corso inferiore del Danubio, e si erano stanziati in Pannonia, l'attuale Ungheria. Avevano stretto alleanza coi Longobardi, e insieme avevano sterminato i Gepidi. Quando Alboino calò in Italia, avevano allargato i loro confini al lago Balaton e al Tibisco. Non avevano una capitale, ma un campo fortificato, di forma circolare, cinto da nove giri concentrici di mura che chiamavano *Ring*, con al centro la tenda del *Khan*, o Re, il quale veniva scelto tra i capi dei vari *clan* che costituivano l'orda.

Gli Avari non praticavano alcuna forma di agricoltura o di commercio. Vivevano di scorrerie nei territori circostanti, soprattutto in quelli meridionali che facevano parte dell'Impero bizantino. Prendevano di mira specialmente le chiese e i conventi. Accumulavano il bottino nel cuore del *Ring*, sotto una grande tenda posta accanto a quella del *Khan*. Gli Avari ai confini della Baviera erano una minaccia seria per i Franchi.

Carlomagno non voleva una guerra sul Danubio. Nel 790 propose al *Khan* un patto di non aggressione. Questi non solo respinse l'offerta ma, in combutta forse con Costantinopoli, provocò una serie di incidenti alla frontiera. Il Re franco allora gli dichiarò guerra. La sua avanzata seminò il panico tra gli Avari che furono letteralmente annientati e cancellati dalla storia. Il *Ring* fu espugnato e il suo tesoro trasportato ad Aquisgrana a bordo di quindici carri trainati ciascuno da quattro buoi.

Ma in mezzo a tanti successi, ci fu anche una disfatta: la campagna di Spagna, col suo tragico epilogo a Roncisvalle.

Carlomagno ordinò la spedizione franca al di là dei Pirenei nell'estate del 778. Essa aveva lo scopo – che non fu raggiunto – di sostenere la ribellione del governatore musulmano di Barcellona, Solimano ben Alarabi, contro il suo sovrano, l'emiro di Cordoba. L'impresa fallì per il tradimento dei seguaci di Solimano. I Franchi furono costretti a battere in ritirata, inseguiti da un piccolo esercito di Baschi. Sul colle di Roncisvalle, il 15 agosto dello stesso anno, la loro retroguardia fu raggiunta dagli spagnoli e trucidata. Numerosi Conti e Duchi palatini, fra i quali il Duca della marca di Bretagna, Orlando, restarono sul terreno.

L'eccidio di Roncisvalle fu qualcosa di più di una semplice scaramuccia, ma molto di meno di quella Waterloo carolingia, in cui la leggenda medievale l'ha trasformata, attraverso le pagine della *Chanson de Roland*. Nel Medioevo il suo eroe divenne più celebre dello stesso Carlomagno, e fornì per secoli il modello del perfetto cavaliere senza macchia e senza paura.

Tuttavia essa ebbe una sua importante e drammatica conseguenza: fermò ai Pirenei l'opera unificatrice del grande Imperatore, e per secoli tenne la Spagna appartata dalla storia d'Europa, con effetti che tuttora in quel Paese si risentono.

L'ORGANIZZAZIONE CAROLINGIA

I Merovingi avevano precipitato l'amministrazione franca nel caos. Carlo Martello e Pipino la ricostruirono. Carlomagno la consolidò, decentrandola ma sottoponendola a un rigido controllo periferico. E questo riassetto coinvolse anche l'Italia da Roma in su.

Le istituzioni fondamentali del regime erano tre: il governo centrale, quelli locali, e i cosiddetti organi intermediari, o *missi dominici*. Il governo centrale risiedeva nelle varie città, poco più che villaggi, che di volta in volta ospitavano Carlomagno nel corso dei suoi frequenti spostamenti. Il fulcro era il Palazzo reale, come ai tempi di Childerico. Ma a differenza d'allora, la figura del maggiordomo era scomparsa.

L'Arcivescovo di Reims, Incmaro, nipote di Carlomagno, ci ha lasciato una minuziosa descrizione della vita palatina. I servizi pubblici s'identificavano con quelli privati e la figura del Re con quella dello Stato. I beni personali del Sovrano erano amministrati con decreti ufficiali. I poteri di Carlomagno erano illimitati e le decisioni che prendeva inappellabili. Convocava il consiglio dei ministri, che era un organo puramente consultivo e lo presiedeva. Ad esso intervenivano i sei segretari di Stato: ch'erano l'arcicappellano, il Conte di palazzo, il camerario, il siniscalco, il coppiere e il conestabile.

L'arcicappellano o ministro del culto era il capo della cappella, della scuola palatina e della Cancelleria. Da lui dipendeva uno *staff* di notai e di archivisti. Era il più alto dignitario di Corte e nella gerarchia di Palazzo occupava il primo posto. Il Conte palatino amministrava la giustizia e ricopriva la carica di ministro degli Interni. Al camerario erano affidati i tre dicasteri degli Esteri, delle Finanze e del Tesoro. Il siniscalco e il coppiere erano intendenti. Il conestabile era il capo delle scuderie e il comandante dell'esercito, di cui la cavalleria corazzata costituiva la spina dorsale.

I vari governi locali s'incarnavano invece nelle *Contee*, dipartimenti di dimensioni variabili, retti da un Conte, o Prefetto, nominato dal Re. Ad esso erano conferiti i poteri militari, fiscali e giudiziari, mentre quelli religiosi venivano esercitati dal Vescovo, che, almeno in teoria, dipendeva dal Pontefice. Il rapporto Vescovo-Conte riproduceva su livello più basso quello Papa-Imperatore. I Conti erano i più alti funzionari periferici. Fra costoro, quando scoppiava una guerra, veniva scelto il *Duca* o *Marchese*, comandante delle forze di una circoscrizione militare, che venivano di volta in volta reclutate tra la popolazione di due o più Contee.

Il governo locale era sottoposto al controllo dei *missi dominici*, o ispettori regi. La loro istituzione fu la chiave di volta dell'amministrazione carolingia. A differenza dei Conti, funzionari permanenti, essi erano delegati temporanei. Venivano reclutati in uguali proporzioni nell'alta burocrazia laica ed ecclesiastica, e avevano il compito di accertarsi che il Conte assicurasse una buona amministrazione nel territorio che il Re gli aveva assegnato, e che soprattutto non esorbitasse dalle competenze che gli erano state attribuite. I *missi* non avevano però solo funzioni di controllo, ma anche poteri discrezionali. Potevano invocare la forza pubblica e invalidare la nomina di ogni funzionario inferiore al Conte, destituire quest'ultimo ma solo dopo avere ottenuto il consenso del Re, al quale andava indirizzata la proposta di revoca; e in caso di vacanza del potere comitale assumevano, a titolo provvisorio, le funzioni di Prefetto. Avevano anche ampie facoltà in materia giudiziaria, costituendosi in Corti d'Appello nei processi «mal giudicati». Non godevano di alcuna diaria e vivevano a spese degli abitanti della Contea di cui garantivano e difendevano i diritti, ricevendone in cambio il giuramento di fedeltà al sovrano, o *sacramentum fidelitatis*, che veniva di solito prestato in una chiesa, sulle reliquie di un Santo.

I doveri che da esso scaturivano erano il servizio militare, l'imposta e il bando. Il servizio militare era un onere privato. I cittadini provvedevano personalmente al proprio equipaggiamento e mantenimento, in misura del loro patrimonio fondiario, computato sulla base del *manso*, ch'era l'estensione di terreno sufficiente a mantenere una famiglia. Coloro che possedevano meno di quattro *mansi* erano esonerati dal servizio di leva. I latifondisti e i grandi monasteri fornivano un numero di soldati corrispondente al numero dei *mansi* diviso per quattro. I renitenti alla leva pagavano una ammenda di centosessanta soldi, ch'era il costo di un soldato. Il reclutamento avveniva per Contea. La mobilitazione si svolgeva nel territorio più vicino al teatro delle operazioni. Il saccheggio era ammesso e largamente praticato dalle truppe che si rifacevano così in parte delle spese sostenute. Dal servizio di leva era esonerato chi rinunciava alla proprietà o chi prendeva gli ordini religiosi. Quest'ultimo aveva però l'obbligo di designare, in sua vece, un laico e di provvedere al suo armamento e sostentamento. L'esercito era formato di fanti e di cavalieri. I meno abbienti combattevano a piedi. I più ricchi a cavallo.

Il secondo obbligo che derivava dal giuramento era il pagamento delle imposte, che erano dirette e indirette. Le prime comprendevano la tassa di famiglia e i doni annuali, che il Conte consegnava al Sovrano nel corso delle grandi assemblee generali. In queste riunioni, che si svolgevano di solito al principio di marzo, venivano discussi i principali problemi del Regno e prese le decisioni militari importanti. Le imposte indirette, ch'erano riscosse da agenti fiscali chiamati *telonarii*, colpivano la vendita sui mercati, il passaggio sui ponti ecc. Il bando, infine, implicava l'obbligo di partecipare alle cosiddette *corvées* ch'erano prestazioni d'opera gratuite di pubblica utilità.

La cultura dell'ex-Gallia romana, sotto i «Re fannulloni», era piombata nella barbarie. Pipino il Vecchio, Carlo Martello e Pipino il Breve erano analfabeti. Le poche scuole non erano frequentate che dai preti. I Germani che avevano sommerso l'Europa, prima che alla cultura, avevano badato a consolidare la conquista.

Con Carlomagno le cose cambiarono. Per l'Imperatore analfabeta, l'ignoranza era un impedimento alla diffusione del Vangelo e alla salvezza dell'anima, insomma qualcosa di mezzo fra la minorazione e il delitto. Egli promosse l'istruzione scolastica mobilitando il clero e fondando scuole nelle cattedrali e nei monasteri, perché a quei tempi i preti e i monaci erano praticamente i soli che sapessero leggere e scrivere.

In quest'opera i suoi maggiori collaboratori furono Alcuino, Paolo Diacono e Eginardo. Alcuino era nato nel 735 in Inghilterra da una cospicua famiglia della Northumbria, e seguì i corsi di seminario a York dove fu consacrato prete. York era allora sede di un'importante università. Fu uno scolaro assai precoce. A undici anni sapeva a memoria Virgilio e aveva letto tutto Sant'Agostino. Era mite, pio e frugale. A vent'anni compì il suo primo viaggio in Italia, dove seguitò a venire anche dopo la nomina a Arcivescovo di York, e dove egli incontrò Carlomagno, il quale, colpito dalla sua erudizione, gli conferì l'abbazia di Ferrières e l'invitò a seguirlo a Quierzy-sur-Oise. In Francia, rimase fino al 796. Fondò scuole, arruolò insegnanti, compilò manuali e dettò i programmi imperniati sullo studio delle «sette arti liberali»: il *trivio* che comprendeva la grammatica, la retorica e la dialettica, e il *quadrivio* che comprendeva l'aritmetica, la geometria, la musica e l'astronomia. Alcuino definì queste materie le «sette colonne del tempio di Salomone», e incaricò il dotto Teodolfo di scrivere su di esse un poema. Nei 796 si ritirò nel celebre monastero di Tours, di cui fu nominato abate, e dove diciotto anni dopo morì.

Paolo Diacono entrò al servizio di Carlomagno nel 782. Era nato nel 725 e aveva trascorso gran parte della sua vita a Pavia. Era stato l'ingegno più brillante alla corte di Desiderio, di cui per lungo tempo fu consigliere. Con la caduta del Regno longobardo, i Franchi gli confiscarono i beni e egli riparò a Benevento. Nel 775 Carlomagno fece arrestare e deportare in Austrasia suo fratello Arichi. Paolo allora gli inviò un poema in cui ne implorava la restituzione. L'opera piacque al Re che liberò Arichi ma in cambio pretese che Paolo si trasferisse a Aquisgrana. Nel 786 accompagnò Carlomagno in Italia. Visitò Firenze, Roma e Montecassino dove passò il resto dei suoi giorni. Nella solitudine del monastero benedettino compose la «Storia dei Longobardi» che è la sua opera più famosa.

Su Eginardo le notizie che abbiamo sono scarse. Sappiamo con certezza che entrò a Corte sulla fine dell'VIII secolo. Era franco di nascita, ma romano di formazione. Carlomagno lo nominò segretario particolare. La sua *Vita Karoli*, che prende a modello Svetonio, è una bella biografia aneddotica e vivace, anche se composta con intenti agiografici.

Alcuino, Paolo Diacono e Eginardo fondarono l'*Accademia Palatina* e le scuole episcopali e monastiche. L'Accademia era un vero e proprio cenacolo di eruditi, qualcosa come i nostri Lincei. Il Presidente era il Ministro della pubblica istruzione, Alcuino. Alle riunioni interveniva anche il Re. Ciascuno dei suoi membri aveva adottato uno pseudonimo ebraico o latino. Carlomagno si chiamava David, Alcuino Flacco, Eginardo Bezaleel. Alle sedute partecipavano anche la figlia del sovrano Rotrude col nome di Colomba e la sorella Gisila con quello di Lucia. Le discussioni erano animate, e non di rado davano origine a vivaci battibecchi.

261

All'ordine del giorno erano, di volta in volta, la lettura dei classici o l'esegesi biblica. Alle dotte dispute erano intercalati cruciverba, sciarade, indovinelli.

Dall'Accademia dipendevano le scuole. In ogni Cattedrale e Monastero ce n'era almeno una. Gli scolari erano reclutati in gran parte tra i contadini e gli schiavi. I nobili erano rari: essi tenevano a vile qualunque occupazione che non fosse quella delle armi. I corsi erano gratuiti, l'istruzione facoltativa, ma solo chi era in possesso di un titolo di studio poteva arruolarsi nell'amministrazione pubblica o nel Clero. Due scuole acquistarono, in breve volgere di tempo, grande rinomanza: quella palatina di Aquisgrana e quella di Tours. La scuola palatina era una specie di seminario riservato all'*élite*, come oggi il *College* inglese di Eton. La lingua ufficiale era il latino. Le lezioni venivano impartite da preti e monaci.

La rinascita carolingia non fu solo letteraria, ma anche artistica. Sotto i Merovingi la Gallia che, durante la dominazione romana, aveva raggiunto un alto grado di civiltà, aveva subìto una lenta ma inesorabile decadenza. Gli edifici dei tempi di Augusto o di Traiano erano stati abbandonati alle ingiurie del tempo, fiorenti città si erano trasformate in necropoli, antichi templi pagani erano caduti in rovina. La Lombardia di Astolfo e di Desiderio, al confronto col Regno franco, era un faro di civiltà e di progresso.

Carlomagno, che aveva il mal della pietra, fu l'artefice di un recupero che ebbe del miracoloso. Arruolò architetti, carpentieri, muratori. Trasportò da Ravenna ad Aquisgrana la statua di Teodorico e la collocò nel cortile del palazzo reale. La rinascita artistica dei Franchi prese a modello Costantinopoli, e le sue caratteristiche costruzioni a rotonda. L'architettura latina aveva come fondamento la basilica di forma oblunga, a tre navate, tagliate da un transetto a croce latina col soffitto in legno. La struttura di quella orientale era invece circolare o poligonale con volta in pietra. Ad

Aquisgrana Carlomagno fece costruire una cappella a cupola, di forma ottagonale, ispirandosi alla chiesa bizantina di San Vitale che aveva visto e ammirato a Ravenna. Il tempio fu decorato con ricchi mosaici e pitture di soggetto sacro.

Lo storico inglese H.A.L. Fisher ha scritto che la rinascita carolingia fu priva di originalità e di vera grandezza. Alcuino, Paolo Diacono ed Eginardo, che ne furono i campioni, non lasciarono nulla che potesse reggere il confronto con la storia di Tacito, i carmi di Catullo o i poemi di Virgilio. Ma il paragone non regge. Dietro Tacito c'era una grande civiltà ormai giunta a maturazione; dietro Alcuino c'era una società analfabeta, appena uscita dal suo ordinamento tribale. L'Accademia Palatina fu tuttavia un polo che attrasse il fior fiore dell'*intellighenzia* contemporanea, e non solo quella franca, ma anche quella latina e quella anglosassone. Senza la rinascita carolingia, con la riscoperta, la trascrizione e la conservazione degli antichi manoscritti greci e latini, l'Umanesimo sarebbe stato impossibile, e la civiltà occidentale avrebbe subìto un diverso corso.

IL CROLLO

Nell'806 Carlomagno convocò una grande assemblea di nobili e di ecclesiastici e spartì l'Impero tra i figli. Assegnò a Pipino l'Aquitania e l'Italia, a Luigi una larga fetta della Baviera e l'Allemagna a sud del Danubio, e a Carlo, che prediligeva, la Neustria, l'Austrasia, una parte della Baviera, la Frisia, la Sassonia e la Turingia. Nel luglio dell'810 morì Pipino e nel dicembre dell'811, a soli trentanove anni, calò nella tomba Carlo. Restava Luigi, soprannominato il Pio. Nell'estate dell'813 il padre l'associò al trono e il 10 settembre dello stesso anno, alla presenza dei Vescovi e dei Conti franchi, gli pose sul capo quella corona imperiale che, la notte di Natale dell'800, egli aveva ricevuto dal Papa, che questa volta non era stato nemmeno consultato. La cerimonia si svolse ad Aquisgrana nella chiesa del Salvatore. Al termine del rito Carlomagno abbracciò il figlio, e tutt'e due scoppiarono a piangere. Il giorno stesso Luigi tornò in Aquitania.

Già da alcuni anni, la salute di Carlomagno aveva cominciato a declinare. Gli attacchi di gotta s'erano fatti sempre più frequenti. Una caduta da cavallo gli aveva procurato una brutta slogatura al piede che l'obbligava a camminare col bastone. Ad Aquisgrana – raccontano i cronisti – s'erano poi verificati certi prodigi che non lasciavano presagire niente di buono. Un giorno, mentre compiva la sua abituale cavalcata mattutina, Carlomagno era stato come folgorato dal bagliore di una stella cadente. La sua spada era andata in frantumi, la lancia che stringeva nella destra era stata scagliata a dieci metri di distanza, e lui stesso era stato scaraventato a terra. Una tragica catena di calamità naturali e di altri fenomeni celesti confermarono in seguito il responso che i maghi trassero da questo episodio.

Ai primi di novembre dell'813 l'Imperatore fu colto da una misteriosa febbre. Com'era solito fare quando non si sentiva bene, si mise a letto in attesa che il male passasse da solo. Si nutriva quasi esclusivamente di succhi di frutta. Le figlie s'avvicendavano al suo capezzale e gli leggevano la Bibbia e la «Città di Dio». Il 21 gennaio dell'814 sopravvenne un'improvvisa complicazione polmonare che – racconta Eginardo – si manifestò con una dolorosa fitta al fianco. Il 27, sentendo vicina la fine, il malato convocò l'Arcivescovo di Colonia, Ildibaldo, che gli somministrò l'estrema unzione. La mattina del 28 cercò di fare il segno della croce, ma la mano per la debolezza gli ricadde sul petto. Morì alle nove dopo aver raccomandato la propria anima a Dio.

La salma fu lavata, vestita e trasportata nella basilica d'Aquisgrana, dove lo stesso giorno fu tumulata in un antico sarcofago, sul quale il figlio Luigi fece scolpire questo epitaffio: «Sotto questa edicola riposa il corpo di Carlo, grande e ortodosso Imperatore che estese nobilmente il regno dei Franchi e governò con fortuna per quarantasette anni. Morì a 72 anni, l'anno del Signore 814, cinque giorni prima delle calende di febbraio».

La morte del suo fondatore fu il principio della fine dell'Impero carolingio. Luigi era un uomo bigotto e malinconico. I sudditi l'avevano soprannominato il Pio per il suo zelo, ma più ancora per la sua dabbenaggine. Era sempre vissuto all'ombra del padre da cui, oltre la corona, aveva ereditato la passione per la caccia. Era stato allevato dai preti di cui era diventato strumento e zimbello. Si recava ogni mattina a messa, osservava scrupolosamente la vigilia, si sottoponeva a penitenze e digiuni.

I sudditi l'amavano perché una volta aveva pagato di tasca sua la *Vanoni* per tutti. Prima che il padre lo coronasse Imperatore avrebbe voluto ritirarsi in convento. Carlomagno commise l'errore d'impedirglielo. Non immaginava che un giorno il figlio avrebbe sfasciato tutto quello che tanto faticosamente egli aveva costruito.

Luigi si sposò a vent'anni con una certa Irmingarda. Il matrimonio era stato combinato da un Vescovo di Corte che l'Imperatore ricompensò con un convento e alcune chiese. Le nozze furono celebrate con grande pompa. Durante la cerimonia Luigi, ch'era vergine, scoppiò in lacrime e distribuì ai fedeli le terre che il padre e il nonno gli avevano trasmesso. Un poeta, che era tra costoro, celebrò il gesto con questi versi: «La ricchezza degli altri sta nei tesori; la tua, Imperatore, nei meriti».

Era uno strano miscuglio di bigotteria e crudeltà. Trascurava i doveri coniugali per cantare i salmi e leggere la Bibbia. Afflitto anche lui come il padre dal mal della pietra, eresse a Ratisbona una basilica coi mattoni ricavati dalle mura della città che aveva fatto demolire. Si fece effigiare con la croce e lo scudo anziché con la spada ch'era stata sin allora l'attributo dei Re carolingi. Era geloso del protocollo al quale non ammetteva deroghe. Proclamava di essere un comune mortale, ma pretendeva che i sudditi gli baciassero i piedi.

Quando fu proclamato Imperatore giurò al padre che avrebbe mantenuto e protetto le sorelle. Morto Carlomagno, le fece invece rapare e rinchiudere in convento: temeva che si sposassero e gli usurpassero il trono. Un trattamento ancora peggiore lo riservò al nipote Bernardo che nell'810 era diventato Re d'Italia.

Bernardo era figlio di Pipino, primogenito del grande Carlo. Pipino era morto prematuramente e la corona era così passata sul capo di Luigi. Su di essa Bernardo non aveva alcun diritto sebbene gli Arcivescovi di Milano e di Cremona avessero cercato di dimostrargli il contrario.

Lo zio dichiarò guerra al nipote e con un codazzo di preti armati puntò in direzione dell'Italia. Bernardo gli andò incontro con poche centinaia di uomini. Il grosso dell'esercito infatti aveva disertato ed era passato al nemico. Lo scontro avvenne, o meglio non avvenne, a Chalon-sur-Saône. Bernardo s'arrese senza combattere. Condotto al cospetto dello zio gli si buttò bocconi ai piedi, gli baciò ripetutamente quello destro e ne invocò la clemenza. Luigi ordinò d'imprigionarlo, poi convocò un tribunale speciale e ve lo deferì. Bernardo e i suoi complici laici furono giudicati per direttissima, riconosciuti colpevoli di alto tradimento e condannati a morte, i Vescovi di Milano e di Cremona furono deposti da un concilio straordinario, e altri ecclesiastici che avevano partecipato al complotto esiliati o relegati in monasteri. Alla vigilia dell'esecuzione Luigi, per intercessione di alcuni preti, commutò la pena di morte in quella dell'accecamento. A Bernardo furono cavati gli occhi, ma l'operazione riuscì male, e dopo tre giorni di agonia il poveretto morì. Fu sepolto a Milano e sulla sua tomba fu scolpito questo epitaffio dettato – pare – dallo zio: «Qui giace Bernardo il Santo». La vendetta dell'Imperatore s'abbatté anche su tre fratelli della vittima, che non avevano partecipato alla congiura ma che erano sospettati di poterne, un giorno, ordire una.

Questo accadeva nell'819. Due anni prima Luigi aveva a sua volta spartito l'Impero tra i figli. Il primogenito Lotario era stato associato al trono. Pipino aveva ottenuto l'Aquitania. A Luigi, detto il *Germanico*, era andata la Baviera. Restava Carlo il *Calvo*, figlio di secondo letto, ch'era ancora un bambino. Luigi l'aveva avuto da una certa Giuditta che aveva sposato dopo la morte di Irmingarda. La perdita della prima moglie lo aveva talmente sconvolto che aveva deciso di rinunciare alla corona per ritirarsi in un convento. I Conti glielo avevano impedito convocando ad Aquisgrana una dieta alla quale avevano invitato anche un centinaio di fanciulle tra le quali Giuditta fu appunto la prescelta. Era una donna astuta e scostumata. L'abate di Corbie l'accusò addirittura di adulterio. Luigi, che l'adorava, ne fu sempre succubo, e per compiacerle assegnò al piccolo Carlo l'Allemagna, la Svizzera e la Franca Contea scatenando fra gli altri figli una guerra civile che durò otto anni. A essa presero parte anche i Vescovi di Vienne, Lione e Amiens che scesero in campo brandendo la lancia della scomunica, un'arma che cominciava a diventare più temibile di quelle cosiddette *convenzionali*. I Vescovi si schierarono contro l'Imperatore e il suo prediletto Carlo.

La rivolta fu un duro colpo per l'Imperatore che cercò – ma invano – di domarla convocando quattro concili. Lotario arruolò anche Papa Gregorio IV che scomunicò Luigi. I Vescovi partigiani dell'Imperatore a loro volta scomunicarono il Pontefice. Gregorio allora tentò una tregua e s'incontrò con Luigi. Il giorno dopo, l'esercito dell'Imperatore passò al nemico. Il luogo dove si era svolto il negoziato da allora si chiamò *Campo delle menzogne*. Luigi s'arrese e consegnò la moglie e il figlioletto a Lotario. Giuditta fu rapata e chiusa in convento. La stessa sorte subì Carlo. Il Papa, trionfante, tornò a Roma.

Luigi fu spodestato e trascinato a Soissons dove si sottopose a pubblica penitenza. Il Vescovo di Reims che gli doveva la diocesi lo depose nella chiesa di Notre-Dame. Poi gli ordinò di togliersi il cinturone e la spada e d'indossare un cilicio ch'era stato deposto ai piedi dell'altare. Quindi, ad alta voce, l'accusò di omicidio e di sacrilegio per aver arruolato truppe durante la Quaresima e convocato il Parlamento il giorno di Venerdì Santo. L'Imperatore fu spogliato delle insegne e dei titoli. Gli rimase solo quello di *Signore*, e per palazzo gli fu assegnato un monastero.

Liquidato il padre e il fratello minore, gli altri tre eredi cominciarono a litigare fra loro. Luigi il *Germanico* e Pipino si allearono contro Lotario ch'era il più arrogante. I Franchi si erano commossi per la sorte di Luigi che non avevano mai amato. Nell'834 Pipino e Luigi il *Germanico* visitarono il padre nel monastero di Saint Denis e gli chiesero di aiutarli contro Lotario. In cambio gli restituirono Giuditta e Carlo. Il Vescovo di Reims fu deposto.

Nell'838 Pipino calò nella tomba. L'Impero fu di nuovo diviso. Luigi il *Germanico*, scontento della sua parte, invase quella di Lotario. Il padre cercò di fermarlo, ci riuscì, ma morì poco dopo di crepacuore scongiurando Lotario di aver cura di Giuditta e Carlo. Nel testamento – riferiscono le fonti ecclesiastiche – confermò le donazioni di Pipino e Carlomagno alla Chiesa. Di suo aggiunse la Sicilia che non gli apparteneva e che era caduta nelle mani del Califfo.

La scomparsa di Luigi scatenò nuove guerre intestine. Lotario si autoproclamò erede dell'Impero contro Luigi il *Germanico* e Carlo il *Calvo* che voleva ridurre a vassalli. I tre fratelli si scontrarono a Fontenoy. Fu una carneficina. Centomila uomini restarono sul terreno e Lotario fu sconfitto. Il trattato di Verdun nell'843 portò a una nuova spartizione dell'Impero, diviso in tre Stati, i cui confini, grosso modo, corrispondono a quelli attuali dell'Italia, della Francia e della Germania. Luigi il *Germanico* ebbe le terre tra il Reno e l'Elba, Carlo gran parte della Francia e la marca spagnola, Lotario – che conservò il titolo imperiale – l'Italia e il territorio compreso tra il Reno a Est, la Schelda, la Saonna e il Rodano a Ovest. Questo regno si chiamò Lotaringia e da esso deriva la moderna Lorena.

Questa divisione fu definita una mostruosità geografica perché la fascia centrale, assegnata a Lotario, includeva due capitali, Roma e Aquisgrana, e inglobava territori che non avevano niente in comune. Nell'842 a Strasburgo Luigi e Carlo si erano giurati reciproca fedeltà. Noi conserviamo il testo di questo giuramento che è il più antico documento in lingua volgare. Luigi parlò in francese, Carlo gli rispose in tedesco, e nessuno dei due capì l'altro.

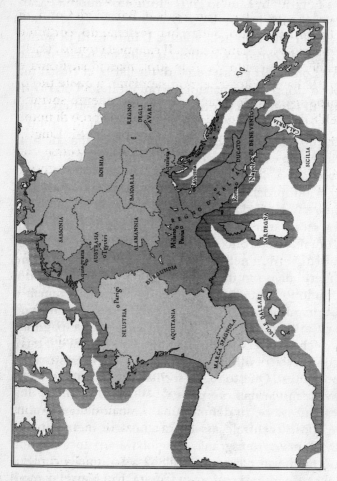

Spartizione dell'Impero dopo il trattato di Verdun (843).

Nell'855 Lotario morì nell'abbazia di Prum dove s'era ritirato. Lasciò tre figli. A Lotario II assegnò la Lorena, a Carlo la Provenza, a Luigi II l'Italia. La Penisola era amministrata a mezzadria dal Re franco, dal Papa e dal Duca di Benevento. C'era poi tutta una miriade di Baroni, di Conti, di abati che fomentavano l'anarchia scatenando continue guerricciole locali. Quando Luigi II calò nella tomba, Carlo con un piccolo esercito varcò le Alpi, marciò su Roma e comprò l'Italia dal Papa che, non sappiamo a quale titolo, se ne proclamava proprietario. L'intraprendente sovrano morì nell'877 avvelenato dal suo medico, un ebreo di nome Sedecia. A Carlo successero Re ancora più inetti: Luigi il *Balbuziente*, Luigi III, Carlomanno e Carlo il *Grosso* che tornò a riunire sotto di sé l'intero Regno di Carlomagno.

Il lettore si sarà perso in questo caos. Si consoli pensando che ci s'era persa tutta l'Europa. Bellicose popolazioni scandinave, i Normanni, premevano a nord. Fra l'880 e l'885 devastarono Liegi, Colonia, Aquisgrana, Treviri, Amiens dove fecero un bottino di dodicimila libbre d'argento. Nell'885 calarono su Parigi. La città difesa dal governatore Odo e dal Vescovo Gozlin sostenne un assedio di tredici mesi. Alla fine Carlo il *Grosso* pagò settecento libbre d'argento ai Normanni e li invitò a invadere la Borgogna. Tre anni dopo l'Imperatore fu deposto da una assemblea di notabili. Negli ultimi tempi aveva dato segni di demenza. Era stato sottoposto alla trapanazione del cranio ma l'operazione non era riuscita. A 47 anni, solo e abbandonato da tutti, anche dalla moglie Riccarda che era diventata l'amante del suo confessore, si ritirò nella diocesi di Magonza dove morì tra le braccia del Vescovo.

Era praticamente la fine di una dinastia, quella carolingia, che aveva avuto tre protagonisti – Carlo Martello, Pipino e Carlomagno – e molte comparse. In cento anni l'Europa aveva cambiato faccia. Aveva perduto l'impronta romana per acquistarne una germanica.

Ma oltre a quello tedesco c'era ora, con rango di protagonista, anche un altro elemento: quei Saraceni che, per quanto arrestati dagli eserciti franchi a Poitiers, dominavano tutto il Mediterraneo, la Sicilia e la Spagna. Per fortuna, allo sfacelo dell'Impero carolingio, non erano più in fase di conquista militare. Ma ne stavano svolgendo un'altra, culturale, i cui riflessi sulla civiltà europea furono immensi.

Il lettore quindi ci perdonerà se apriamo una parentesi di alcuni capitoli per rintracciare le vicende di questa cavalcata araba fino ai Pirenei. Non è colpa nostra se un certo filone della civiltà europea, e quindi anche italiana, comincia alla Mecca e a Medina.

PARTE TERZA
L'ISLAM IN EUROPA

CAPITOLO TRENTACINQUESIMO
IL PROFETA

L'Arabia è una penisola desertica che fino al VI secolo era rimasta estranea ad ogni influsso di civiltà. Già il suo nome è poco invitante: *arab* significa *arido*. Solo una volta i Romani avevano cercato di penetrarvi. Ma furono decimati dal caldo e dalle epidemie, e da allora in poi si contentarono di tenere una guarnigione a Aden per controllare la rotta e i traffici del Mar Rosso.

L'interno è un altipiano sabbioso che arriva sino a 4000 metri, dove di giorno il sole brucia gli occhi e arrostisce la pelle, mentre di notte il termometro scende sotto zero. Villaggi di fango sorgevano (e tuttora sorgono) a grandi distanze fra loro, là dove sgorgava una polla d'acqua e formava un'oasi. Una volta ogni mezzo secolo la neve cade sui picchi più alti. L'aria è scintillante, il cielo terso e duro come un cristallo, le stelle sembrano vicinissime. I Greci, che non esplorarono mai questa immensa penisola, la più vasta del mondo, chiamarono i suoi abitanti *Saraceni*, che vuol dire «uomini dell'Oriente».

Questi uomini erano di origine semitica e di pelle bianca, anche se abbronzata dal sole. Angariati ma anche protetti dalla inospitalità della loro terra, non avevano mai sentito il bisogno di unirsi e di formare ciò che oggi si chiama una «nazione». La maggior parte erano beduini nomadi, che trascorrevano la giornata a bordo di cavalli e cammelli, ammazzandosi tra loro per il possesso di un pozzo con la poca erba che vi cresceva intorno. Erano suscettibili, orgogliosi e anarchici. L'unico vincolo sociale a cui obbedivano era quello della tribù, comandata da uno *Sceicco*. La loro oc-

275

cupazione favorita era la guerra, il loro riposo la donna. Ne sposavano molte, mettendo al mondo caterve di figli, affidandone la selezione alle epidemie, carestie e siccità che ne lasciavano in vita ben pochi; e il loro sogno, quasi sempre realizzato, era di morire con l'arma in pugno. Parlavano una lingua molto simile all'ebraico, ma quasi nessuno sapeva leggerla e scriverla. Anche i poeti erano analfabeti, e ce n'erano molti; anzi, lo erano un po' tutti. Per un mese all'anno le tribù si cimentavano in gare di strofe e di versi, che spesso finivano in carneficine.

Avevano una curiosa religione politeistica. Credevano nella luna, nelle stelle e in una quantità di *jinn* o spiriti, i quali col tempo si erano talmente moltiplicati che gli stessi fedeli non ci capivano più nulla e, disperando di poterseli tutti propiziare, si rimettevano fatalisticamente alla sorte senza troppo credere che ce ne fosse qualcuna oltre la vita terrena. Tuttavia, quando morivano, facevano legare il cammello alla propria tomba per farsi trasportare in un paradiso pieno di femmine, di cavalli e di zuffe, che rappresentava la loro vaga e indefinita speranza.

Questa religione aveva la sua capitale alla Mecca, il suo tempio nella *Kaaba*, e il suo altare nella Pietra Nera.

La Mecca era la città più importante della penisola, ma il suo primato non era dovuto a privilegi climatici e naturali. Sorgeva in una valle sassosa e arida, flagellata dal caldo, dove non cresceva una pianta. Ma, per la sua vicinanza al Mar Rosso, era un punto di passaggio obbligato per le carovane in transito dall'Egitto all'India e viceversa. Una delle due sue maggiori industrie erano infatti le compagnie di trasporto, alcune delle quali disponevano anche di mille cammelli. L'altra era la *Kaaba*, mèta di pellegrinaggi.

Kaaba significa *cubo*. È un edificio rettangolare di pietra, alto una quindicina di metri, di cui gli Arabi dicono ch'è stato ricostruito dieci volte: la prima dagli angeli, la seconda da Adamo, l'ultima da Maometto, ed è quella che anche oggi si vede. In un angolo affiora dalla terra la famosa Pietra Nera, che in realtà è rossastra, di forma ovale. Non è nulla più di un ciòtolo levigato, ma gli Arabi dicono ch'è sceso dal cielo, e forse è vero perché si tratta probabilmente d'un meteorite.

Ma, oltre la Pietra, nella *Kaaba* c'erano anche altri idoli, ognuno dei quali rappresentava un Dio. Uno di essi era chiamato *Allah*, ed era il più importante di tutti perché più importante di tutte era la tribù che lo aveva adottato come patrono: quella dei Quraish. Essi si consideravano discendenti diretti di Abramo e di Ismaele, e per questa divina origine amministravano gl'introiti del tempio, ne nominavano i guardiani ed esercitavano una specie di supervisione anche sul governo della Mecca. Però, da buoni Arabi, nemmeno i Quraish riuscirono a restare uniti. Nel VI secolo erano divisi in due rami rivali e nemici. Uno era guidato dal ricco e caritatevole mercante Hashem; l'altro dal suo geloso nipote Umaya. A Hashem successe il fratello Abd al-Muttalib. E il figlio di costui nel 568 sposò una sua lontana parente, Amina, anch'essa dei Quraish.

Da quattro anni l'Imperatore d'Oriente Giustiniano aveva raggiunto nella tomba la moglie Teodora, e i suoi eserciti disputavano l'Italia ai Longobardi, quando in questa città santa dell'Arabia, piccolo grumo di capanne di fango accecato dal sole e dalla sabbia, e appestato dal puzzo dei cammelli, Amina mise al mondo un bambino, cui fu posto il nome di Mohamed, che noi occidentali abbiamo tradotto in Maometto e che significa «altamente lodato». Correva l'anno 569, e Maometto nacque già orfano, perché suo padre aveva appena avuto il tempo di concepirlo. Tre giorni dopo le nozze era partito per uno dei suoi soliti viaggi di commercio, ed era morto a Medina senza fare in tempo a conoscere il suo erede, cui lasciava un nome rispettato, ma un patrimonio piuttosto modesto: cinque cammelli, un gregge di capre, una casuccia di fango e una schiava che lo allattò.

Sei anni dopo anche Amina morì, e il bambino fu preso in custodia dal nonno Abd al-Muttalib che gli prodigò tutte le cure, meno quella dell'istruzione. Sebbene fosse la più cospicua della città, nemmeno la dinastia dei Quraish aveva molta confidenza con l'alfabeto. Solo pochi di loro lo conoscevano, e Maometto non fu di questi. Non imparò mai a leggere e a scrivere. Queste operazioni le diede sempre in appalto ad amanuensi. Ma ciò non gl'impedì di comporre più tardi il più grande e poetico libro che mai sia stato scritto in lingua araba.

Della sua giovinezza non sappiamo quasi nulla. Secondo una tradizione di cui non c'è motivo di diffidare, a dodici anni fece la sua prima carovana agli ordini di suo zio Abu Talib. Quel viaggio lo condusse a Bostra in Siria, dove probabilmente orecchiò qualcosa del monoteismo ebraico e di quello cristiano, cioè del Vecchio e del Nuovo Testamento. Ma si tratta di supposizioni. A Bostra tornò anni dopo in veste di procuratore o rappresentante di una ricca vedova della Mecca, Khadija. Doveva essere costei una donna fuor del comune perché, in barba al costume arabo che condannava le vedove a mettersi sotto la tutela di un parente maschio e a consumarsi nel lutto e nel buio della propria casa, aveva continuato con abilità e energia gli affari del marito, moltiplicando il patrimonio. A venticinque anni, sebbene lei ne avesse quaranta e fosse madre di numerosa prole, Maometto la sposò. E non ci sarebbe stato nulla di strano se, al modo arabo, si fosse poi preso anche altre mogli più fresche. Invece visse con lei monogamicamente, ne ebbe alcune figlie di cui una, Fatima, destinata alla celebrità, e due figli, che gli morirono bambini. Egli se ne consolò adottando il cugino Alì, figlio di Abu Talib, quando rimase orfano. Khadija fu una compagna ammirevole. Lo dispensò da ogni materiale preoccupazione continuando a gestire i propri affari, e fu il suo sostegno nelle traversie che lo attendevano. Quando morì, egli la rimpiazzò con parecchie altre mogli, e stavolta molto più giovani. Ma nessuna di esse riuscì a fargliela dimenticare.

A risvegliare in lui degl'interessi religiosi, furono i cristiani. Alla Mecca ce n'era qualcuno. E con uno di essi, cugino di Khadija, che conosceva le Sacre Scritture, ebbe molti rapporti. Più tardi andò a Medina, forse per visitare la tomba di suo padre, conobbe parecchi Ebrei che avevano lì una forte colonia, e vi tornò sovente. Non c'è dubbio che da questi contatti nacque la sua ammirazione non solo per la superiore morale giudaica e cristiana, ma anche per una religione centrata su un solo Dio e rivelata attraverso un Libro Sacro che ne conteneva gl'intoccabili dettami. Molti Arabi sentivano vagamente il bisogno di qualcosa che mettesse fine al loro stato di anarchia e imponesse un codice di civile convivenza a quelle tribù divise dalle rivalità e dalle vendette. Alcuni di essi avevano formato una setta che rifiutava l'idolatria della *Kaaba* e propagandava l'idea di un Dio unico e universale al di sopra di tutto e di tutti. È sempre dall'attesa del loro avvento che nascono i profeti.

Maometto stentò parecchio a rendersi conto di esserlo. Solo verso i quarant'anni prese l'abitudine di dedicare alla preghiera e alla meditazione il mese santo del Ramadan in una grotta del Monte Hira, a cinque chilometri dalla città. Suo figlio Alì ce lo descrive a quel tempo come un uomo di statura un po' inferiore alla media, di costituzione piuttosto delicata, nervoso e impressionabile, facile alla collera che gl'imporporava il volto e gli faceva rigonfiare in modo allarmante le vene del collo. Dominava però abbastanza bene i suoi impulsi. Aveva molto senso di umorismo, ma lo sfoggiava solo tra i suoi intimi. In pubblico non rideva quasi mai e conservava una impassibile dignità.

Nel 610, quando aveva già passato la quarantina, una notte che dormiva nel suo antro di montagna, l'arcangelo Gabriele gli apparve in sogno e, tendendogli una pezza di broccato su cui erano ricamate alcune parole, gli disse:

«Leggi!» Il dormiente gli rispose che non sapeva, ma l'arcangelo gli ripeté la sua ingiunzione. Maometto lesse ad alta voce, come se quelle parole fossero scritte nei suoi precordi. Svegliatosi, se le ricordò, prese a salire la montagna finché udì una voce dal cielo che gridava: «O Maometto, tu sei il messaggero di Allah, e io sono Gabriele!» Sollevò lo sguardo e vide profilata nell'azzurro la forma di un uomo che ripeteva lo stesso ammonimento.

Tornato a casa, raccontò la sua visione a Khadija, che non ebbe dubbi sulla sua autenticità e sul suo significato. Da allora in poi quelle estasi si ripeterono di frequente. Talvolta esse lo coglievano quando cavalcava il cammello, che vi partecipava smorzando il passo e i movimenti. Maometto ne avvertiva il sintomo da una forte trasudazione e da uno scampanio negli orecchi, cui spesso seguiva uno svenimento. Forse si trattava di crisi di epilessia. Comunque, era in questi stati di *trance* che riceveva, di solito per bocca di Gabriele, le rivelazioni. Alla domanda come facesse a ricordarle quando tornava alla realtà, rispondeva che Gabriele gliele faceva ripetere più volte.

L'EGIRA

Nei cinque anni che seguirono, Maometto affermò con sempre maggiore insistenza ch'egli era il Profeta prescelto da Allah, cioè da Dio, per condurre gli Arabi sulla strada della verità. Ma il difficile era farlo credere. La Mecca era una città mercantile e scettica, che viveva soprattutto dei proventi della *Kaaba* coi suoi molti dèi. Sacrificarli al solo Allah era un pessimo affare, oltre che un oltraggio alla tradizione, all'abitudine e alla superstizione. Maometto tentò di rendere più attraente il proprio credo con particolareggiate descrizioni delle celesti beatitudini che attendevano i credenti. Ma per parecchio tempo non ne ebbe altri al di fuori di sua moglie, di Alì e della serva Zaide, una schiava ch'egli aveva affrancato.

Ad essi finalmente si aggiunse un quarto adepto di alto rango. Abu Bekr era un Quraish di gran prestigio e ricchezza. La sua conversione fece colpo e provocò quella di altri cinque «notabili» che con lui formarono «i Sei Compagni» o Apostoli, trascrissero le parole del Profeta, e ne diventarono i biografi e i propagandisti. Forte del loro appoggio, Maometto mise assedio alla *Kaaba* per predicare ai pellegrini che vi si recavano. I Quraish, che fin lì avevano sorriso di quel loro parente considerandolo di cervello un po' balzano, stavolta si allarmarono: la *Kaaba* era la loro industria. E forse sarebbero passati a vie di fatto senza l'energico intervento di Abu Talib. Questi non si era convertito. Ma voleva bene a suo nipote e aveva vivo il senso della solidarietà familiare. Sotto la sua protezione, Maometto poté continuare la sua opera di proselitismo. Soprattutto il popolino ne era attratto perché la parola del Profeta conteneva un messaggio di giustizia e carità. Non potendolo coi liberi cittadini che accorrevano ad ascoltarlo, i Quraish se la rifecero con gli schiavi, su cui avevano diritto di vita e di morte. Ma Abu Bekr prosciugò la propria cassaforte per riscattarli. È facile capire quali zelanti proseliti d'allora in poi Maometto ebbe in costoro.

Ora però che la nuova fede intaccava anche lo schiavismo su cui si basava l'economia di quella rozza società, le reazioni si fecero così violente che Maometto e i suoi conversi decisero di trasferirsi altrove. Ma Taif, dove pensavano di acquartierarsi, li respinse per evitare dissapori con la Mecca. Fu un momento critico, per il Profeta. Uno dopo l'altro morirono Abu Talib, il grande protettore, e Khadija, la fedele compagna. Maometto trovava conforto solo nelle sue visioni. Una notte sognò di essere a Gerusalemme, dove un cavallo alato lo condusse in cielo. La leggenda di questo volo fece di Gerusalemme una delle tre città sante della religione islamica, come già lo era di quella ebraica e cristiana.

Maometto si consolò della vedovanza sposando due mogli (cui poi ne aggiunse varie altre): la vedova Sauda di quarant'anni, e la figlia di Abu Bekr, Aisha, che ne aveva sette. L'una, immaginiamo, per usi diurni, l'altra per usi notturni. Seguitava a predicare nella *Kaaba*, dove riscosse un certo successo coi pellegrini di Medina già mezzo convertiti dagli ebrei all'idea di un unico Dio. Essi lo invitavano a trasferirsi nella loro città, e lo fecero proprio nel momento giusto. Il nuovo capo del ramo Umaya dei Quraish, Abu Sufyan, aveva deciso di eliminare il guastafeste hascemita. Maometto fece appena in tempo a sottrarsi ai suoi sicari. Il giorno della sua fuga o *Egira* a Medina, 16 luglio 622, diventò per i seguaci della sua religione quello che per noi cristiani è il giorno di nascita di Gesù: l'inizio della nuova èra.

Medina, trecento chilometri più al Nord, era una piccola città di giardini, di palme e di datteri. Maometto, che vi era stato preceduto da duecento seguaci della Mecca con le rispettive famiglie, fu accolto con entusiasmo. Ognuno voleva che si fermasse nella sua casa. E il Profeta, per prevenire gelosie, rispose diplomaticamente: «Lasciate fare il cammello. Dove si ferma, mi fermerò». Il cammello scelse un bel posticino un po' fuori dell'abitato. Lì Maometto fece costruire la sua prima chiesa, o moschea, e due casette, una per Sauda, l'altra per Aisha, fra le quali faceva la spola. Altre ne aggiunse più tardi, via via che prendeva una nuova moglie.

Quando la moschea fu pronta, egli vi tenne una cerimonia con cui praticamente dettò i cànoni, semplicissimi, della sua liturgia. Salì sul pulpito, lanciò il grido: «Allah è grande!», cui tutti i fedeli fecero coro, si curvò a pregare volgendo le spalle alla gente. Poi rinculando discese i gradini, e in fondo si prostrò tre volte col volto schiacciato sul pavimento in direzione di Gerusalemme. Queste tre prostrazioni furono d'allora in poi il simbolo dell'*Islam*, parola che significa «pace» o «abbandono» (in Dio). Finalmente volgendosi ai fedeli disse che questo era il rituale da seguirsi, sia nella moschea che nel deserto e dovunque altrove; e li chiamò *Musulmani*, che significa «coloro che hanno fatto pace con Dio».

C'erano tuttavia parecchie difficoltà da superare. I Musulmani erano divisi in due comunità, i *Rifugiati* (della Mecca) e i *Soccorritori* (di Medina) che non si vedevano di buon occhio. Maometto li accoppiò due per due in un vincolo di fratellanza adottiva sanzionato dal giuramento.

La maggioranza dei medinesi non accettavano il suo credo: con suprema abilità il Profeta li chiamò «i Dissidenti», come se fossero loro ad essersi distaccati dalla sua religione, invece che lui da quella loro, e li divise stipulando un concordato con le numerose e forti comunità ebraiche. Ciò gli permise di conquistare anche il potere civile e amministrativo sulla città: tratto destinato a restare caratteristico dell'Islam, che vuole incarnati nella stessa persona il potere temporale e quello spirituale.

Ora però che era praticamente il Re di Medina, dovette risolverne anche i problemi materiali, ch'erano piuttosto complicati. Con l'immigrazione dei Rifugiati, la città era minacciata dalla carestia. Maometto si ricordò di essere arabo e ordinò ai suoi luogotenenti di fare ciò che gli Arabi fanno quando hanno fame: l'assalto alla diligenza. Le carovane in transito da e per la Mecca vennero regolarmente attaccate e alleggerite dei loro carichi. Questa fu la scuola di guerra a cui si formarono i famosi Generali di Maometto che dovevano sbigottire il mondo con le loro gesta napoleoniche. La legge del Profeta era semplice e precisa: quattro quinti della preda bellica andavano a coloro che se la conquistavano; l'altro quinto a lui per il finanziamento della propaganda. Il saccheggiatore che ci perdeva la vita ci guadagnava il paradiso, e la sua parte di bottino andava alla vedova.

Alla Mecca, centro delle compagnie di trasporto che organizzavano le carovane, la reazione fu violenta. Abu Sufyan organizzò un esercito di mille uomini per infliggere ai predoni un castigo esemplare. Maometto gli andò incontro guidando personalmente trecento dei suoi. Forse, se avesse perso quella battaglia, non ci sarebbe mai stato un Islam. Invece vinse, attribuì quel trionfo ad Allah, e dimostrò a tutti quale potenziale guerriero covasse dentro lo zelo religioso dei suoi seguaci. Abu Sufyan, scampato alla morte, giurò che non avrebbe più toccato nessuna delle sue mogli prima di aver vendicato quell'umiliazione.

Doveva essere un uomo padrone dei propri impulsi perché impiegò un anno a preparare la rivincita. Ma neanche il Profeta stette con le mani in mano. Forte della vittoria, egli aveva istaurato ormai un governo autocratico non senza un pizzico di culto della personalità. Fece pugnalare un poeta e una poetessa medinesi che lo avevano corbellato coi loro versi, ruppe con gli Ebrei che gradivano poco quei sistemi autoritari, li isolò nel loro quartiere, e li spogliò dei loro beni. Fu in seguito a questi fatti che cambiò il proprio rituale: la prostrazione nella preghiera, invece che in direzione di Gerusalemme, doveva essere eseguita in direzione della Mecca.

Sufyan ebbe la sua vendetta nel 625, quando i suoi 3000 uomini batterono i 1000 di Maometto, che quasi lasciò la pelle sulle colline Ohod e fu a stento salvato dai suoi. Ma Medina si rivelò imprendibile. Dopo un mese di assedio i meccani dovettero ritirarsi, e Maometto se la rifece sugli Ebrei mettendoli alla scelta: o la conversione all'Islam, o la morte. Gli ebrei scelsero la morte. Il Profeta ne fece accoppare 600, tutti quelli validi alle armi, e vendette le donne e i bambini come schiavi. Poi intavolò trattative di pace con la Mecca, chiedendo per sé e per i suoi rifugiati il permesso di tornarvi in pacifico pellegrinaggio. I Quraish glielo consentirono e anzi, per evitare attriti, si ritirarono sulle colline circostanti. Il pellegrinaggio fu per il Profeta una vittoria più importante di quelle che aveva ottenuto sul campo di battaglia. La Mecca strabiliò allo spettacolo di disciplina e di pietà che offrirono i 2000 Musulmani. Fecero sette volte il giro della *Kaaba*; poi, mentre Maometto s'inchinava reverente sulla Pietra Nera, gridarono: «Non c'è altro Dio che Allah!» Com'era successo seicent'anni innanzi ai primi seguaci ebrei di Gesù che nel Cristianesimo videro una semplice riforma dell'ebraismo, molti meccani videro nella liturgia del Profeta solo un aggiornamento di quella tradizionale, che non offendeva il culto della Pietra Nera; e l'accettarono. Partito da Medina con 2000 seguaci, Maometto vi tornò con quattro o cinquemila. E capì che aveva vinto.

Per ottenere il permesso del pellegrinaggio aveva stipulato coi Quraish un armistizio di dieci anni. Ma non lo rispettò. Con speciosi pretesti, ruppe la tregua e marciò sulla Mecca con 10.000 uomini. Abu Sufyan si rese conto che la partita era persa e non gli si oppose. Cavallerescamente il Profeta concesse un'amnistia a tutti i suoi nemici, meno tre o quattro che furono spicciativamente soppressi. Distrusse gl'idoli della *Kaaba*, ma rispettò la Pietra Nera e sanzionò il bacio ritualistico su di essa. Proclamò la Mecca città santa dell'Islam, confermando così il suo primato religioso. E da quel momento riunì nella sua persona i poteri di Dio e di Cesare.

Aveva ormai sessant'anni e gliene restava da vivere due soli. Li spese bene, governando insieme con autorità e clemenza. Le conversioni assunsero un ritmo incalzante. A lui si arrese anche il più famoso poeta arabo, Kab ibn Zuhair, rimastogli fino a quel momento acerrimo nemico, e compose per lui un poema così ispirato che Maometto gli gettò sulle spalle il proprio mantello. La sacra reliquia ora fa parte del tesoro dei Turchi, e talvolta viene usata come vessillo nazionale.

Maometto non era un legislatore, e non compose nessun codice alla Giustiniano. Esso fu ricavato alla meglio dall'insieme dei verdetti che formulava a voce, via via che c'era un problema da risolvere. Modestamente, egli ne attribuiva la paternità a Allah che gliel'ispirava attraverso il sistema dell'estasi. Era un Dio molto soccorrevole, Allah. Gli suggeriva le decisioni da prendere anche nelle sue piccole difficoltà personali e familiari, quando per esempio le sue mogli cercarono d'impedirgli di sposare sua nuora Zaide. Disse ch'era Allah a ordinarglielo, e le pettegole si chetarono.

Così il Profeta confermò anche con l'esempio la poligamia già praticata dagli Arabi, anzi la impose come obbligo morale, e ne fece egli stesso largo uso. Molti suoi matrimoni furono atti di carità e di cortesia per esempio verso le vedove di suoi amici e seguaci. Altri furono suggeriti dalla diplomazia come quello con la figlia di Abu Sufyan. Ma altri ancora furono proprio matrimoni di amore, o almeno di piacere. Aisha si ricordava sempre di avergli sentito dire che al mondo ci sono solo tre delizie: le belle donne, i buoni odori e le preghiere sante.

Fu un grande organizzatore civile e militare, e gli effetti si videro dopo la sua morte quando il piccolo esercito arabo si lanciò in una impresa più vasta, ma non altrettanto effimera, di quella di Alessandro il Grande. In una sola cosa si mostrò poco illuminato: nella riforma del calendario. Come gli Ebrei, gli Arabi avevano diviso l'anno in dodici mesi di ventotto giorni. Ogni tre anni, per rimettersi al passo col sole, aggiungevano un mese supplementare. Maometto abolì quest'ultimo imponendo una ripartizione in mesi alternativamente di trenta e ventinove giorni. Così il calendario musulmano perse il passo con la vicenda delle stagioni e ogni trentadue anni e mezzo si trovò in anticipo di un anno sul calendario cristiano.

Il Profeta viveva molto semplicemente. L'unico suo lusso era quella collezione di mogli, fra le quali imparzialmente divideva le sue notti. La più indocile e possessiva era Aisha che coi suoi capricci riuscì a coalizzare le altre contro di sé. Per sedare la zuffa, il Profeta si fece spedire da Allah una speciale «rivelazione» che ristabilì la disciplina. Le trattava tutte con molta cortesia, spesso aiutandole nei lavori domestici come un buon marito americano. Andava al mercato a fare la spesa, spazzava il piancito, accendeva il fuoco, e talvolta i passanti lo vedevano sulla porta di casa che si rammendava il vestito. Era sobrio. La sua dieta consisteva di pane, datteri, latte e miele; e in obbedienza ai propri dettami, fu sempre astemio.

Ma tanta modestia di abitudini non era che la facciata di un immenso orgoglio che talvolta sconfinava anche nella vanità. Al dito portava un anello su cui era iscritto: «Maometto, messaggero di Allah», si cospargeva di aromi, si tingeva i capelli e si bistrava gli occhi. Gli faceva piacere essere al centro della generale adorazione, ma si seccava quando diventava troppo insistente e minacciava la sua privatezza. «Lasciami solo» disse una volta a un ammiratore che l'ossessionava con la sua presenza «in modo che il mio desiderio di te possa crescere.» Giudice giusto e magnanimo, era in battaglia un guerriero spietato. Non aveva nulla del «Santo» nel senso che noi cristiani diamo a questo attributo.

Da quando era tornato alla Mecca, la sua salute aveva cominciato a declinare. Egli ne dava la colpa a un veleno che i suoi nemici gli avrebbero propinato. Soffriva di febbri e di emicranie che si facevano sempre più frequenti. Una notte sulla fine di maggio del 632 che giaceva con Aisha, anch'essa lamentò un gran mal di testa. Scherzando, egli le chiese se desiderava morire con lui in modo da essere sepolta accanto al Profeta. «Con te, sì» rispose Aisha «ma non prima, altrimenti mi rimpiazzeresti con un'altra al ritorno dal cimitero.» Per due settimane la febbre lo inchiodò a letto. Il 4 giugno si alzò, si trascinò fino alla moschea, vide Abu Bekr officiarvi, e invece di prenderne il posto, sedette umilmente accanto a lui pregando. Era, chiaramente, la designazione del successore. Subito dopo entrò in agonia, e il 7 la morte lo colse con la testa affondata nel seno fresco e turgido di Aisha.

LA GRANDE DIASPORA

La grande eredità di Maometto fu il *Corano*, parola che significa «lettura» o «discorso». A differenza della Bibbia, è l'opera di un uomo solo, che non la scrisse di sua mano e nemmeno la dettò. Fu ricostruita a memoria da Abu Bekr e dagli altri «Compagni» che ricordavano perfettamente ciò che il Profeta aveva detto, e ne ricomposero i frammenti in un manoscritto che fu definitivamente ordinato nel 651. Ma si tratta di un ordine molto relativo e solo formale. I 114 capitoli o *sure* di cui è composto sono elencati non secondo la loro materia e importanza, ma secondo la loro decrescente lunghezza. E dentro c'è tutto, alla rinfusa: affermazioni di dottrina, regole liturgiche, consigli di economia, proclami di vittoria, denunce di nemici, apologhi, e perfino aneddoti. Ma in compenso c'è, dicono gl'intenditori, una meravigliosa unità di stile appassionato e poetico che in molti passaggi ricorda Isaia e fa di questo libro il più puro, il più splendido, il più smagliante di tutta la letteratura araba.

La fonte d'ispirazione è sempre la solita, cioè quella ebraica, cui aveva attinto anche il Cristianesimo. Sul punto fondamentale le tre religioni sono d'accordo: un Dio solo e supremo, dopo averlo creato, guida il mondo, sia pure attraverso gli errori degli uomini, verso la finale salvezza. Il Cristianesimo aveva aggiunto che questo Dio si manifesta in tre distinte persone: il Padre, il Figlio e lo Spirito Santo. Come per gli Ebrei, così per i Musulmani, questa è eresia politeista. Il Corano la contesta con violenza, e il *Muezzin* dall'alto del minareto riafferma polemicamente ogni giorno: «C'è un Dio solo: Allah!»

Non ci perderemo in questioni teologiche che esulano dai nostri compiti. A noi interessa solo vedere come e perché l'Islam riuscì a fare di pochi e sparpagliati nomadi senza storia prima una nazione, poi un impero mondiale, e ancora oggi rappresenta una delle grandi potenze della terra.

Maometto fu il primo arabo che superò la concezione tribale. Prima di lui ogni tribù era una unità che costituiva una specie di rozzo Stato per conto suo con una sua propria religione, incarnata in un idolo della *Kaaba*. Abbattendoli tutti e proclamando che c'era un Dio solo, Allah, Maometto fondò lo Stato nazionale. Egli disse e – ciò che più conta – riuscì a far credere che i Musulmani formavano una «fratellanza», che esigeva la rinunzia alle lotte intestine. Gli effetti pratici e politici non si fecero attendere: le endemiche guerre di razzia cessarono di dissanguare l'Arabia. Ma di effetti ce ne fu anche un altro. Il Profeta aveva detto che Allah era il Dio non soltanto degli Arabi, ma di tutti. Quindi i suoi seguaci avevano il dovere di portarne il Verbo in tutto il mondo e di convertirvi quanta più gente potevano. Non è vero però che il Corano incoraggiasse a sterminare chi resisteva. «Tratta i miscredenti con gentilezza» esso dice. «Se ti voltano le spalle, continua a predicare senza recar loro offesa.» Questo impulso di proselitismo fu tanto più efficace in quanto si conciliava molto bene col vecchio ùzzolo peripatetico e conquistatore degli Arabi, e col bisogno che ora, uniti, maggiormente sentivano di terre più fertili e ricche del loro sabbioso altopiano. Così la Fede fondeva quelle bande di predoni in un esercito e forniva un alibi ideologico alla sua forza aggressiva.

Non c'è nel credo musulmano nessuna traccia di misticismo, che favorisca il ripiegamento contemplativo e speculativo. Non c'è sacerdozio, non c'è rituale, fuori della preghiera condita dei tre inchini, che non richiedono una chiesa perché si possono fare dovunque. Il credente sa che

Dio ha già deciso tutto per lui. Non c'è quindi che da abbandonarsi nelle sue mani e secondarne la volontà. Nel corso dei secoli questa convinzione si sarebbe tradotta in quell'inerte fatalismo che ha praticamente mummificato la civiltà araba. Ma allora sortì solo l'effetto di armare i Musulmani di un tranquillo coraggio e di un sovrano disprezzo per la morte. Ognuno di essi sapeva che il paradiso si guadagna in un modo solo: accettando il proprio destino. A questo si aggiungevano i precetti, zelantemente osservati, di un'etica puritana. Il Profeta non aveva castigato la sensualità degli Arabi, ma ad essa aveva limitato la sua indulgenza. Prendessero pure quante mogli volevano (in paradiso ne avrebbero avute anche di più): la guerra mangia gli uomini, e quindi bisogna procrearne molti. Ma per tutto il resto, i suoi divieti sono rigorosi: essi impongono la dieta più sobria, la disciplina più dura, le rinunzie più gravi.

Insomma, oltre a dargli finalmente un sentimento nazionale e una lingua codificata, il Corano fornì agli Arabi il catechismo di una milizia missionaria. Essi partirono alla conquista del mondo cristiano potendo opporre non soltanto spada a spada, ma anche Scrittura a Scrittura. Il grande dramma del Medioevo si sarebbe giocato sulla lotta fra tre libri, tutti di origine ebraica: la Bibbia, il Vangelo e il Corano. Per il primo, il Profeta di Dio doveva ancora apparire sulla terra. Per il secondo, era apparso con Gesù. Per il terzo, con Maometto. Ma, si chiamasse Dio, o Jeovah, o Allah, era per tutti e tre l'Onnipotente Signore ebreo del Vecchio Testamento.

Eppure, su questo diverso modo di chiamarlo e d'intenderlo, gli uomini si sono scannati per secoli, e ancora oggi seguitano a farlo in Suo nome.

Maometto non aveva lasciato un testamento con la designazione del successore. Ma tutti ne riconobbero il titolo a Abu Bekr, da cui il Profeta si era fatto sostituire nella moschea.

291

Fu lui il primo *Califfo*, che significa «rappresentante» o «vicario», come San Pietro fu di Gesù. Alì, cugino e figlio adottivo di Maometto, ne fu offeso e si ritrasse in un rancoroso isolamento insieme a suo zio Abbas. Da questa prima dissidenza doveva derivare al mondo islamico un seguito ininterrotto di scismi e di guerre intestine.

Abu Bekr era già anche lui sulla soglia dei sessanta. E le tribù dell'interno, che ancora rifiutavano la nuova fede, scambiando la sua modestia e pietà per debolezza, gli si ribellarono. Ascetico, piccolo e magro, ma robustissimo e risoluto, Abu Bekr li lasciò riunire; poi li circondò e li distrusse in una magistrale battaglia. Non si sa se per miracoloso contagio di fede o se per rispetto verso il più forte, i sopravvissuti ribelli si convertirono in massa e si arruolarono sotto le bandiere del Profeta. Ma erano pur sempre dei predoni cui bisognava fornire qualche impiego.

Abu Bekr preferiva la preghiera alla guerra. Ma gli avvenimenti gli permisero di conciliare le due attività. Approfittando della debolezza dell'Impero di Bisanzio da cui dipendevano, e della sua endemica lotta con la Persia, alcune tribù arabe della Siria si rivoltarono e chiesero aiuto ai fratelli Musulmani. Abu Bekr ci vide una magnifica occasione per convertirle e mandò in loro aiuto il suo più valente Generale, Khalid, con poche centinaia di uomini. Fu un episodio di guerra-lampo avanti lettera. Gli Arabi di Siria accettarono il Corano, per così dire, a scatola chiusa, si arruolarono in massa sotto le bandiere di Khalid, e lo trascinarono in Irak dove il fenomeno si ripeté. Stando alle cronache, ciò che soprattutto suscitò l'entusiasmo dei nuovi adepti era la raffigurazione del paradiso maomettano come di un immenso *harem* senza limiti di scelta. Khalid, in questo, fu largo di terrestri anticipi coi suoi soldati. Fra le condizioni che pose alla città di Hira, quando questa capitolò sotto il suo assedio, fu che una certa signora fosse data in moglie a un suo attendente, che se la ricordava da ragazzo e non l'aveva più dimenticata. La famiglia fece opposizione, ma la signora disse allegramente: «Lasciate decidere a lui, quando mi rivedrà». Infatti, quando la rivide, il pretendente cambiò parere e si contentò di una mancia.

Abu Bekr non aveva autorizzato tutte quelle conquiste. A Khalid aveva impartito queste direttive: «Siate coraggiosi e giusti. Morite piuttosto che arrendervi. Non toccate i vecchi e i bambini. Risparmiate gli alberi, il bestiame e il grano. Mantenete sempre la parola. Proponete agl'infedeli la conversione. Se la rifiutano, paghino un tributo. Se non lo pagano, uccideteli». Erano, per quei tempi, condizioni umanissime. Egli tuttavia accettò il fatto compiuto di quella conquista. E quando seppe che il suo Generale aveva disfatto l'esercito, tre volte superiore al suo, che l'Imperatore d'Oriente Eraclio gli aveva mandato incontro, gli diede il titolo di «Spada di Dio» e pronunciò la famosa frase: «Il ventre delle donne è esausto. Nessuna di loro concepirà mai più un Khalid».

Il Califfo morì subito dopo, lasciando il posto al suo più fido consigliere, Omar. Era un pezzo d'uomo alto, calvo, passionale e puritano. Girava con la frusta per picchiare chiunque disobbedisse al Corano, e con essa uccise il figlio quando lo sorprese a trasgredire i precetti, bevendo vino. Mangiava solo pane e datteri, dormiva sulla nuda terra e non possedeva che un mantello e una camicia. Chiuso nella corazza delle sue ascetiche virtù, non apprezzò le vittorie di Khalid perché aveva saputo ch'erano state macchiate da episodi di crudeltà, e degradò il Generale. Questi, alla vigilia di una ennesima battaglia, tenne nascosto il messaggio, vinse, e umilmente si mise agli ordini del suo successore Obeida, eseguendoli senza discuterli.

La conquista continuò, fulminea e inarrestabile. Le poche centinaia di uomini, ingrossandosi a valanga, erano diventate decine di migliaia.Una dopo l'altra caddero Damasco e Antiochia. Egitto e Persia furono travolti e islamizzati.

Nel 638 il Patriarca di Gerusalemme, Sofronio, si disse disposto alla resa se il Califfo in persona veniva a ratificarne i termini. Omar venne. Obeida e Khalid gli andarono festosamente incontro, ma egli li ricevette con queste dure parole: «È in codesto arnese che osate presentarvi a me?» La sua austerità era offesa dalle vesti di broccato dei suoi Generali e dalle gualdrappe dei loro cavalli. Egli era rimasto col suo mantello e la sua camicia. Ricevette Sofronio con estrema cortesia, garantì ai cristiani libertà di culto nelle loro chiese contentandosi di un piccolo tributo, e ordinò la costruzione della grande moschea che ancora oggi porta il suo nome. Ma si rifiutò di trasferire la capitale dell'Islam a Gerusalemme come molti volevano, e se ne tornò nella sua modesta Mecca.

Omar aveva un piano molto preciso. Autorizzò i suoi beduini a emigrare nei Paesi conquistati, cercò di spingervi anche le donne e, non riuscendovi, consentì ai maschi di popolare i loro *harem* con cristiane ed ebree: purché i figli fossero musulmani. Fu così che moltiplicò l'esercito dell'Islam, ma impegnandolo a restare soltanto un esercito. Infatti fece a tutti divieto di comprare e lavorare la terra. I Musulmani dovevano restare una casta puramente militare e sacerdotale, dedita alla conquista e alla conversione delle popolazioni. La preda bellica sarebbe stata così ripartita: l'ottanta per cento all'esercito, il venti alla nazione. Quel venti tuttavia bastò ad arricchire l'Arabia, o almeno la Mecca.

Omar fu ucciso a tradimento da uno schiavo persiano mentre pregava nella moschea. Rantolando affidò ai suoi più intimi collaboratori il compito di designare il suo successore. Essi scelsero il più vecchio e debole di loro, Othman, che per colmo di sfortuna apparteneva anche a quella dinastia Umaya che tanto aveva avversato quella hascemita da cui il Profeta proveniva. Gli Umaya avevano abbandonato la città ed erano sempre rimasti in atteggiamento ostile. Ora tornarono alla Mecca per impadronirsi dei posti di comando, Othman non seppe impedirlo, le divisioni cominciarono, ci furono molti disordini. Alla fine Othman venne assassinato, gli Umaya fuggirono e il Califfato tornò alla dinastia hascemita con Alì, il figlio adottivo del Profeta.

Alì fu un degno successore, ma non riuscì a ricreare l'unità nel mondo musulmano. Due dei vecchi «Compagni» di Maometto e la vedova Aisha gli si ribellarono e si unirono agli Umaya, capeggiati ora da Muawiya, il figlio di Abu Sufyan. Alì li batté, catturò Aisha e la ricondusse a Medina con tutti gli onori. Non volle infierire contro i suoi nemici, e questa generosità fu la sua rovina. Muawiya reclutò un altro esercito e riprese la lotta. Lo scandalo di queste rivalità che dividevano anche la vedova e il figlio del Profeta indignò alcuni fedeli che si chiamarono *Khariji* o «dissidenti» e proclamarono uno scisma. Uno di essi uccise Alì con un pugnale avvelenato. Il posto dell'attentato, presso Eufa, diventò un luogo santo per la sètta Shia che venera Alì come il vicario di Allah e ha fatto della sua tomba ciò che i Musulmani ortodossi fanno della Mecca.

Bene o male, Muawiya riuscì a farsi riconoscere Califfo di tutto l'Islam. Questo comprendeva ormai tutto il Medio Oriente dall'Egitto alla Persia grazie alle folgoranti conquiste di Khalid e di Obeida. Era impossibile governare un sì vasto impero dalla remota Mecca. Muawiya quindi trasportò la capitale a Damasco, città molto più centrale e meglio attrezzata. Ma vi si fece seguire da tutto il clan Umaya, che monopolizzò i posti di comando. Questa dinastia rimase al potere per quasi un secolo, fino al 750. Con essa la repubblica teocratica istaurata da Maometto, che faceva del Califfato una carica elettiva come il Papato, diventò una monarchia ereditaria che si trasmetteva di padre in figlio e diede a tutto il Medio Oriente la forma di governo autoritario e satrapesco ch'è durata fin quasi ai nostri giorni.

Le divisioni e le lotte tuttavia non cessarono, anzi si moltiplicarono. Ma noi non ne seguiremo la complessa storia che ci porterebbe troppo lontano dal nostro assunto. Quello che c'interessa sapere è quale trasformazione i rozzi guerrieri di Khalid e di Obeida subirono nei Paesi da essi conquistati, quando si lanciarono attraverso il Nord-Africa all'assalto dell'Europa, di cosa si erano arricchiti per strada, e di cosa stavano per arricchire il nostro continente immerso nelle tenebre del Medioevo.

OLTRE GIBILTERRA

Muawiya aveva conquistato il potere con la frode, ma il cinismo era solo una delle componenti del suo complesso carattere. Come tutti gli usurpatori, sentì il bisogno di circondarsi di fasto – quel fasto che Maometto e i suoi due primi ascetici successori avevano rifiutato –, e a Damasco trovò i modelli cui ispirarsi: il complicato cerimoniale degl'Imperatori di Bisanzio e di Persia, che si erano sempre contese quelle contrade. Fu certo anche su loro imitazione che Muawiya trasformò il Califfato da repubblica elettiva in monarchia ereditaria, ma non si fermò a questo. Intelligente e uomo di mondo, convertito all'Islam solo per comodità, ammirò la civiltà e la cultura greca, le rispettò e vi mandò a scuola i suoi uomini. I Generali di Abu Bekr e di Omar erano analfabeti. La sola cosa che sapevano era che c'è un solo Dio, Allah, e Maometto è il suo Profeta. Non si chiedeva loro altre nozioni per arruolarli, e i galloni se li guadagnavano solo con la spada. Neanche le preghiere richiedevano qualche istruzione. E anzi il grande potere di contagio che l'Islam esercitò sulle popolazioni conquistate dipendeva anche dalla elementare semplicità della sua liturgia. Non c'era bisogno di saper leggere e scrivere per mandare a memoria i versetti del Corano che componevano la preghiera. Bastava sentirli declamare a voce alta tre o quattro volte per essere in grado di ripeterli. E non era necessario capire il loro significato per crederci. Anzi, forse era meglio non capirlo.

Ma con Muawiya le cose cominciarono a cambiare. Egli non incontrò difficoltà a convertire all'Islam gli Arabi della

Siria, dell'Irak, della Palestina e dell'Egitto. Ma fra di essi c'erano fior di professori e di scienziati che nella nuova fede – in cui non sappiamo quanto effettivamente credessero – portavano tutto il bagaglio della cultura ebraica e cristiana, in cui gl'Imperatori di Bisanzio e di Persia li avevano tenuti per secoli tuffati.

Questa cultura era molto superiore a quella dell'Europa Occidentale dove i conquistatori germanici avevano sommerso tutta l'eredità classica, che solo molto più tardi avrebbero riscoperto. Della civiltà di Roma essi avevano rispettato soltanto, grazie soprattutto alla Chiesa, la lingua, ma contaminandola, e un po' dell'ordinamento giuridico. Ma tutto il resto – letteratura, filosofia, scienza – sopravviveva solo nei pochi testi e documenti che i monaci, e specialmente i benedettini, erano riusciti a salvare e raccogliere nelle catacombe dei loro conventi, dove nessuno andava a consultarli. L'Europa imbarbarita non sapeva quasi più nulla di ciò che avevano saputo i Romani dei grandi secoli augustei. Solo una infima minoranza conosceva il nome di Cicerone, di Seneca, di Virgilio. Ma soltanto il nome, o poco di più. Il nostro povero continente balbettava lingue disarticolate ancora alla ricerca di una loro morfologia. Esso ignorava persino chè il pensiero e il discorso avevano una logica, di cui un certo Aristotele aveva dettato le regole, che i numeri avevano una radice quadrata eccetera. Tutte queste cose le aveva dimenticate perché erano mancate le scuole dove si fosse continuato a insegnarle.

Bisanzio, no. Salvatasi dalle invasioni barbariche, aveva seguitato a sviluppare la grande cultura greca e l'aveva diffusa in tutte le province del suo impero, comprese quelle che ora Muawiya e i suoi successori occupavano. I conquistatori arabi furono immediatamente conquistati da Euclide, da Ippocrate, da Platone, anche perché a questi grandi seduttori non avevano da opporre, di loro, che il Corano. E così cominciò la grande opera di fertilizzazione della civiltà araba, cui fecero da veicoli e mediatori soprattutto gli Ebrei, i quali non trovarono molta difficoltà a tradurre il greco in arabo, lingua molto vicina a quella loro.

Gli Arabi si mostrarono non soltanto ricettivi, ma anche creativi. Lo furono per esempio nella matematica, dove inventarono lo «zero» (*sifr*) che nemmeno i Romani e i Greci avevano concepito, ed elaborarono l'Algebra, che è tutta una loro scoperta e che deriva il suo nome da *al-jabr*. Lo furono nella chimica, di cui gettarono le basi scientifiche e inventarono il fondamentale utensile: l'alambicco (*al-anbiq*). Uno di loro, Gebir, figlio di un farmacista di Kufa, fu il primo biologo che analizzò le feci e il sangue. Furono essi a fondare a Damasco fin dal 709 il primo vero ospedale del mondo, e a praticarvi l'anestesia. Il Frugoni del Medioevo fu l'arabo persiano Rhazes, autore di un trattato in venti volumi, cui tutta la medicina europea più tardi s'ispirò.

Non meno profonda fu la rivoluzione in campo filosofico e speculativo. Abu Yusuf al Kindi non sospettava nemmeno l'esistenza di una scienza del pensiero quando dal natìo paesello arabo andò a studiare a Bagdad. Non sapeva neppure verso quali studi orientarsi e si dedicò a tutti col vorace entusiasmo del primitivo. Poi scoprì Aristotele e Platone, e vi sprofondò. Una volta armato degli strumenti della loro logica, iniziò il riesame critico del Corano. E naturalmente smise di crederci, e purtroppo lo disse e lo scrisse. L'eresia gli valse la prigione, ma fece di lui il pioniere di un razionalismo applicato alla fede che, dopo aver scosso l'Islam, doveva trasferirsi per contagio anche in campo cristiano e suscitarvi tutto quello che poi suscitò da Abelardo a San Tommaso.

Fra i due grandi Maestri greci, al Kindi si era ispirato soprattutto a Platone. Al Farabi invece camminò sul solco di Aristotele. Era un curioso uomo che non si curò nemmeno di avere un alloggio e uno stipendio. Visse un po' come Socrate, ma senza i suoi vizi, facendosi ospitare di qua e di là, e scrivendo. Ben trentanove opere ci sono giunte di lui, ma ne aveva composte molte di più. Ciò che le rende originali e memorabili è lo stile (ma questo, purtroppo, possono apprezzarlo solo gli Arabi) e l'angoscia. Al Farabi era un credente e, a differenza di al Kindi, fece il possibile per accordare il Corano con la logica di Aristotele, cioè per conciliare la fede con la ragione: ch'era poi il grande problema che doveva ossessionare tutto il pensiero occidentale, quando fu contagiato da quello orientale.

Forse San Tommaso, che batté proprio questa strada, sia pure in nome di Gesù invece che di Maometto, non seppe nulla di al Farabi. Ma seppe certamente di Avicenna, le cui opere dettarono legge nelle Università della Spagna musulmana, e attraverso di esse in quelle francesi e italiane. Avicenna confessa di aver letto la *Metafisica* di Aristotele ben quaranta volte senza capirci nulla. Non veniva da studi filosofici. Era un grandissimo medico, sul livello di Rhazes, che si trovò coinvolto in questioni politiche, finì a più riprese in galera, e visse sempre pericolosamente. Studiò e scrisse di tutto: di algebra, di geometria, di astronomia. Quando alla fine ebbe penetrato la *Metafisica* di Aristotele, si rese conto che la propria vocazione era quella e vi rimase fedele fino in fondo. Ciò che noi chiamiamo *Filosofia Scolastica* e che riteniamo un prodotto originale della Chiesa Cattolica elaborato fra il XII e il XIV secolo per respingere l'assalto del razionalismo, viene dall'Islam, e ha avuto come iniziatori al Farabi, Avicenna e Averroè. Furono costoro che raccolsero tutta la filosofia greca e specialmente l'eredità di Aristotele, la vestirono di panni arabi, la importarono in Spagna e in Sicilia nel bagaglio dei loro eserciti, e di lì la diffusero in tutta l'Europa, che non ne sapeva più nulla, da quando le invasioni barbariche l'avevano tagliata fuori dall'Impero d'Oriente e da tutta la cultura greca.

Questa grande fioritura di studi e di scoperte non era ancora esplosa nel mondo islamico, quando gli eserciti del Califfo dilagarono, alla conquista di tutto il Nord-Africa. Ma essi spianarono la strada alla loro diffusione in Europa. L'Egitto non aveva opposto resistenza. I Bizantini, che sino a quel momento lo avevano governato, avevano commesso tre grossi errori. Anzitutto lo dissanguavano rastrellandovi tutto il grano per mandarlo a Bisanzio. Poi avevano perseguitato i cristiani «monofisiti» perché li consideravano eretici. E infine si servivano, per presidiare quella provincia, di un esercito composto in maggioranza di Arabi. Costoro aprirono le porte ai confratelli Musulmani guidati dal generale Amr, e gli angariati cristiani lo accolsero con entusiasmo.

Amr era un arabo della stoffa di Khalid. Era analfabeta, conosceva soltanto i versetti del Corano, la sua cultura era riassunta nella spada. Quando entrò ad Alessandria, rimase sbigottito. «Ci sono 4000 palazzi, 400 bagni, 400 teatri» riferì in un messaggio al Califfo. C'erano anche quasi altrettante sètte cristiane, che lo fecero arbitro dei loro litigi teologici, nei quali naturalmente non capì nulla. Chiese loro perché non tagliavano corto facendosi tutti musulmani. Molti aderirono. A quelli che rifiutarono, Amr appioppò una ragionevole tassa e garantì libertà di culto purché ognuno rispettasse quello degli altri. Un grammatico greco venne a chiedergli il permesso di prelevare alcuni manoscritti della famosa Libreria, la più grande dell'antichità, ricca di migliaia di volumi. Amr, che non aveva mai visto altro che il Corano, rimase esterrefatto allo spettacolo di tutti quei libri, e mandò un messaggio al califfo Omar per sapere cosa doveva farne. Pare che Omar rispondesse: «Se codesti libri concordano con quello del Profeta, sono superflui, e quindi è inutile conservarli; se non concordano, sono dannosi, e quindi è necessario distruggerli». Così Amr li avrebbe distribuiti agli stabilimenti termali che li usarono come combustibile per le loro caldaie. Sembra però che si tratti di una favola. Forse Amr distrusse effettivamente ciò che restava della grande Libreria. Ma ne restava poco. La maggior parte dei preziosi testi autografi di Sofocle, Eschilo, Polibio, Tito Livio, Tacito e chissà quanti altri classici erano stati già saccheggiati dai fanatici cristiani al tempo del patriarca Teofilo. Altri erano stati rubati dai collezionisti. Altri si erano deteriorati nell'umido e nell'incuria. Ma di chiunque ne sia stata la colpa la perdita fu irreparabile. La distruzione della Biblioteca di Alessandria rimane nella storia come uno dei più nefandi attentati contro il genio dell'uomo e la sua cultura.

Amr amministrò bene l'Egitto. Ligio agli ordini di Omar, non permise ai suoi uomini di accasarvisi. Per sottrarli alle tentazioni della dolce vita di Alessandria e mantenerli nell'isolamento che si addice a una casta militare, costruì una nuova capitale e le diede il nome che più le somigliava: al-Fustat, che significa «tenda». Non doveva essere infatti che un vasto accampamento, su cui solo molto più tardi si sviluppò una città vera e propria: il Cairo. Essa fu la sede dei governatori che per due secoli dovevano amministrare l'Egitto in nome del Califfo, prima di Damasco e poi di Bagdad.

Ma Amr non vi si fermò. Seguendo la logica del conquistatore, egli non riteneva sicura la conquista finché non vi avesse aggiunta quella del Paese limitrofo. Così, alla testa dei suoi 10.000 veterani, che ora erano diventati 40.000 per l'arruolamento degli Arabi egiziani debitamente convertiti all'Islam, marciò su Cirene, inondò la Tripolitania, si accampò un centinaio di chilometri a Sud di Tunisi, piantò la lancia sulla sabbia, e con quel simbolico gesto diede il via alla fondazione di una città, Qairwan, che significa «luogo di riposo», e che doveva diventare una delle grandi capitali dell'Islam.

Le guarnigioni bizantine fuggirono sulle loro navi senza opporre resistenza a quell'alluvione. Ma Bisanzio si rese conto che, se cadeva anche Cartagine, il Mediterraneo diventava un lago musulmano, e mandò una flotta e un esercito alla riscossa. La popolazione locale era composta di berberi, ch'erano i Vandali di Genserico incrociati coi fenici e con gl'indigeni della costa maghrebina. Odiavano l'Impero, che li aveva tartassati. Ma, di fronte ai nuovi padroni, preferirono quelli vecchi e con essi si schierarono nella difesa della città. Nemmeno la loro resistenza tuttavia valse a fermare il fiotto arabo. Cartagine cadde nel 698. E da quel momento tutto il Nord-Africa fu islamizzato e diviso in tre province: Egitto con capitale il Cairo, Africa con capitale Qairwan, e Maghreb (o Marocco) con capitale Fez. Dapprincipio ognuna di esse fu amministrata da un governatore nominato dalla lontana Damasco. Ma quando il Califfo trasferì la sua sede a Bagdad, città ancora più remota, i vincoli di dipendenza si allentarono, e i governatorati si trasformarono in monarchie ereditarie e indipendenti.

Questo però avvenne dopo che Tariq era già sbarcato a Gibilterra coi suoi 7000 mori e 300 Arabi. Ce lo aveva mandato il governatore Musa, che subito dopo lo seguì con altri 8000 mori e 10.000 Arabi. La conquista della Spagna fu rapida. I Visigoti, che ne erano stati gli ultimi conquistatori, vi si erano dissolti senza riuscire a creare nulla che somigliasse a uno Stato. I Generali arabi dilagarono per tutta la penisola, imposero ragionevoli tributi alle popolazioni, ma in compenso rispettarono le loro leggi e la loro religione. Forse fu soltanto sotto il dominio musulmano che la Spagna conobbe una vera libertà di coscienza e di culto.

Nel 732 quegl'insaziabili divoratori di spazi scavalcarono i Pirenei a bordo dei loro piccoli focosi cavalli e si affacciarono nella piana francese spingendosi fino a Tours e a Poitiers. Erano trascorsi esattamente cento anni da quando Maometto era morto lasciando ai suoi eredi alcune sparpagliate tribù di beduini nomadi, con un grumo di capanne di fango e di paglia per capitale. E ora tutta l'Europa, aggirata da Sud in un periplo di migliaia e migliaia di chilometri, e investita da Occidente, tremava sotto il loro incalzare.

Forse noi dobbiamo a Carlo Martello e ai suoi gagliardi guerrieri Franchi il fatto di non essere circoncisi. Se anche loro fossero stati travolti, non si vede quale altra forza, nel nostro sconquassato continente, avrebbe potuto opporsi a quell'alluvione. E oggi Roma, invece che la sede del Papa, sarebbe la sede di un Califfo. Mai forse nella storia ci fu battaglia così decisiva per le sorti dell'intera umanità come quella che si combatté quell'anno 732 a Poitiers. Si direbbe che, pur non rendendosene esatto conto, le falangi cristiane di Carlo abbiano oscuramente sentito l'importanza della posta in giuoco, perché si batterono con indomabile ardore per sette giorni e sette notti. Per la prima volta da quando si erano scatenati oltre i confini della loro desertica penisola e avevano iniziato la loro trionfale diaspora, gli Arabi vennero fermati e ricacciati. Non fu soltanto una sconfitta. Fu la fine del mito della loro invincibilità.

Si riprovarono quattro anni dopo, sommersero la Linguadoca e vi resistettero una ventina d'anni lasciandovi tracce che ancora stingono nel pittoresco di quella contrada, nel suo dialetto, nei suoi costumi, nel carattere dei suoi abitanti. Ma non erano già più le travolgenti cavallerie di un tempo. Pipino il Breve, successore di Carlo, li cacciò definitivamente dal suolo di Francia nel 759.

I Califfi di Damasco, che allora cominciavano appena a uscire dall'analfabetismo e non sapevano nulla di geografia e meno ancora di storia, non attribuirono molta importanza alla conquista della Spagna, Paese che del resto non aveva fatto molto parlare di sé, e ch'essi forse non sapevano bene dove fosse. La chiamarono «Distretto di Andalusia» e non ne fecero nemmeno un governatorato, lasciandolo alle dipendenze di quello di Qairwan. Ma questa testa di ponte musulmana, anche se non riuscì a diventare, grazie ai

Franchi, il trampolino di lancio di ulteriori conquiste territoriali nel nostro continente, lo fu di una conquista culturale, i cui frutti sono sempre stati sottovalutati specialmente in Italia. Perfino la *Divina Commedia* le è debitrice di parecchio.

La civiltà araba in Spagna debuttò con una totale rivoluzione dell'agricoltura. La terra era monopolio dell'aristocrazia visigota che se l'era ripartita in vasti feudi, lavorati da servi della gleba. Rahman proclamò che gli schiavi che si fossero convertiti all'Islam acquistavano automaticamente la libertà e la proprietà del podere. L'effetto fu duplice: l'Islam diventò la religione della maggioranza e creò una vasta categoria di piccoli proprietari, coltivatori diretti. Costoro avevano ora il massimo interesse a far fruttare le loro proprietà. Vigneti e oliveti ce n'erano già, e si moltiplicarono. Ma dall'Oriente, attraverso i loro conquistatori arabi, i contadini spagnoli importarono i semi e impararono la cultura di prodotti che l'Europa ancora non conosceva: il riso, il cotone, la canna da zucchero, le pesche, i datteri, la mirra, gli asparagi, gli spinaci, il pepe, il pompelmo. Sorsero i meravigliosi giardini di Cordova, Granata e Valencia. E fu lì che un Tesio locale, di cui ignoriamo il nome, istituì con un sapiente incrocio il primo razionale allevamento di puledri arabi, forza e blasone dei futuri *Caballeros*. Le ricche miniere di oro, argento, alluminio, rame, stagno, già scoperte e sfruttate dai Romani, ma andate in disuso sotto i Visigoti a corto di nozioni sul modo di trattare i metalli, furono riaperte dai tecnici egiziani e siriani che si erano formati alle scuole orientali e che avevano seguito nella loro diaspora gli eserciti arabi.

Fermiamoci per il momento a questo stadio. Gli Arabi che prendevano possesso del cantuccio occidentale d'Europa insieme ai berberi e ai mori che avevano abbracciato l'Islam e facevano tutt'uno con loro, non erano ancora i raffinati intellettuali di Avicenna e Averroè, che più tardi avrebbero dettato legge nella cultura continentale. Ma non erano nemmeno quei truculenti mozzateste che la leggenda cristiana ha dipinto. In confronto alle invasioni che l'Europa romanizzata aveva subìto dal Nord, quella araba fu la più mite e soprattutto la più fertilizzante. I suoi condottieri, quando sbarcarono in Spagna, sbalordirono le popolazioni anzitutto per l'eleganza delle loro uniformi di seta bianca, per la finezza d'intarsio delle loro sciabole ricurve, per lo svolazzìo dei loro multicolori turbanti, per le loro calzature rialzate a punta, e per lo sfolgorìo dei loro gioielli. Le donne che li seguivano grondavano addirittura di collane, braccialetti e diademi. Non erano ancora velate. I loro monili e guardaroba denunziavano un artigianato e una industria tessile in anticipo di secoli su quelli europei. Soprattutto la seta riempiva di ammirazione. E infatti fu dalla Spagna che la coltura del baco e del gelso si diffuse nel nostro continente.

Insieme con questi sfarzi esteriori, arrivavano le favole e la poesia erotica. I guerrieri di Tariq, di Musa e di Rahman non sapevano né leggere né scrivere. Ma sapevano raccontare e cantare, e furono i primi a farlo nella sbigottita e balbettante Europa di quel tempo. S'istaurava un rapporto più umano fra conquistatore e conquistato. Anche Rahman tentò dapprima di tenere isolata la casta militare, come aveva fatto Amr in Egitto. Ma non le consentì di trasformarsi in un'aristocrazia feudale sul tipo di quelle longobarde e franche, intese al taglieggiamento delle popolazioni. Essa formò piuttosto una classe dirigente e funzionaresca, che perse ogni esclusivismo razziale nell'*harem* dov'era autorizzata ad assoldare le donne indigene, cristiane o ebree che fossero. E fu nell'*harem* appunto che i due elementi s'integrarono.

Il proselitismo religioso non degenerò mai o quasi mai in persecuzione. Certo, i Musulmani fecero di tutto per convertire la popolazione all'Islam. Ma chi volle resistere poté farlo rischiando solo di perdere dei vantaggi. Il Corano dice che «per ogni nazione c'è il suo messaggero» che va rispettato. E alcuni teologi musulmani sostengono addirittura che ce ne sono stati almeno duecentomila. Comunque, Maometto aveva sempre riconosciuto in Gesù un suo precursore, accettava le Sacre Scritture come testi ispirati da Dio, e un teologo musulmano di allora diceva: «Se fossi vissuto al tempo di Cristo, non gli avrei permesso di posare il suo santo piede sulla terra e me lo sarei caricato sulle spalle per condurlo dovunque egli avesse desiderato di andare». Per quanto animati da zelo, insomma, i missionari di Maometto non erano fanatici. Lo diventarono più tardi, quando il Califfato passò in mano ai Turchi che vi portarono l'ardore del loro neofitismo. Ma questo avvenne parecchi secoli dopo.

GLI ARABI IN SICILIA

Nel 625 la flotta bizantina si scontrò nelle acque di Alessandria con quella araba. Fu un duello accanito che si concluse con l'annientamento dei Greci, i cui dromoni andarono quasi totalmente distrutti. Il Mediterraneo divenne un lago musulmano e per alcuni secoli i Califfi esercitarono su di esso un dominio incontrastato.

Non erano trascorse molte settimane da quella battaglia che alcuni vascelli arabi gettarono le ancore nella baia di Siracusa, ch'era allora un fiorente centro commerciale bizantino. Lo sbarco avvenne all'alba sulla spiaggia deserta e cotta dal sole. La città, colta di sorpresa, fu sottoposta a un orribile saccheggio. Le sue chiese furono profanate e le donne violentate. Esaurita la razzìa, gli Arabi tornarono alle loro navi e volsero le prue verso quella terra d'Africa di dove erano partiti.

A questo *raid* ne seguirono altri, soprattutto nel secolo successivo, quando la *guerra di corsa* assunse in tutto il Mediterraneo proporzioni allarmanti. A esercitarla, intendiamoci, non erano solo i Musulmani. Erano anche i Cristiani, altrettanto feroci ma meno organizzati. Le autorità non solo chiudevano un occhio su queste imprese, ma le incoraggiavano. I pirati erano avanzi di galera, evasi, delinquenti comuni, vagabondi senz'arte né parte con addosso una gran voglia di far bottino e di menare le mani, una specie di *legione straniera* avanti lettera. La pirateria musulmana infierì specialmente lungo le coste della Sicilia, della Sardegna e della Corsica con rapide incursioni che tuttavia non furono mai, fino ai primi del IX secolo, accompagnate da piani preordinati d'invasione.

Nell'827, su richiesta di un pugno di ribelli siracusani, che si erano rivoltati contro il governo bizantino, l'emiro aghlabita Ziyadat Allah I, inviò in loro soccorso settanta vascelli con a bordo settecento cavalli e diecimila uomini, fra cui alcune migliaia di pirati. Cominciò così la sistematica occupazione araba della Sicilia. La prima città a cadere nelle mani dei Musulmani fu Marsala che diventò il trampolino di lancio delle successive conquiste.

Nell'831 gl'invasori intrapresero la marcia verso Nord-Est. Nello stesso anno capitolò Palermo, dove fu insediato un governatore generale. La conquista araba segnò la fine della dominazione bizantina. I Greci col loro fiscalismo s'erano resi impopolari. I numerosi tentativi di ribellione dei Siciliani erano stati soffocati nel sangue. Al malcontento dei suoi abitanti fu in parte dovuta la fiacca resistenza dell'Isola agli Arabi che vi portarono il soffio di una cultura ricca, fresca e raffinata. Essa si sovrappose a quella bizantina e la sommerse.

Palermo divenne il faro di questa civiltà dalla straordinaria forza agglutinante, che come una macchia d'olio si propagò per tutta la Sicilia e giunse perfino a lambire il Mezzogiorno d'Italia. Elevata al rango d'Emirato, l'Isola ricalcò gli schemi amministrativi delle altre province dell'Impero islamico. L'autorità dell'Emiro era assoluta. Solo in teoria infatti egli dipendeva dal Califfo di Bagdad che lo aveva designato e che in qualsiasi momento poteva deporlo. In pratica, la lontananza e le difficoltà dei mezzi di comunicazione lo rendevano indipendente. L'amministrazione delle città era affidata a un Prefetto e il mantenimento dell'ordine pubblico a un Questore. La burocrazia fu dapprima reclutata tra i Musulmani. Solo in un secondo tempo la carriera amministrativa fu aperta agli indigeni che vi affluirono in massa perché essa garantiva un posto stabile e uno stipendio sicuro. La giustizia era nelle mani di un alto magistrato, o *cadì*, che presiedeva fino a cinquanta processi al giorno. Durante i dibattimenti, ch'erano pubblici e che si svolgevano nel tribunale costruito vicino alla moschea, i giudici stavano seduti su cuscini di seta mentre gl'imputati restavano in piedi. Gli avvocati erano legione. In ogni famiglia ce n'era almeno uno (e c'è rimasto).

Con la nuova civiltà gli Arabi portarono nell'Isola nuovi balzelli e inasprirono quelli precedenti. Il Fisco musulmano non fu meno spietato di quello bizantino. Impose la tassa sulla prostituzione e aumentò le tariffe doganali. Un cronista dell'epoca racconta che solo l'aria che si respirava andava esente da imposte. Chi si sottraeva agli obblighi fiscali finiva in carcere. Colui che vi adempiva riceveva una cordicella che portava al collo come quietanza. Questo trattamento naturalmente era riservato agli *infedeli*. I Musulmani infatti godevano di speciali privilegi, specialmente fiscali, che ne facevano una casta privilegiata. I Cristiani non potevano montare a cavallo, né far carriera nell'esercito e nella giustizia. Avevano però libero accesso a tutte le altre professioni. Erano banchieri, medici, mercanti, agenti di cambio, tintori. Fra questi ultimi, numerosi erano gli Ebrei che detenevano il monopolio delle lavanderie.

Anche il servizio militare era riservato agli Arabi, ma non era obbligatorio. Siccome Maometto aveva incluso il mestiere delle armi fra i sei doveri di un buon musulmano, i volontari accorrevano numerosi. Essi andavano in guerra con la speranza di morire e di guadagnarsi così il Paradiso.

In Sicilia i costumi dell'Islam si diffusero con prodigiosa rapidità anche nella vita quotidiana. Nei principali centri dell'Isola apparvero i primi minareti dai quali sembra che il nostro campanile derivi, e le prime moschee. Allo stile moresco s'ispirarono i nuovi quartieri residenziali: ampie palazzine dall'intonaco bianco, con grandi terrazze e piccole finestre. All'interno, circondato da un porticato, c'era il *patio*, un cortile con fontane e piante esotiche. Gli ambienti erano arredati con sobrietà. Nella sala da pranzo, il *sofa* e la tavola erano gli unici mobili. Il pavimento era ricoperto di tappeti, le pareti decorate con mosaici. Nelle camere da letto, le specchiere e i candelabri costituivano i principali ornamenti. I palazzi dei ricchi erano circondati da parchi gremiti di palmizi, platani e cipressi. I giardini erano popolati di cigni, anitre, pavoni e uccelli esotici.

Prima ancora che dall'architettura, i Siciliani furono conquistati dalla gastronomia araba. Quando giunsero nell'Isola, i Musulmani già da un pezzo avevano ripudiato certe abitudini culinarie dei loro Paesi d'origine, che il nostro palato rifiuta. Non mangiavano più scorpioni, scarafaggi e donnole, e avevano smesso di considerare il riso un alimento velenoso. Nonostante i divieti del Corano che bandiva dalla mensa il vino, la birra e la carne di porco, ritenuta apportatrice di lebbra, la loro cucina soppiantò in breve volgere di tempo quella indigena. Soprattutto in pasticceria dove i cuochi arabi non avevano rivali.

I Musulmani amavano le riunioni mondane. I ricevimenti si svolgevano di solito il venerdì, giorno di riposo settimanale, e ad essi partecipavano solo gli uomini. Al posto degli alcolici venivano serviti sciroppi di frutta. L'uso del caffè era ancora ignoto. Si beveva invece il tè che alcuni mercanti avevano importato dalla Cina. Anche il tabacco era sconosciuto. I banchetti si concludevano con canti e danze al suono di orchestrine composte di cinque strumenti: arpa, oboe, liuto, tamburo e chitarra. Un autore arabo del IX secolo compilò un codice di buona creanza ad uso di coloro che partecipavano a siffatte riunioni. Vi si legge che il perfetto gentiluomo era compito e virtuoso, si asteneva dallo scherzo, onorava gli impegni, manteneva le promesse, e sapeva custodire un segreto. A tavola mangiava a piccoli bocconi, masticava bene, non si leccava le dita e non le metteva nel naso, non assaggiava aglio e cipolla, e soprattutto non usava mai gli stuzzicadenti. Si lavava almeno una volta al giorno, si profumava la barba con acqua di rose, si depilava le ascelle, si truccava gli occhi, e il venerdì si tagliava anche le unghie. Non indossava pantaloni con le toppe, e per strada si fermava almeno una volta davanti a uno dei numerosi portatori di specchi che affollavano le vie del centro per accomodare la propria acconciatura.

Il giovedì sera aprivano i loro battenti i *night-clubs*, dove le *baiadere* indiane s'esibivano in danze e spogliarelli. I locali notturni erano gli unici luoghi dove si poteva bere alcolici il cui contrabbando, molto fiorente, era esercitato dai Cristiani e dagli Ebrei.

I passatempi preferiti dagli uomini erano la lotta dei galli, gli scacchi e la caccia. Il giuoco degli scacchi, originario dell'India, era praticato soprattutto dai nobili che avevano tutto il tempo per dedicarvisi. In mezzo al popolo erano invece diffusi il giuoco dei dadi e quello della tavola reale, anche questo d'importazione indiana.

Gli Arabi andavano a caccia di lepri, pernici, oche selvatiche e anatre che popolavano le campagne siciliane. Dopo aver abbattuto la preda i cacciatori le tagliavano la gola, come prescriveva il Corano. Solo dopo questa operazione infatti le carni immonde degli animali diventavano commestibili. Gli sport erano impopolari perché costavano fatica e non procuravano rendite. Unica eccezione: la lotta libera. I campioni di questo sport erano i beniamini del pubblico, guadagnavano somme favolose, possedevano ville da nababbi e non pagavano tasse. Per conservare la forza fisica erano tenuti a praticare la castità. Si racconta che un celebre lottatore palermitano rifiutò la mano di una principessa.

Le donne arabe avevano molto fascino, sebbene in pubblico facessero di tutto per nasconderlo. Maometto le aveva obbligate a portare il velo, che era del resto un uso già largamente diffuso in tutto l'Oriente dove le ricche matrone lo indossavano per proteggere il viso dai raggi del sole e mantenere fresca la pelle. La cura della propria persona era una delle maggiori preoccupazioni della donna musulmana, il cui ideale di bellezza era compendiato nei seguenti canoni: faccia tonda, capelli neri, guance bianche e rosse con un neo che assomigliasse a «una goccia d'ambra su un vassoio d'alabastro», occhi grossi come quelli di una cerbiatta, sguardo languido, bocca piccola, denti bianchi, fianchi robusti, seni grossi, dita affusolate.

Numerosi erano gli *hammams*, o Istituti di bellezza dove almeno una volta la settimana le dame dell'aristocrazia e dell'alta borghesia si recavano, accompagnate dagli eunuchi. Le sedute cominciavano la mattina di buon'ora col bagno turco. La donna araba aveva bisogno di dimagrire perché l'alimentazione pesante e la vita sedentaria costituivano una continua insidia alla sua «linea». Dopo il bagno c'erano i massaggi e poi il parrucchiere. I capelli biondi non erano di moda: chi li aveva se li tingeva di nero. Solo a sera le signore rincasavano, celate dai veli alla curiosità degli uomini. Poiché vivevano nell'*harem*, che in arabo significa «santuario» e che era la parte della casa ad esse riservata, solo gli eunuchi potevano vederle.

Di costoro in ogni famiglia ce n'era almeno uno. Quelli neri erano originari dell'Africa e dell'India. Quelli bianchi erano soprattutto bizantini. In Grecia da tempo era stata introdotta l'usanza di castrare i monaci prima di chiuderli in convento. I monasteri erano così diventati la principale preda di guerra degli eserciti musulmani. Il prezzo degli eunuchi era elevato perché molti giovani soccombevano alla delicata operazione: costavano quattro volte più degli schiavi anche perché erano in genere assai più docili. A loro venivano affidate la custodia dell'*harem* e l'educazione dei bambini che vivevano nel gineceo fino a sette anni. A quest'età le femmine indossavano il velo, si smaltavano le unghie e si bistravano gli occhi come le loro madri, mentre i maschietti venivano circoncisi. Il rito era solenne. Vi assistevano solo gli uomini, cui veniva offerto un ricevimento che si protraeva talvolta per diversi giorni.

I matrimoni erano molto precoci. Ancora oggi l'età degli sposi nel mondo arabo – come, del resto, nel nostro Mezzogiorno – è di parecchio inferiore alla media. L'uomo sceglieva la propria moglie tra le ragazze del vicinato e poi si consultava col padre e col suocero i quali, prima di stipulare il contratto di matrimonio, interrogavano l'astrologo. Costui doveva compilare l'oroscopo degli sposi, fare indagini sul carattere delle suocere e fissare la data delle nozze. Tra il fidanzamento e il connubio trascorreva un certo periodo durante il quale le famiglie provvedevano all'arredamento della casa degli sposi e ai preparativi della cerimonia. Il matrimonio era celebrato dal *cadì* e si svolgeva all'ora del tramonto nella dimora della sposa. La quale, al termine del rito, veniva caricata su una carrozza trainata da quattro muli e condotta all'*harem* del marito, che la precedeva a cavallo. La festa terminava con un gran banchetto.

Analoga conclusione avevano i funerali. Presso gli Arabi grandissimo era il culto dei morti. La salma del defunto, che indossava solo un paio di mutande, veniva composta in un lettino dalle tendine di seta se si trattava di un personaggio altolocato, o in una semplice cassa di legno se si trattava di un uomo di umile condizione. Dopo una veglia, breve a causa del caldo, il catafalco veniva trasportato alla moschea, dove si svolgevano le esequie. Al termine della cerimonia il defunto veniva condotto in un Istituto di bellezza dove era sottoposto a un'accurata *toilette*. Il Corano prescriveva che il suo corpo fosse lavato almeno tre volte. Dopo le abluzioni una manicure si impadroniva del cadavere, gli tagliava unghie e baffi e gli depilava le ascelle, come oggi fanno i *morticians* in America. Finito il *maquillage*, l'estinto era pronto per la sepoltura. La fossa doveva essere profonda un metro e 63 centimetri e orientata verso la Mecca. Le tombe erano collocate a una certa distanza l'una dall'altra, per impedire che il giorno del Giudizio si creassero nei cimiteri pericolosi ingorghi. Ai funerali prendevano parte anche le donne che manifestavano il loro dolore graffiandosi il viso e strappandosi i capelli, e questo costume è sopravvissuto nel nostro Meridione con le sue «préfiche». Lo scrittore Hamadâni nel suo testamento raccomandò alle figlie di non abbandonarsi il giorno della sua morte a scene d'isterismo e alle mogli di astenersi dallo sfondare porte, abbattere muri e sradicare alberi. Al ricevimento che seguiva il funerale intervenivano tutti i parenti e gli amici del defunto. A partire dal X secolo coloro che ne avevano i mezzi facevano traslare la propria salma in una delle tre città sante: Medina, Gerusalemme, o Bagdad. In questi luoghi cominciò così a fiorire un vero e proprio commercio di tombe. Gli storici raccontano che in Sicilia gl'impresari di pompe funebri possedevano una flotta per il trasporto delle salme in Oriente.

Nell'Isola il commercio più florido era quello degli schiavi, la cui vendita si svolgeva in palazzine a due piani: il primo riservato al mercato di massa, il secondo a quello di lusso. Gli schiavi erano acquistati come camerieri, guardie del corpo, portinai, cuochi, eccetera, oppure noleggiati per piccoli servizi a ore. I mercanti si preoccupavano anche che la merce si presentasse bene. Tingevano di nero i capelli delle donne bionde, sbarbavano i vecchi, travestivano i fanciulli da donna. Ciò costringeva i clienti a farsi accompagnare al mercato da un medico che controllava la genuinità del prodotto. Ad uso dei forestieri fu compilato un manuale d'etnologia che forniva informazioni sugli schiavi a seconda del luogo d'origine. I Turchi, vi si legge, erano cuochi esperti ma spendaccioni, i migliori cantanti provenivano da Medina, le negre erano ottime ballerine ma puzzavano, le Abissine erano ladre. Fra gli schiavi bianchi gli Armeni erano considerati i peggiori di tutti per la loro indolenza. Le condizioni di vita degli schiavi erano relativamente buone. Spesso i padroni sul letto di morte, per guadagnarsi il Paradiso, li liberavano e qualche volta li lasciavano anche eredi delle proprie sostanze. Un anello all'orecchio era l'unico segno di distinzione di questa classe che in Egitto coi *Mammalucchi* divenne potente e temuta.

In Sicilia due secoli e mezzo di dominazione araba non solo modificarono il costume dei suoi abitanti ma lasciarono profonde tracce nella cultura. Nel Novecento sorsero a Palermo le prime scuole arabe nelle quali s'insegnava che la Terra era sferica e aveva un centro equidistante dai quattro punti cardinali. Particolarmente diffuso era lo studio degli astri che influenzavano ogni momento della vita quotidiana. A Palermo un parrucchiere si fece costruire un sestante per misurare la posizione delle stelle sull'orizzonte. Prima di tagliare i capelli o fare la barba ai clienti lo consultava, e solo se le congiunzioni astrali erano favorevoli dava di piglio al rasoio. Alla scienza islamica l'astronomia è debitrice di gran parte del suo gergo: *azimut, nadir, zenit* sono termini arabi.

Un po' dovunque nell'Isola sopravvivono modelli dell'architettura araba che nella moschea fuse e riassunse i suoi caratteri: la volta, l'arco moresco, la decorazione ad arabesco. Nel X secolo il giornalista ibn-Hawqal contò a Palermo trecento di questi edifici. Dopo il Mille la cultura araba si incontrò in Sicilia con quella normanna. Dal connubio scaturì la più alta civiltà del Medioevo europeo, in cui affondò più tardi le sue radici quella del Rinascimento.

Palermo fu la base della conquista dell'isola e di alcuni centri del Mezzogiorno. Nell'841 gli Arabi occuparono Bari che tennero per trent'anni. Tre anni dopo minacciarono Roma dal mare. Non riuscendo a penetrare nell'Urbe saccheggiarono la basilica di San Paolo fuori le mura e profanarono le tombe dei Pontefici. Nell'849 una flotta musulmana tornò a solcare le acque di Ostia, ma fu letteralmente distrutta da una terribile tempesta e dai vascelli del Papa. Siracusa nell'878 e Taormina nel 902 furono le ultime roccheforti bizantine a cadere sotto la spada dell'Islam. La dominazione araba in Sicilia durò fino al 1060 quando le contese tra i vari governatori e gli intrighi dei Bizantini, che dal giorno in cui erano stati spodestati non avevano cessato di tesserne, spalancarono le porte dell'Isola ai Normanni del Conte Ruggero. Ma questa è storia che fa parte di un altro libro.

Per ora limitiamoci a constatare che, grazie agli Arabi, la Sicilia e la Spagna furono, nel buio di questi secoli, due fari di civiltà. E torniamo alle vicende del nostro Paese.

PARTE QUARTA
L'ITALIA FEUDALE

NOBILTÀ E CAVALLERIA

Il tratto caratteristico dei secoli bui, in tutta l'Europa, fu la decadenza, e in qualche caso la scomparsa, delle città.

Roma ne aveva fondate a man bassa. Ed era stato attraverso di esse che aveva diffuso nel mondo la sua lingua, i suoi costumi, le sue leggi. La parola stessa *civiltà* deriva da *civitas*, città. Sia in Italia che in Francia e Spagna, la *civitas* era una grande o piccola succursale di Roma, costruita a sua immagine e simiglianza: centro amministrativo, militare, giudiziario, scolastico, commerciale. Il contado ne viveva il riflesso, e non aveva altra funzione che quella di alimentarlo.

Questa struttura urbana della società era stata spazzata via dalle invasioni. I barbari non avevano materialmente distrutto le città: ciò avvenne solo in qualche caso. Ma non avevano il personale per mantenerle e mandarle avanti: cioè quei funzionari e quei tecnici, dal contabile al trombaio, che Roma aveva selezionato nelle sue scuole. Essi erano fuggiti, o erano stati uccisi, o – caso più frequente – erano morti, col passar degli anni, di morte naturale. E i nuovi padroni non avevano con chi sostituirli. Rozzi e analfabeti, essi non conoscevano altri mestieri che la pastorizia e la guerra. Quindi della città non sentivano nemmeno il fascino. Via via che le vecchie mura costruite dagli architetti e dai manovali romani cadevano, che un ponte crollava e una fogna s'intasava, nessuno era in grado di ripararli. A Nîmes, i resti decimati dell'antica popolazione si erano ridotti a vivere dentro l'anfiteatro, le cui massicce scalinate avevano meglio resistito alla rovina. E la stessa Roma si era contratta in un quartiere di Trastevere che si chiamò «città leonina» dal nome del Papa che l'aveva fatta fortificare.

Tutto questo naturalmente non fu un fenomeno totale e repentino, cui si possa assegnare una data. Si svolse per cinque secoli a partire dal quarto, e in Italia fu meno marcato per la più forte impronta che Roma le aveva dato. Tuttavia anche qui, sotto i Goti, i Longobardi e i Franchi, la vita urbana ricevette un colpo mortale. E quelli ch'erano stati dei fiorenti centri d'industria, di commercio, di cultura, si erano ridotti a villaggi chiusi, molto spesso affamati, senza comunicazioni tra loro, e intenti solo a drizzare bastioni per difendersi dai nemici esterni. Non c'erano più né classi dirigenti, né vita sociale. L'unica autorità che aveva continuato a risiedervi era quella religiosa. E questo ebbe conseguenze decisive, specialmente in Italia.

Il Vescovo era l'unico «notabile» della città che non ne aveva abbandonato la popolazione diseredata e negletta. E naturalmente fu intorno a lui che questa popolazione prese sempre più a gravitare non solo per i bisogni dell'anima, ma anche per quelli del corpo. Non tanto in forza della «Prammatica sanzione», ma più ancora in mancanza di concorrenti laici, egli diventò il perno di tutta l'organizzazione civile, fu insieme il prefetto, il sindaco, il notaio, il direttore scolastico, l'agente del fisco, e qualche volta anche il medico del suo gregge. Lo si vedeva del resto anche dalla nuova struttura urbanistica che si veniva delineando: il «centro» era (e quasi dappertutto è rimasto) la Cattedrale col suo sagrato, dove si svolgevano tutti i fatti salienti della vita comunitaria: battesimi, matrimoni, processi, contratti. Fu questa la vera origine della grande forza temporale che la Chiesa doveva in seguito assumere. Quando, dopo il Mille, le città ridiventarono le protagoniste della vita europea, esse erano ormai abituate a vedere il loro capo, anche politico e perfino militare, nel Vescovo, di cui infatti furono le naturali alleate nella lotta contro il potere laico dell'Impero.

Quest'ultimo era un fenomeno agrario. Lo stesso Carlomagno, che ne fu l'incarnazione più progredita, non aveva avuto una capitale. Parigi non era che un mucchietto di capanne di fango. E in tutta la Francia non c'era una città in grado di garantire i rifornimenti nemmeno a una Corte povera e rozza come quella dei Re franchi. Costoro vissero nomadi come i loro antenati, acquartierandosi dove c'erano riserve di grano e ripartendone dopo averle esaurite. I loro *missi* godevano di uno speciale «diritto di alloggio» che li qualificava all'ospitalità nelle case dei sudditi. Anche l'amministrazione dunque era peripatetica, e ognuno può immaginare con che rigore funzionasse.

Fu questa ruralizzazione a dare una particolare fisionomia al mondo feudale. Con la scomparsa o la decadenza della città, era scomparso o si era ridotto al minimo il «mercato», cioè il punto d'incontro fra il produttore e il consumatore. Costoro s'identificano ora nella stessa persona, il contadino, ch'è insieme il produttore e il consumatore di se stesso. Egli non ha nessun incentivo a produrre oltre quanto reclami il suo stomaco. Tanto, il di più non può venderlo per mancanza di mezzi di trasporto e di clienti. E lo si vide subito dallo scadimento della tecnica agricola e dalla contrazione dei raccolti. Ma ci fu anche, per il contadino, un'altra nefasta conseguenza: la sua incapacità di resistere alle crisi. Non potendo vendere, egli non era nemmeno in grado di comprare. E un raccolto andato a male bastava per metterlo alla fame e nella necessità di alienare il podere a un proprietario più ricco e forte.

Quanti contadini-proprietari o, come oggi si direbbe, coltivatori diretti, fossero sopravvissuti dai tempi di Roma, che si era sempre sforzata di moltiplicarli, è impossibile dire. Già quando l'Impero cadde, dovevano essere ridotti in pochi. Ma la mancanza del mercato cittadino li distrusse definitivamente. Di anno in anno, siccità e carestie li spinsero nelle braccia del latifondista, che invece poteva resistere a queste jatture. Non fu lui a fagocitarli di prepotenza. Furono loro a chiedergli di entrare alle sue dipendenze come «coloni».

Il colonato non fu quella barbara istituzione che molti hanno detto. Il suo spontaneo formarsi dimostra che essa era necessaria, e del resto non ci vuol molto a rendersene conto. In una società come quella, senza uno Stato in grado di mantenere l'ordine, l'indipendenza era fatalmente il privilegio dei ricchi e potenti che potevano difenderla e difendersi. Per i poveri e deboli, era un lusso troppo costoso. Entrare a far parte di una grande proprietà significava non solo mettersi al riparo dalle carestie, ma anche al sicuro dai predoni. Il padrone ai suoi uomini ci teneva. Ci teneva più che alla terra, per due ragioni: prima di tutto perché di terra, in una Italia ridotta a quattro o cinque milioni di abitanti, c'era abbondanza; e di uomini, penuria. Eppoi perché, più che dalla vastità del possesso, il rango di un signore si misurava dal numero dei suoi soggetti. Egli badava quindi a conservarli e, se possibile, a moltiplicarli.

Anche giuridicamente essi erano «roba» sua. Non potevano abbandonare il fondo né prendere moglie senza il suo consenso. E in questo erano dei veri e propri servi della gleba. Ma in tutto il resto il loro rapporto non differiva da quello del moderno mezzadro. Il signore lasciava il colono sul podere incorporato, che si tramandava di padre in figlio, anche se questo diritto ereditario non era sancito dalla legge; e si limitava a prelevare una quota del prodotto, che variava secondo i casi, ma era quasi sempre la metà. I proprietari romani erano stati molto più esosi, vessatori e spietati perché operavano in una economia di mercato, dominata dal criterio del «profitto», che li spingeva a comprimere i costi di produzione. Per ridurre quelli della manodopera, si servivano del lavoro forzato degli schiavi, spremuti al massimo e nutriti al minimo.

Il proprietario feudale non aveva questo pungolo. Piccola o grande che fosse, egli concepiva la sua proprietà più come una istituzione sociale che come una impresa economica. Essa era un microcosmo autarchico, che aveva ridotto al minimo gli scambi col mondo esterno. La mancanza di denaro era insieme la causa e l'effetto di questa arteriosclerosi economica. La moneta non scomparve mai del tutto. Per esempio quella di Costantinopoli, il *bizante*, seguitò sempre ad aver corso. Ma ne circolava pochissima perché dentro il circuito chiuso dei feudi gli scambi avvenivano direttamente in natura. La ricchezza, nel Medioevo, si misurava in terra, non in oro. Un patrimonio era fatto unicamente di poderi e di coloni, sui quali il Signore esercitava una patriarcale autorità da Sovrano assoluto, ma solitamente benevolo.

Il latifondo aveva un suo centro amministrativo che si chiamava «Villa», e consisteva di un complesso di edifici. Il più imponente era il castello del Signore, che faceva da fortezza, col suo fossato e il suo ponte levatoio. Accanto c'era quella che oggi si chiama «fattoria», dove stava appunto il fattore che allora si chiamava «balivo». Costui non provvedeva soltanto alla ripartizione dei prodotti che venivano ammassati nei granai e nelle cantine, ma anche all'esercizio della giustizia. Perché anche la giustizia, nel feudo, era autarchica. C'era pure una cappella col suo bravo parroco per dire la messa, consacrare matrimoni e impartire battesimi. E, se nelle vicinanze scorreva un fiume, ci veniva istallato un mulino.

Di solito, un latifondo comprendeva più Ville, fra le quali il Signore divideva i suoi soggiorni. Molte di esse furono il nucleo originario di città che vi si svilupparono intorno nei secoli successivi e ne derivarono il nome: Villanova, Francavilla ecc. Le terre che vi erano annesse erano divise in due categorie di varia estensione e sottoposte a regime diverso: una ristretta aliquota padronale che si chiamava «indominicata» e che il Signore gestiva, come oggi si direbbe, in conto diretto, col lavoro di «servi»; il resto era terra «mansionaria», cioè appoderata e gestita, come ho detto, a mezzadria.

Per quanto chiuso, il circuito economico di una Villa era abbastanza vasto per mettere al riparo i contadini dalla fame anche in caso di carestia. Salvo catastrofi eccezionali, essi trovavano sempre di che sfamarsi nel granaio del Signore, che inoltre li proteggeva dalle prepotenze altrui e gli assicurava un minimo di giustizia. Sicché il latifondo medievale, pur con tutti i suoi difetti, praticamente salvò dall'estinzione la classe dei contadini. Costoro se ne resero conto. E lo dimostra la docilità con cui accettarono la loro condizione. Il Medioevo ignorò la «fame di terra», non conobbe le terribili rivolte agrarie di Roma, e non ebbe nessuno Spartaco. I pochi che si rifiutavano di entrare in una Villa venivano considerati degli stravaganti fannulloni, pericolosi più per i pollai che per l'ordine sociale cui si sottraevano. Di solito, il Signore poteva contare sulla docilità dei suoi «rustici» o «villani», come venivano chiamati, e spesso sulla loro devozione.

Fu questa concentrazione della terra in mano di pochi che provocò la nascita di un istituto sociale destinato a condizionare la vita di tutta l'Europa per una diecina di secoli: la nobiltà.

Tutti i popoli ne hanno avuto una di origine più o meno mitologica. Ma col progresso della civiltà essa regolarmente spariva, o per lo meno perdeva i suoi ereditari privilegi. Sia i Romani che i Bizantini avevano una classe dirigente che godeva di particolari diritti, ma solo in quanto svolgeva una «funzione». Quando la funzione cessava, cessavano anche i diritti.

Le invasioni barbariche spazzarono via questa aristocrazia di «notabili», di cui Boezio fu uno degli ultimi campioni. I Longobardi portarono una nobiltà nuova di tipo guerriero, ch'è la più antica. Alboino calò in Italia alla testa di un'orda in cui erano confluite le varie tribù germaniche acquartierate in Pannonia. I loro capi erano i Generali del Re che essi avevano liberamente eletto. Istallatosi a Pavia, Alboino li spedì, in qualità di *Duchi* o governatori, nel resto d'Italia: a Trento, nel Friuli, a Spoleto, a Benevento. Dapprincipio il titolo di Duca fu vitalizio, poi divenne ereditario. Le difficoltà di comunicazioni e la mancanza di un apparato burocratico centrale accelerarono fatalmente questo processo. Ogni Ducato, immune da controlli, si governava da sé. Furono i Duchi che, diventando sempre più autonomi e potenti, impedirono in questo modo ai Re longobardi d'unificare l'Italia.

Quando Carlomagno conquistò la Penisola, o meglio la parte centro-nord di essa, istituì la *Contea* e la *Marca*, lasciando intatti alcuni Ducati, come quelli di Spoleto e di Benevento. La Contea era un dipartimento amministrativo, che poteva essere vasto come una provincia o come una regione. La Marca, formata invece da varie Contee, era una circoscrizione militare di frontiera, retta da un *Marchese*, scelto fra i Conti.

Prima ancora dello sfacelo dell'Impero, questi titoli erano diventati ereditari. E così Marche, Contee e Ducati si trasformarono in unità territoriali indipendenti, alcune più potenti degli stessi sovrani. I *Margravi*, come genericamente si chiamavano questi grandi Signori, erano diventati proprietari delle terre che avevano ricevuto in appalto e disponevano a piacimento di esse e dei loro abitanti.

Il concetto di proprietà infatti faceva tutt'uno con quello di libertà e di milizia. I Duchi, i Conti, i Marchesi furono in un primo tempo i soli liberi, i soli proprietari, i soli qualificati al comando militare. Ma siccome erano pochi e sempre più si rarefacevano – il che rendeva difficile formare gli eserciti – si dovette estendere il privilegio della proprietà, e quindi anche della libertà e della nobiltà, a una seconda categoria di persone: i vassalli.

Erano costoro, per così dire, dei «liberi di complemento» in quanto non avevano una proprietà trasmissibile agli eredi, ma un *feudo*, cioè il godimento di una fetta della proprietà del Signore cui, alla loro morte, tornava. Il Signore gliela concedeva appunto per qualificare il vassallo al servizio militare e rimunerarlo. Il feudo era dunque un salario o «cinquina» in natura. Il vassallo a sua volta lo dava da lavorare a un colono. E col ricavato poteva consentirsi il lusso di mantenere un cavallo, di comprare le armi e di trascorrere il suo tempo a esercitarsi per la guerra. Ma non era che il compenso di un servizio, e durava finché durava il servizio. Il titolare lo perdeva con la vecchiaia o con la morte. Suo figlio non poteva ereditarlo. Poteva solo farselo confermare entrando anche lui in servizio e dandovi buone prove.

Questo, in origine. Ma col tempo il provvisorio diventò definitivo anche perché solo il figlio del guerriero, ricevendo fin da ragazzo una educazione guerresca, da adulto si mostrava buon soldato. Il costume, come al solito, precedette la legge. Anche prima che questa lo sancisse definitivamente, il feudo diventò una proprietà bell'e buona, e come tale fu trasmissibile agli eredi insieme al titolo nobiliare che ne derivava. Il Margravio insomma dovette riconoscere al vassallo ciò che l'Imperatore aveva riconosciuto a lui: la trasmissibilità del titolo e la disponibilità del feudo. Era insieme una riforma agraria e sociale. Giunto alla maggiore età, il figlio del vassallo veniva armato *cavaliere* ed entrava a far parte di quella «milizia», con cui la nobiltà s'identificava. Essa non *formava* l'esercito. Lo *era*.

Il nobile non aveva privilegi, salvo l'esenzione da ogni tassa ch'egli pagava col servizio militare gratuito. Ma godeva di una posizione sociale di altissimo livello. La società medievale era a piramide. La base era costituita da una massa senza diritti. Al vertice c'erano i nobili che combattevano per difenderla; e i preti che pregavano per l'anima degli uni e dell'altra. Tale era il mondo della *cavalleria*.

Questa parola suscita in noi deliziose immagini di raffinata vita di castello, dominata da romantici e disinteressati ideali di amore, poesia e pietà. E forse nei secoli dopo il Mille, qualcosa di simile ci fu, o per lo meno ce ne fu qualche scampolo. Ma ai suoi tempi eroici il Cavaliere fu ben diversa cosa. Suo padre non gli dava altro precettore che il cavallo. Lo issava in sella a cinque o sei anni, e ce lo lasciava crescere senza nemmeno il sospetto dell'alfabeto, ch'egli stesso d'altronde ignorava. L'uomo che si sviluppava da questa crisalide era un rozzo e rude soldataccio, superstizioso e turbolento, sempre in cerca di una rissa in cui ficcarsi. Ostentava l'ignoranza come un segno di casta. «Non sa leggere né scrivere perché nobile» è un modo di dire durato per snobismo fino al secolo scorso. Il piccolo feudo di cui era titolare gli dava appena di che vivere. Le loro case erano abituri di contadini, anche perché ci stavano poco. Vivevano a bordo dei loro quadrupedi, dormivano in terra con la sella per guanciale, non conoscevano altro mestiere che la guerra, e spesso se la facevano anche tra loro senz'altro scopo che quello di tenersi in esercizio. La Chiesa tentava invano di convertire a una più ordinata esistenza questi facinorosi sciabolatori indicendo tregue o «paci di Dio». Ancora nell'XI secolo il cronista Lamberto di Waterloo raccontava di dieci fratelli di suo padre rimasti accoppati tutt'insieme in una «festicciola d'armi» a Tournai.

Però erano soldati formidabili, di un coraggio e di una resistenza a tutta prova. Erano stati loro a salvare l'Europa dagli eserciti musulmani, quando erano traboccati oltre i Pirenei. E furono loro a darle quella ossatura militare che doveva ripararla nei secoli da tutte le altre minacce.

La fragilità militare del nostro Paese, la sua ancestrale allergia alla guerra viene dal fatto che questi «barbari» in Italia attecchirono poco e non riuscirono mai a darle la loro

329

impronta cavalleresca e guerriera. Noi non abbiamo nemmeno una poesia epica perché non sapremmo proprio a quali gesta ispirarci. Tasso e Ariosto, quando vollero cimentarvisi, dovettero copiare le «canzoni di gesta» francesi e adottarne perfino i personaggi. Comuni e Signorie, per combattersi tra loro, ricorreranno regolarmente ai mercenari stranieri: le milizie cittadine non valevano nulla. Solo Venezia e Genova crearono una loro grande scuola militare: la flotta. E infatti noi siamo rimasti un Paese di eccellenti marinai e di mediocri soldati.

Queste cose dobbiamo dircele, se vogliamo prendere coscienza di noi stessi. La precarietà delle istituzioni feudali consentì all'Italia di uscire per prima dalle tenebre del Medioevo e di sviluppare una grande e lussureggiante cultura urbana. Ma ci ha impedito di assorbire quell'etica cavalleresca, imperniata sul senso dell'onore e della dedizione, che fa grandi non solo gli eserciti, ma anche le nazioni. Machiavelli sarà il documento di queste carenze. In tutti i Paesi e in tutti i tempi la fellonia, il tradimento e lo spergiuro allignano. Ma solo in un Paese privo di etica aristocratica e militare come l'Italia potevano essere codificati in una «guida» alla politica di un Principe.

I REUCCI D'ITALIA

Gli ultimi Longobardi avevano governato bene la Penisola. S'erano dati una legge che non era quella romana ma non era nemmeno più quella della foresta in cui sino a Alboino erano vissuti. Avevano ripudiato Ario e s'erano convertiti al Cattolicesimo. Avevano ridotto in servitù i vinti, ma poi con essi si erano mescolati. Non avevano fondato una cultura, ma avevano cominciato a assorbire quella latina.

I Franchi erano più barbari dei Longobardi, i loro Re erano analfabeti e l'unica arte che conoscevano era quella della guerra. In Italia vennero più da conquistatori che da colonizzatori, per rendere un servizio al Papa. Governarono la Penisola da lontano attraverso i Conti, i Marchesi e i *missi dominici.* Lasciarono ai Longobardi i Ducati di Spoleto e di Benevento sui quali, armato di scomunica, il Pontefice vigilava. Carlomagno e i suoi successori, del resto, di quello che succedeva nel Mezzogiorno non si diedero mai soverchio pensiero. Il loro orizzonte si fermava a Roma. Non avendo una legge, rispettarono quella longobarda e quella romana. Conservarono il *guidrigildo* cioè la pena pecuniaria, e limitarono la *faida,* cioè la vendetta privata, allo stupro, al ratto e all'adulterio. I Conti erano in gran parte Franchi, ma ce n'erano anche di Longobardi. Avevano ampi poteri, di cui spesso abusavano, e convocavano *diete* alle quali intervenivano anche Vescovi e Abati che, essendo sottratti alla giurisdizione civile, erano chiamati *immunes.* I loro criteri amministrativi erano riassunti nei *capitolari,* specie di statuti che contenevano norme giudiziarie e sancivano pene per coloro che vi contravvenivano. Le monache che praticavano l'adulterio per esempio erano punite col bando e la confisca dei beni, i notai che non accorrevano al capezzale di un malato che voleva far testamento erano multati. Se un uomo cadeva in schiavitù, la moglie e i figli avevano diritto di restare liberi. Eccetera.

Le condizioni economiche degli Italiani sotto i Franchi migliorarono. Carlomagno non reclamò quel terzo di terra che Teodorico e Alboino avevano rivendicato e confiscato. Anzi riconobbe i latifondi longobardi e non espropriò un solo podere. Favorì la mezzadria e sviluppò la piccola proprietà. I cronisti dell'epoca riferiscono che per duecento anni in Italia non ci furono carestie.

Nell'887, quando l'ultimo Imperatore carolingio, Carlo il Grosso, fu deposto, la Penisola era un coacervo di staterelli. Il più vasto era, a Nord, il Regno d'Italia che comprendeva Liguria, Lombardia, Emilia, parte del Veneto e della Toscana, e il titolo spettava di diritto all'Imperatore. Quando Pipino che per primo ne aveva cinto la corona calò nella tomba, esso passò a Bernardo che fu in seguito spodestato da Luigi il Pio, al quale successe Lotario. Nell'854 fu incoronato Re d'Italia Luigi II. Nell'875 sul trono di Pavia salì Carlo il Calvo, nell'877 Carlomanno e nell'879 Carlo il Grosso con cui ingloriosamente la dinastia carolingia s'estinse.

L'Italia si trovò allora in preda all'anarchia, e in balia dei vari Conti, Marchesi e Duchi, fra i quali i Re longobardi e franchi l'avevano spartita e appaltata. Finché c'era stato l'Imperatore, essi l'avevano rappresentato, sia pure solo di nome ma ora non rappresentavano che se stessi e le proprie ambizioni. Ognuno, per piccolo che fosse, aspirava alla corona d'Italia, rimasta senza il suo imperiale titolare. Intrigavano, corrompevano, si facevano corrompere, arruolavano eserciti e si combattevano con frenesia competitiva. Ma com'era possibile condurre all'unità un Paese che in tre secoli aveva subìto tre invasioni che l'avevano devastato, imbarbarito e ridotto a una piazza d'armi? L'unità politica sottintende un'unità civile, linguistica, etnica e religiosa. In Italia, al Nord, c'erano i Franchi di ceppo germanico; al Centro i Romani; al Sud i Bizantini; il Ducato di Benevento era in mano ai Longobardi, cattolici e tedeschi anche loro, come i Franchi, e assai gelosi della propria autonomia; la Sicilia era diventata una colonia musulmana, non aveva rapporti col continente e non voleva averne. Era indipendente anche dal Califfo e spadroneggiava nel Mediterraneo esercitando la pirateria.

Nessuno di questi potentati intendeva rinunciare alla propria sovranità, ma tutti anelavano a confiscare quella altrui. Per unificare l'Italia non mancava solo la fusione delle varie popolazioni. C'erano altri due grossi ostacoli. Innanzitutto non esisteva un concetto di patria. C'era solo quello di Ducato, formatosi sotto i Longobardi, e quello di Contea e Marchesato, sviluppatosi sotto i Franchi. Eppoi un'idea per circolare ha bisogno di scuole, di strade e di una società aperta. Quella medievale era invece chiusa, autarchica, priva di comunicazioni e di sbocchi con l'esterno. L'altro scoglio era la Chiesa che nell'unità d'Italia e in uno Stato laico, sino al 1870 e anche dopo, ha sempre visto una minaccia al proprio potere temporale e un freno all'abuso di quello spirituale.

Nell'888, dal caos in cui era precipitato il Regno d'Italia in seguito allo sfacelo della dinastia carolingia, emersero due figure: Berengario, Marchese del Friuli, e Guido, Duca di Spoleto. Berengario era nipote, per parte di madre, di Luigi il Pio e nelle sue vene scorreva sangue franco. Anche Guido era imparentato alla lontana coi Carolingi. Quando la corona imperiale cadde dalla testa di Carlo il Grosso, Guido si precipitò in Francia per raccoglierla ma tornò indietro a mani vuote, mentre Berengario cingeva a Pavia quella d'Italia e si faceva acclamare Re dai Conti lombardi. Il Duca di

Spoleto rifiutò di riconoscerlo e dopo avergli sollevato contro i Margravi della Lombardia, marciò con un grosso esercito su Brescia dove nell'889 Berengario fu sconfitto e volto in fuga. Dopo la vittoria Guido convocò a Pavia un Sinodo al quale parteciparono i Vescovi dell'Italia del Nord che lo proclamarono Re, in cambio del riconoscimento dei loro domini e delle immunità ecclesiastiche.

Berengario, che nel frattempo era riparato a Pavia, in combutta col Papa Formoso, trescava con Arnolfo, Re di Carinzia, e lo invitava a calare in Italia, e a spodestare il rivale Guido. Nell'893 Arnolfo varcò le Alpi e invase la pianura padana seminando strage e panico fra i suoi abitanti. Ma il Re di Carinzia soffriva di reumatismi e il clima umido della Lombardia glieli aveva ridestati. Non andò nemmeno a Roma dal Papa che l'aveva invitato, e dopo poche settimane fece ritorno in Germania anche perché una grave epidemia era scoppiata in mezzo alle sue truppe e le aveva letteralmente decimate. Quasi contemporaneamente, in seguito a un'emorragia, moriva Guido, dopo avere associato al trono il figlio Lamberto, che si fece incoronare in San Pietro da Formoso. Nell'estate dell'895, il Pontefice, in balia della fazione spoletana che spadroneggiava nell'Urbe, lanciò un nuovo appello al Re di Carinzia il quale, nonostante i reumatismi, ridiscese in Italia e marciò su Roma dove l'«Imperatore di Spoleto» – come per scherno Lamberto era stato battezzato dai suoi nemici – aveva ammassato il fior fiore dell'esercito e fatto imprigionare il Papa che l'aveva tradito.

L'Urbe fu cinta d'assedio. Dopo alcuni giorni, non riuscendo a espugnarla, Arnolfo ingiunse ai Romani d'arrendersi, ma essi gli risposero con lazzi e sberleffi. Una mattina – si racconta – il Re di Carinzia, vedendo una lepre che correva verso la città, brandì la spada e si lanciò al suo inseguimento. I soldati, credendo che quello fosse un segnale di battaglia, partirono anche loro all'assalto, armati di scale e di selle di cavallo sulle quali s'arrampicarono e varcarono le mura, dopo aver sfondato le porte a colpi d'ascia e aver abbattuto quella di San Pancrazio, ch'era la più robusta, con l'ariete. Arnolfo entrò trionfalmente nell'Urbe inforcando un superbo cavallo bianco ma – riferiscono i cronisti dell'epoca – corrucciato e scuro in volto per non essere riuscito a catturare la lepre. Puntò subito su Castel Sant'Angelo dove il Papa era stato rinchiuso, e lo liberò. Quindi si recò in San Pietro, e Formoso l'incoronò Imperatore. Quindici giorni dopo, lasciata a Roma una piccola guarnigione, mosse su Spoleto ma per strada fu colto da un improvviso malore che gli storici hanno attribuito a strapazzi d'alcova. Arnolfo aveva infatti numerose amanti, e fra le braccia d'una di costoro si sarebbe sentito male. Non morì, ma fu costretto a rientrare precipitosamente in Carinzia anche perché l'inverno era alle viste.

Lamberto, rimasto così padrone della situazione, fece pace con Berengario e partì per Pavia dove una mattina, durante una partita di caccia al cinghiale, cadde da cavallo e si fracassò la testa. Spirò poco dopo senza aver ripreso conoscenza, ma qualcuno attribuì la sua morte a una coppa di veleno. Berengario, informato della cosa, lasciò Verona dove s'era rintanato, partì per Pavia e convocò una Dieta di Vescovi e Conti da cui si fece proclamare Re d'Italia.

Non s'era ancora spenta l'eco dell'avvenimento che nell'agosto dell'899 alcune migliaia di mercenari ungheresi si rovesciarono sull'Italia del Nord sommergendola e devastandola. Erano i rimasugli dell'orda di Attila che in primavera e in autunno scorrazzavano per l'Europa seminando il terrore fra i suoi abitanti e facendo dovunque terra bruciata. Berengario gli andò incontro sul fiume Brenta con un esercito in cui aveva arruolato anche dei toscani, che furono i primi a scappare. Gl'Italiani furono travolti dai Magiari e i pochi scampati, con in testa il Re, ripararono a Pavia.

Berengario aveva – come si dice – perduto la faccia, e i

suoi grandi elettori decisero perciò di deporlo e di dare la corona d'Italia al giovane Re di Provenza, Ludovico, discendente anche lui, da parte di madre, da Carlomagno. Berengario fu privato del marchesato friulano e costretto a cercare asilo in Baviera dove si mise subito a tramare il suo ritorno in patria. Spedì agenti segreti in Italia a propalare la notizia della sua morte e a colludere col Vescovo di Verona, dove Ludovico s'era acquartierato. Alla fine del 905, con un pugno d'uomini, partì alla volta di questa città e con la complicità di alcuni preti riuscì a cogliere di sorpresa Ludovico il quale, vistosi perduto, si nascose in una chiesa. Snidato, fu accecato e rispedito in Provenza.

Berengario tornò di nuovo a essere padrone della situazione, ma dovette attendere dieci anni prima di vedere la corona imperiale posarsi sul suo capo. I Margravi dell'Italia centrale l'avevano riconosciuto ma quelli lombardi gelosi della sua potenza, si levarono in armi contro di lui e ancora una volta invocarono l'intervento di uno straniero: il Re di Borgogna, Rodolfo. A Fiorenzuola, nei pressi di Piacenza, gli eserciti di Berengario e di Rodolfo si affrontarono in una sanguinosa battaglia e i friulani furono messi in rotta dai borgognoni. Lo stesso Berengario scampò a stento alla carneficina nascondendosi sotto lo scudo fra un mucchio di cadaveri, e solo col calar delle tenebre poté mettersi in salvo e riparare a Verona.

Rodolfo non fece nemmeno in tempo a godere i frutti della vittoria che fu richiamato in patria da beghe di famiglia. Prima di partire nominò luogotenente il cognato contro il quale Berengario lanciò cinquemila mercenari ungheresi che s'avventarono su Pavia, capitale del Regno di Italia di cui Rodolfo aveva cinto la corona, e la spianarono al suolo, dopo aver trucidato gli abitanti, sventrato le donne e sgozzato i bambini. Berengario fu additato dai suoi nemici alla generale esecrazione degli Italiani e fu ordita una congiura per assassinarlo. Una mattina d'aprile del 924 mentre, assorto in preghiera, assisteva alla messa in una chiesa di Verona, fu pugnalato alle spalle. Era stato un uomo bigotto, avveduto e violento. Alcuni storici e una certa retorica nazionalistica hanno fatto di lui un campione e un assertore dell'unità d'Italia. In realtà non fu che uno dei tanti tirannelli che governarono in questo periodo la Penisola, solo più ambizioso e risoluto degli altri.

Rodolfo perse la corona per colpa dell'amante Ermengarda, vedova del Marchese d'Ivrea, donna di straordinaria bellezza, maestra nell'arte dell'intrigo e della seduzione. I contemporanei la paragonarono a Elena e a Cleopatra, e tutti coloro che la conobbero ne restarono conquistati. Anche un paio di Papi si sarebbero follemente innamorati di lei e non essendone corrisposti la avrebbero addirittura scomunicata. Ermengarda voleva sbalzare dal trono Rodolfo e issarvi il fratellastro Ugo di Provenza per il quale – pare – aveva un debole. Quando venne a conoscenza della tresca, il povero Rodolfo, accecato dalla gelosia, uscì di senno e fu ricondotto in patria. L'Arcivescovo di Milano, Lamberto, ch'era uno dei più influenti notabili della Lombardia, chiamò allora in Italia Ugo, che fu incoronato Re a Pavia. Il Pontefice, che ne aveva caldeggiato la elezione, lo benedisse e invocò la sua protezione contro il partito di una certa Marozia che a Roma spadroneggiava e minacciava di deporlo.

Correva l'anno 926.

MAROZIA & C.

La morte di Carlomagno e lo sfacelo dell'Impero franco avevano provocato la dissoluzione di quel potere laico che aveva sostenuto il Papato e gli aveva impedito di degenerare. A Roma, sulla fine dell'800, spadroneggiavano due fazioni: quella toscana dei Tuscolo, e quella spoletina dei Crescenzi. Sebbene entrambe di origine longobarda e imparentate fra loro, esse si disputavano la tiara, eleggevano i Papi, li deponevano, convocavano i Sinodi. Tutto era in loro balìa. L'Urbe faceva da sfondo a questa anarchia che durò oltre un secolo.

Le cronache del tempo sono piene di delitti, colpi di Stato, rivolte di palazzo. Il clero, abbandonato a se stesso, sprofondò nella corruzione. I Pontefici e i Vescovi vivevano in un lusso da *Mille e una notte*. Abitavano palazzi sfavillanti di marmi e di ori. Si circondavano di servitori e concubine, imbandivano mense degne di Trimalcione, organizzavano concerti, danze e feste mascherate. La mattina, celebrata la messa, montavano a cavallo e andavano a caccia, seguiti da uno stuolo di cortigiani. I Romani li amavano perché di tanto in tanto distribuivano vino e frumento, ma soprattutto perché quando morivano il popolino aveva libero accesso nelle loro dimore e poteva tranquillamente svaligiarle. La Chiesa, lacerata da lotte intestine e prigioniera della sua mondanizzazione, non era mai caduta tanto in basso.

Nel maggio dell'896, dopo quattro anni e mezzo di regno, calò nella tomba quel Papa Formoso che aveva incoronato Arnolfo. I signorotti spoletini, che ne avevano a suo tempo contrastato l'elezione, proclamarono Papa Stefano

VI, figlio di un prete romano. Sotto di lui si celebrò il processo postumo a Formoso, reo di aver cinto la tiara nonostante fosse Vescovo di Porto. Gli antichi concili avevano infatti sancito che i Vescovi non potevano abbandonare la loro sede e diventare Papi. Questa accusa era naturalmente un pretesto e ne nascondeva una ben più grave: quella d'aver Formoso chiamato in Italia il Re di Carinzia e d'averlo sostenuto contro Guido di Spoleto.

Il macabro processo si svolse nel febbraio dell'897 davanti al tribunale di un Sinodo appositamente convocato. La tomba di Formoso fu scoperchiata e il suo scheletro impaludato fu trasportato nella sala del Concilio, al cospetto dei giudici, e deposto su una seggiola a braccioli. Accanto a esso, in piedi, stava un vecchio diacono che fungeva da avvocato difensore. Stefano VI aprì l'udienza e poi, rivolto alla mummia, chiese: «Perché, uomo ambizioso, hai usurpato la cattedra apostolica?» Il diacono cercò di scagionare il Pontefice, ma fu sommerso da un diluvio di fischi e di insulti. Formoso fu riconosciuto colpevole e deposto. Tutti coloro che egli aveva ordinato Vescovi dovettero farsi riconsacrare. Al termine del processo un prete strappò di dosso al cadavere del Papa i paramenti sacri, gli recise le tre dita della mano destra colle quali s'impartisce la benedizione, gli tagliò la testa, e fra i lazzi osceni del popolino gettò quelle povere ossa nel Tevere. I resti di Formoso – racconta il *Libro pontificale* – furono rinvenuti da alcuni pescatori e ricomposti nella sua tomba a San Pietro. Quando le reliquie varcarono la soglia della basilica, le statue dei Santi chinarono il capo in segno di riverenza.

Nell'897 Stefano fu assassinato. L'anno successivo, dopo un interregno di due Papi, fu eletto Giovanni IX, un benedettino d'origine tedesca che governò due anni. Convocò un concilio che riabilitò Formoso. Annullò gli atti del processo che l'aveva condannato, e affermò che non si poteva giudicare un morto. In un Sinodo a Ravenna annunciò la bancarotta della Chiesa che non aveva denaro nemmeno per pagare gli stipendi ai chierici e ai diaconi. Morì nel luglio del 900, oberato dai debiti. Gli successero tre *papuncoli* e, nel 904, Sergio III, sostenuto dalla fazione spoletina con a capo una donna intrigante e bellissima, Marozia, di cui era l'amante.

Sergio ribadì la condanna di Formoso e fece strangolare coloro che l'avevano assolto. Poi, per penitenza, ordinò alle monache di recitare ogni giorno, a riscatto della sua anima, cento *Kyrie Eleison*. Restaurò numerose chiese, riedificò la basilica laterana e la riempì di candelabri, statue e arazzi. Quando calò nella tomba, la tiara passò sul capo di Anastasio III e poi su quello del conte longobardo Lando. Nel 914 fu incoronato Giovanni X.

Era un uomo ambizioso e sensuale, godeva della protezione di Teodora, madre di Marozia, che s'era perdutamente innamorata di lui e che, per averlo vicino, l'aveva fatto Papa. Teodora era maritata al conte Teofilatto. A Roma tutto era nelle mani loro e della figlia Marozia. Caduto l'Impero carolingio il clero era stato esautorato e soppiantato da questa famiglia, originaria di Spoleto e quindi di stirpe longobarda. I Pontefici, che a essa dovevano la propria elezione, ne erano succubi e non osavano disobbedirle.

Teofilatto s'era fregiato del titolo di Senatore dei Romani e aveva insignito la moglie di quello di Senatrice. Ciò lo investiva automaticamente della suprema autorità civile e gli conferiva pieni poteri. Era a capo della nobiltà e la rappresentava presso l'Imperatore.

Nel 915, sotto gli auspici di Giovanni X, Marozia sposò il conte spoletino Alberico dal quale ebbe un figlio, cui fu imposto lo stesso nome del padre. Rimasta vedova, convolò a nozze con Guido, fratellastro di Ugo di Provenza, ch'era uno dei capi della fazione toscana. Giovanni X, che aveva contrastato il matrimonio, fu deposto, rinchiuso in carcere e lasciato morir di fame. Ne occupò il posto il figlio che Marozia aveva avuto dal Papa Sergio e che prese il nome di Giovanni XI. L'incoronazione si celebrò con gran pompa nella basilica di San Pietro.

Il nuovo Pontefice era un ragazzo di dodici anni, prigioniero di una madre debosciata e prepotente, di cui divenne il confessore. Quando, in circostanze misteriose, Guido morì, Marozia si cercò un altro marito. Aveva già superato la quarantina, ma era ancora una donna piacente, sebbene priva di cultura, anzi completamente analfabeta, come la madre Teodora e il padre Teofilatto. Re, Principi e persino Papi avevano aspirato alla sua mano.

Fra costoro c'era anche quell'Ugo di Provenza che era stato incoronato a Pavia Re d'Italia. Era un uomo avaro, volgare e crapulone. Amava la buona tavola, era un bevitore gagliardo e un accanito giocatore di dadi. Si circondava di concubine e aveva un debole per le contadine e le lavandaie. Ma gli piacevano sudaticce e scalcagnate. Di statura superiore alla media, di corporatura atletica, biondo e baffuto, più che un Re lo si sarebbe detto un capitano di ventura. Era un cavaliere formidabile, un buon cacciatore e un guerriero spavaldo. Appena cinta la corona d'Italia, aveva distribuito fra i suoi parenti le più importanti diocesi e le più ricche abbazie dell'Italia del Nord. Aveva nominato paggio di Corte il Vescovo di Pavia, Liutprando, che nella sua cronaca lo celebrò come un principe filosofo, liberale e filantropo, e affibbiò alle sue numerose amanti nomi di divinità greche.

Marozia, che in seconde nozze ne aveva sposato il fratellastro Guido, conosceva bene Ugo. Sapeva che non era uno stinco di santo e forse proprio per questo se ne innamorò o finse di innamorarsene. C'era però un grosso ostacolo al matrimonio. Marozia e Ugo erano cognati, e le leggi canoniche impedivano ai cognati di sposarsi, pena la scomunica. Ugo e Marozia delle leggi canoniche naturalmente s'infischiavano, ma con un figlio Papa bisognava far finta di tenerne conto. Il Re dimostrò che Guido non era suo fratello poiché la levatrice lo aveva sostituito nella culla con un altro neonato.

Giovanni XI accreditò la versione, e si fecero le pubblicazioni. Marozia avrebbe portato in dote al futuro marito la città di Roma, Papa compreso. Non vedeva l'ora d'essere chiamata Regina e un giorno, chissà, Imperatrice. Il titolo di Senatrice era ben poca cosa per la sua smisurata ambizione.

Nel febbraio del 932 Ugo con un piccolo esercito lasciò Pavia diretto a Roma. Giunto a un paio di chilometri dalla città, ordinò ai soldati di piantare le tende fuori le mura, e con una scorta s'accinse a varcarle. La nobiltà e il clero l'accolsero con molti onori e l'accompagnarono a Castel Sant'Angelo, dove dovevano celebrarsi le nozze e la fidanzata l'attendeva. Marozia indossava una bellissima tunica color porpora. Sulla fronte cingeva un diadema tempestato di pietre preziose, e due braccialetti d'oro finemente cesellati le stringevano i polsi. Ugo, che non la vedeva da anni, fu colpito da tanto ben di Dio, ma la trovò assai invecchiata. Non era più la donna d'un tempo. La pelle le si era avvizzita e il volto era pieno di rughe. Com'erano meglio le lavandaie di Pavia e le contadine della Bassa.

La cerimonia si svolse nel sepolcro di Adriano, davanti al sarcofago di quell'Imperatore, e Papa Giovanni lo consacrò. Castel Sant'Angelo era da secoli la meglio attrezzata e la più salda fortezza romana, una specie di labirinto, praticamente inespugnabile. In esso i novelli sposi fissarono per prudenza la propria dimora, e nella tomba di Adriano istallarono la camera da letto.

Ugo era un uomo irascibile e manesco. Un giorno il giovane figlio di Marozia, Alberico, che gli faceva da paggio, versandogli del vino lasciò cadere per sbaglio la brocca per terra e la ruppe. Ugo gli appioppò un ceffone. Alberico fuggì in lacrime dal castello, invano inseguito da un maggiordomo e da una muta di cani. Giunto al Colosseo, radunò una piccola folla di Romani e li arringò contro Ugo accusandolo di aver consegnato la città in mano ai provenzali. La plebe romana, sempre in cerca di pretesti per qualche buon saccheggio, prese fuoco. Guidati da Alberico, un migliaio di giovinastri, armati di bastoni, si misero in marcia verso Castel Sant'Angelo. Le campane suonarono a stormo e annunciarono alla popolazione che stava succedendo qualcosa. Che accadesse con precisione non lo sapeva nessuno, nemmeno il figlio di Marozia il quale voleva solo vendicarsi del ceffone ricevuto dal patrigno, che gli bruciava come una ferita.

Ugo vide dalla finestra la folla attraversare il ponte sul Tevere e marciare minacciosa verso il castello. In preda al terrore, ordinò alle guardie di sbarrare tutti gl'ingressi, e poi con la moglie riparò nel sarcofago d'Adriano, in attesa che l'esercito che aveva lasciato fuori le mura gli spedisse dei rinforzi. Ma poiché questi tardavano a giungere, decise di fuggire. Mentre Marozia dormiva, uscì dal sepolcro, e in piena notte si calò con una fune dalla finestra. Dopo una breve cavalcata si ricongiunse ai suoi e ripartì per Pavia. A Roma, Alberico, divenuto padrone della situazione, aveva occupato Castel Sant'Angelo e, snidata la madre dal sarcofago, l'aveva imprigionata. Il fratellastro Giovanni, reo di aver unito in matrimonio Marozia con Ugo, fu rinchiuso nel palazzo Laterano e sottoposto a stretta sorveglianza.

Quella del 932 – ha scritto il Gregorovius – fu insieme una rivoluzione di famiglia e di Stato. Di famiglia, perché i suoi protagonisti erano tutti parenti. Di Stato, perché abbatté il potere temporale del Papa e fondò una repubblica popolare. I Romani ne proclamarono Principe Alberico, il quale conservò anche il titolo di Senatore, ch'era puramente onorifico, ma che sui Quiriti faceva un certo effetto. In realtà, più che una repubblica popolare, fu una satrapia aristocratica perché di essa fece parte unicamente la nobiltà, anzi una sola famiglia: quella spoletina. Le mancò anche il sostegno di un ceto medio perché a Roma non ce n'era. I suoi abitanti erano preti, o nobili o popolani. I primi campavano di lasciti, i secondi i rendita, i terzi di elemosine. Non esistevano industrie e non c'era commercio. I Romani difettarono sempre di quello spirito mercantile che fece la fortuna economica di Firenze e di Milano. L'Urbe, fin dal Medioevo, fu una città stagnante, apatica e parassita. Per governarla servivano due cose: il bastone e la carota. Alberico le seppe usare entrambe.

Era un uomo bello e risoluto, di aspetto marziale. C'era in lui qualcosa del Principe descritto dal Machiavelli. Arruolò a proprie spese un corpo di polizia, divise l'Urbe in dodici distretti, e a presidio di ciascuno pose una milizia cittadina, fedele e ben pagata. I Romani gli giurarono obbedienza. Chi rifiutò di farlo fu esiliato e ebbe i beni confiscati. Le antiche monete raffiguranti Ugo, Marozia e Giovanni furono sostituite da altre recanti l'effigie del dittatore che avocò a sé anche l'amministrazione della giustizia. Sin allora i processi si erano celebrati in Laterano, al cospetto dell'Imperatore, del Papa o dei *missi dominici*. Il nuovo Principe adibì i propri palazzi sull'Aventino e sulla via Lata a tribunali, competenti anche a giudicare cause ecclesiastiche.

Alberico era ambizioso, ma a differenza di Marozia conosceva i limiti della propria potenza che era circoscritta entro i confini del Ducato Romano. Egli la consolidò e assicurò ai suoi abitanti una pace di cui essi non godevano da parecchio tempo.

Nel 933, un anno dopo essere fuggito, Ugo cercò di riconquistare la città che per uno scatto d'ira aveva perduto, e di farsi incoronare Imperatore. Assediò l'Urbe, ma non riuscì a espugnarla. Nel 936 ci si riprovò, ma anche questa volta senza successo. Un'epidemia di colera gli decimò l'esercito e lo costrinse a un accordo con Alberico che fu concluso per tramite dell'Abate di Cluny, Odone. Ugo lo suggellò dando in sposa al figliastro la figlia Alda che aveva avuto dalla prima moglie. Sperava, con questo stratagemma, di rimetter piede a Roma e cacciarne Alberico, il quale però fiutò il tranello e non lo invitò nemmeno al matrimonio.

Nel gennaio dello stesso anno morì Giovanni XI. Gli successe Leone VII, un monaco che godeva fama di santo e forse lo era davvero. S'adoperò per applicare in Italia quella riforma benedettina che Berno e Odone di Cluny stavano attuando in Francia e che avrebbe dovuto riportare un po' d'ordine e di pulizia nel Monachesimo occidentale, piombato nell'anarchia. Nel 939 Leone calò nella tomba, e Stefano VIII cinse la tiara. Sotto Alberico i Papi non furono che marionette nelle sue mani, intesi esclusivamente a servizi divini. Non amavano il Principe anche se a lui dovevano la loro elezione. Stefano VIII gli ordì contro una congiura, ma fu scoperto e imprigionato.

Nel 941 tornò alla carica Ugo di Provenza che s'era associato al trono il figlio Lotario e aveva sposato, in terze nozze, la vedova di Rodolfo II di Borgogna, Berta. Anche stavolta Roma tenne duro e egli dovette tornarsene a Pavia. L'Urbe era salva, e Alberico più in sella che mai.

GLI OTTONI

Quando Ugo tornò in Lombardia, la trovò in preda al caos. Numerosi Conti gli si erano ribellati e minacciavano di sbalzarlo dal trono per issarvi il Marchese d'Ivrea Berengario. Ugo riuscì a ridurre alla ragione gli oppositori e a riprendere in mano la situazione. Berengario, vista la mala parata, fuggì presso il Re di Germania, Ottone.

Il regno di Germania era nato con la spartizione di Verdun che aveva praticamente disintegrato l'eredità di Carlomagno, e comprendeva la Sassonia, la Franconia, la Svevia, la Baviera e, in seguito, incorporò anche la Lotaringia. Era un *melting-pot* di lingue, leggi e abitudini assai disparate. I Sassoni, che erano stati i più irriducibili nemici dei Franchi e fra gli ultimi a convertirsi al Cristianesimo, occupavano la plaga Nord della Germania, compresa tra l'Elba e il Reno. I Bavari, ch'erano i più civili, quella Sud, tra il Reno e il Medio Danubio. Al principio del 900 la Sassonia, la Franconia, la Svevia, la Baviera e la Lotaringia erano rette ciascuna da un Duca. In origine costui era designato dal Re franco e il suo titolo non era ereditario. Lo diventò in seguito allo sfacelo dell'Impero carolingio.

Nel 911 il Duca di Franconia, Corrado, fu eletto Re di Germania. Quando nel 918 morì, la corona passò sul capo di quello di Sassonia, Enrico I, detto l'*Uccellatore* per la sua passione per la caccia. Il Vescovo di Magonza s'offrì di consacrarlo Imperatore, ma Enrico rispose di non esser degno di un tale onore e lo rifiutò. Si ricordava degli Imperatori franchi e non voleva imitarne l'esempio. Morì nel 936, dopo aver nominato successore il primogenito Ottone. Ottone aveva ventiquattro anni, era biondo e corpulento, aveva una bella voce, amava la vita all'aria aperta, era un eccellente nuotatore e, a differenza del padre, un buon cattolico. Fu incoronato Re ad Aquisgrana dall'Arcivescovo Ildebrando, alla presenza dei Duchi.

Quando Berengario si rifugiò presso di lui, correva l'anno 941. Nel 945 alla corte di Ottone arrivò la notizia che i Conti lombardi si erano di nuovo ribellati a Ugo, e che il Re d'Italia aveva le ore contate. Berengario con un piccolo esercito di Sassoni partì allora per Milano. Quando vi giunse trovò il figlio di Ugo, Lotario, che a nome del padre gli chiese di lasciare a lui la corona d'Italia. Berengario, che non si sentiva ancora abbastanza forte per opporglisi, gliela lasciò. Ugo, stanco e pieno d'acciacchi, tornò in Provenza dove, poco dopo, morì fra le braccia di una cameriera, in seguito a un'indigestione di fichi secchi. Nel novembre del 950 calava nella tomba a Torino il figlio Lotario, stroncato da una coppa di veleno propinatagli da Berengario, che il 15 dicembre dello stesso anno si fece incoronare col figlio Adalberto Re d'Italia.

Lotario, oltre la corona, aveva lasciato una moglie. Si chiamava Adelaide, ed era una donna bellissima. Prima di sposare Lotario, era stata l'amante di Ugo, il suo futuro suocero, e pare che continuasse a esserlo anche dopo. Quando Lotario morì, Adalberto le chiese la mano, ma Adelaide gliela rifiutò. Allora la fece rinchiudere in una torre sul lago di Garda di dove, una notte, con la complicità delle guardie, essa fuggì a Canossa. Di qui lanciò un appello a Ottone perché scendesse in Italia e liberasse la penisola da Berengario e Adalberto che la opprimevano.

Il Re di Germania non conosceva Adelaide, ma ne aveva sentito magnificare la bellezza. Era scapolo e la madre voleva che prendesse moglie. Adelaide, dal canto suo, era vedova e si sentiva molto sola. Sulla fine del 951 Ottone varcò le Alpi, andò a Canossa, liberò Adelaide, la condusse a Pavia e la sposò. Quindi spedì a Roma il Vescovo di Magonza con l'incarico di concludere un'alleanza col Papa, ma Alberico non lo fece nemmeno entrare in città.

Nel 952 Ottone tornò in Germania dopo aver nominato Corrado, Duca di Lotaringia, suo vicario in Italia. In una Dieta convocata ad Augusta pose la corona di Pavia sul capo di Berengario che la cinse come vassallo e andò a godersela a Ravenna. A Roma l'incoronazione del Marchese d'Ivrea fu accolta con favore. Da quando Alberico ne era diventato il padrone, l'Urbe era stata al riparo da tutte le bufere che avevano messo a soqquadro il resto d'Italia, soprattutto a Nord, e l'avevano insanguinata. Nel 954, dopo ventidue anni di regno, il figlio di Marozia morì di dissenteria. Pochi giorni prima, davanti all'altare di San Pietro, aveva fatto giurare ai nobili romani di eleggere Papa il figlio Ottaviano, quando Agapito II fosse calato nella tomba. Il che avvenne poco tempo dopo, e qualcuno parlò di veleno.

Riunendo nelle sue mani il potere spirituale di Agapito e quello temporale di Alberico, Ottaviano, salito al soglio col nome di Giovanni XII, istaurò a Roma un'autocrazia in piena regola. Era nato ad Alda e aveva appena sedici anni. Era un giovane sensuale e turbolento. I suoi ritrovi preferiti erano la taverna e il bordello. Sotto la sua gestione, il Vaticano non differì molto da questi locali. Alla cura delle anime anteponeva quella dei corpi, specialmente femminili, alle processioni le battute di caccia e alla recita dei salmi le partite ai dadi. I più bei nomi della nobiltà romana erano suoi compagni di crapula. Non c'era gentildonna e – dicevano i maligni – gentiluomo che non fossero stati ospiti nella sua alcova. Quando, ebbro, s'alzava da tavola, andava nella stalla e, brindando agli dèi pagani, consacrava diaconi e vescovi, e celebrava la messa.

Dal padre e dalla nonna Marozia aveva ereditato l'ambizione ma non le qualità per appagarla. Lanciò una spedizione nel Mezzogiorno contro Capua e Benevento, ma fu travolto dagli eserciti salernitani mossi in soccorso dei due Ducati minacciati. Si schierò contro Berengario che sfidava l'Emilia e la Romagna, appartenenti alla Chiesa, e mirava ad annettersele. Nel 960 offrì al Re di Germania la corona d'Imperatore e lo invitò a Roma.

L'anno dopo Ottone con un grosso esercito varcò le Alpi, marciò su Pavia, dove passò le feste di Natale. Poi si mise in cammino per l'Urbe. I Romani, che detestavano gli stranieri, gli fecero un'accoglienza gelida. I pretoriani l'accompagnavano dovunque per timore che qualcuno l'uccidesse. Nella basilica di San Pietro, prima di inginocchiarsi ai piedi dell'altare, raccomandò al conte Ansfredo che gli stava accanto di guardargli le spalle mentre lui chinava il capo per cingere la corona. Ansfredo rispose che durante la cerimonia il capo doveva chinarlo anche lui per pregare. Ottone ribatté che non era quello il momento di pregare e gli ordinò di tener mano alla spada e vigilare sulla testa del suo Re, che, con l'aria che tirava, rischiava di perderla.

Al termine del rito giurò di non immischiarsi negli affari della Chiesa e promise di restituire al Pontefice quei territori che Pipino e Carlomagno gli avevano donato e i reucci d'Italia sottratto. Giovanni XII ribadì la fedeltà sua e dei Romani all'Imperatore. Era la fine di quella libertà, molto simile alla licenza e all'anarchia, di cui l'Urbe aveva goduto sotto Alberico.

Il 14 febbraio del 962, Ottone lasciò Roma e Papa Giovanni tornò ad abbandonarsi ai bagordi. Ordinò la riapertura dei lupanari che la presenza dell'Imperatore aveva consigliato di chiudere. Le prostitute ch'erano state nascoste nei conventi, furono rimesse in circolazione. Un cronista dell'epoca riferisce che ne uscirono più di quante ne erano entrate. Nessuna romana osava avventurarsi per le strade dell'Urbe ai cui angoli stavano appostati i lenoni del Papa, pronti a rapire le donne sole e a condurle con la forza in Vaticano. Giovanni aveva un *harem* ben fornito e con le sue concubine era assai prodigo. Le colmava di doni e le manteneva a spese di San Pietro, ormai ridotto sul lastrico. Le chiese e gli edifici pubblici, abbandonati alle intemperie e all'incuria, andavano letteralmente in rovina. Crollavano i muri, i tetti sprofondavano sugli altari sommergendoli. Non funzionavano nemmeno i servizi igienici. Le fogne erano regolarmente intasate, sterco e rifiuti ingombravano le vie, emanando pestilenziali effluvi.

Nell'autunno del 963, mentre s'accingeva a muover guerra a Berengario che gli si era ribellato, Ottone fu informato che il Papa, in combutta con Adalberto, stava tramando contro di lui. Partì subito alla volta dell'Urbe. I Romani, senza opporre resistenza, gli spalancarono le porte e l'accolsero come un liberatore. Giovanni fuggì in carrozza con due amanti e uno scrigno di gioielli, e riparò in un castello del Lazio. L'Imperatore proclamò che in futuro nessun Papa poteva essere eletto senza il suo beneplacito. Il 6 novembre dello stesso anno convocò un Sinodo in San Pietro e lo chiamò a giudicare il Pontefice. Giovanni fu accusato in contumacia di omicidio, spergiuro profanazione di chiese e incesto. Un cardinale lo incolpò anche di aver brindato al demonio, di aver invocato Giove e Venere, e di aver giuocato ai dadi. Ottone lo invitò a scagionarsi. Il Papa lo fece con una lettera in cui scomunicava tutti, cominciando dall'Imperatore che lo depose e al suo posto istallò un laico, capo degli archivi lateranensi, che prese il nome di Leone VIII. Era un uomo probo e di buon senso, al di sopra della mischia, l'opposto di Giovanni, che gli scagliò contro l'anatema.

Il 3 gennaio del 964 le campane di Roma suonarono a stormo e i suoi abitanti scesero in piazza a dimostrare contro Ottone che aveva nominato il Papa senza interpellarli. L'Imperatore, che aveva rispedito al Nord il grosso dell'esercito, fu salvato da uno squadrone di cavalieri che aveva tenuto con sé in Castel Sant'Angelo, i quali caricarono i dimostranti e li massacrarono. Una settimana dopo, con cento ostaggi, mosse su Spoleto dove Adalberto stava arruolando un ennesimo esercito. Nell'Urbe lasciò una piccola guarnigione.

Erano appena trascorsi due giorni dalla partenza di Ottone che i Romani richiamarono Giovanni. Leone fu costretto a fuggire a Camerino, dove l'Imperatore s'era acquartierato. Il figlio di Alberico fu accolto con grandi onori e portato in trionfo dal popolino che lo amava perché riconosceva in lui i propri vizi. Il 26 febbraio convocò in San Pietro un Concilio che condannò il Sinodo che l'aveva deposto. Ordinò l'arresto di coloro che avevano eletto Leone e li fece orribilmente mutilare. Altri morirono in carcere, dopo essere stati torturati. Le *purghe* cessarono il 14 maggio, quando Giovanni calò nella tomba. Sulla sua morte ci sono varie versioni. Secondo alcuni fu ucciso da un marito tradito che, scopertolo a letto con la moglie, lo colpì alla testa con un bastone e lo lasciò stecchito. Secondo altri fu stroncato da una trombosi.

Il giorno stesso dei suoi funerali i Romani acclamarono suo successore un certo Benedetto, soprannominato il *Grammatico* perché aveva un debole per Seneca e Cicerone. Non s'era mai occupato di politica e tanto meno voleva occuparsene ora ch'era diventato Papa. Sotto Leone aveva sottoscritto la deposizione di Giovanni, e sotto Giovanni quella di Leone.

Ottone era stato informato della sua elezione mentre da Camerino s'apprestava a ripartire per Roma. Giunse nei pressi dell'Urbe alla testa del suo esercito, assetato di vendetta. La cinse d'assedio e bloccò tutte le vie di rifornimento finché gli abitanti, stremati dal digiuno, s'arresero e abbandonarono Benedetto alla sua mercé. Riunì subito un Concilio in Laterano e chiamò i Cardinali a giudicare l'Antipapa, che si difese piangendo e abbracciando le ginocchia dell'Imperatore. Leone VIII gli strappò il pallio e la tiara, gli sfilò l'anello, e per castigo lo fece sdraiare nudo per terra. Poi, per intercessione dello stesso Ottone, lo riconsacrò diacono e lo spedì in esilio. Nella lotta con la Chiesa, l'Impero aveva vinto il primo *round*.

Ottone lasciò Roma nel luglio del 964. Circa un anno dopo Leone VIII morì. I Romani stavolta non s'azzardarono a designargli un successore e inviarono un'ambasceria all'Imperatore perché lo nominasse lui. Fu scelto il figlio del Vescovo di Narni, Giovanni XIII, un uomo molto erudito e di famiglia cospicua. Regnò poco. I Quiriti non l'amavano, e nel dicembre del 965 lo imprigionarono. Ottone fu di nuovo costretto a tornare in Italia.

Varcò le Alpi nell'autunno del 966, si fermò un paio di settimane in Lombardia per regolare certi conti col figlio di Berengario che non aveva ancora deposto le armi, e alla fine di novembre entrò in Roma. I ribelli furono arrestati e mutilati. Il loro capo, un nobile di nome Giovanni, fu accecato e appeso per i capelli alla statua equestre di Marco Aurelio, in Campidoglio.

Giovanni penzolò un giorno intero dal monumento, fatto oggetto di scherno dai Romani che lo coprirono d'insulti e di sputi. Ricalato a terra gli furono strappati il naso e gli orecchi e poi fu caricato su un asino, con la faccia rivolta verso la coda che, munita di un campanello, gli fu messa in mano a mo' di briglia. Sul capo gli fu posto un otre ricoperto di piume e ai piedi due anfore ricolme di sterco. Quindi fu portato a spasso per le strade di Roma, tra i lazzi osceni dei suoi abitanti.

Ottone non risparmiò nemmeno i morti. Fece riesumare e gettare fuori le mura i cadaveri di due nobili, Roffredo e Stefano. Il Papa che aveva partecipato al macabro rito, proclamò l'Imperatore «liberatore della Chiesa» e gli impartì l'apostolica benedizione. Nemmeno con Marozia e Giovanni XII Roma era precipitata tanto in basso. Il monaco di Soratte, che ci ha lasciato la cronaca di questi avvenimenti, rievoca con nostalgia i tempi in cui l'Urbe, cinta da mura con seimilaottocento merli, trecentottanta torri e quindici porte, era la «regina del mondo».

La vigilia di Natale del 967 Ottone I fu raggiunto a Roma dal figlio quattordicenne Ottone II, che il giorno dopo fu incoronato Imperatore dal Papa. Il padre se l'associò al trono e nel 972 lo fece sposare con la principessa greca Teofania. Ottone voleva unificare l'Italia sotto la casa di Sassonia e sperava, attraverso questo matrimonio, di indurre i residui bizantini a sgomberare il Mezzogiorno.

Il 14 aprile Giovanni XIII celebrò con gran pompa le nozze nella basilica di San Pietro alla presenza dei nobili romani e di quelli tedeschi. I Quiriti festeggiarono la coppia e dimenticarono il passato. L'abito bianco di Teofania faceva spiccare il colore olivastro del viso e i lunghi capelli corvini, che un diadema di pietre preziose fermava sulla fronte. Lo sposo, che aveva appena diciassette anni, indossava una clamide purpurea sulla tunica azzurra. Dal fianco gli pendeva una spada d'argento. Con la destra impugnava lo scettro e con la sinistra il globo. Il capo cingeva la corona ferrea. Era un ragazzo biondo, mingherlino, di statura inferiore alla media e malaticcio. Accanto a Teofania, più che il marito sembrava il suo paggio. Pochi giorni dopo, la famiglia imperiale al gran completo tornò in Germania.

Negli ultimi tempi la salute del vecchio Ottone, che soffriva di gotta, era andata peggiorando. Morì il 7 maggio del 973, a sessant'anni. Passò alla storia come il Carlomagno della Germania che divenne, sotto di lui, il Paese più ricco e lo Stato meglio ordinato d'Europa.

Ottone II tornò in Italia nell'autunno del 980 chiamato dal nuovo Papa, Benedetto VII, che i tedeschi avevano eletto e i Romani volevano deporre. Passò il Natale a Ravenna e il giorno di Pasqua del 981, accompagnato dalla madre Adelaide, dalla moglie, dalla sorella e da un codazzo di altri parenti, entrò in Roma. La sera stessa invitò a pranzo i nemici del Pontefice e, alla frutta, li fece strangolare. Il loro capo Crescenzio, della potente famiglia romana dei Tuscolo, nascosto sotto un saio benedettino, riuscì a fuggire nel Mezzogiorno.

L'Imperatore vagheggiava come il padre la riconquista del Sud d'Italia e la riunificazione della Penisola sotto la corona di Germania. La moglie, nonostante le promesse dei fratelli Basilio e Costantino che dominavano allora su Bisanzio, non aveva portato in dote che la sua bellezza. I Greci erano padroni della Campania e della Calabria e non intendevano rinunciare alla loro signoria. I Musulmani occupavano la Sicilia e infestavano le coste tirreniche.

Il 13 luglio del 982 Ottone si scontrò a Stilo coi Saraceni di Abul-Kasem. L'esercito tedesco nel quale erano state arruolate alcune migliaia di italiani, fu letteralmente annientato. I pochi superstiti insieme con l'Imperatore ripararono a Capua. Nel giugno dell'anno successivo Ottone partì per Verona dove convocò una *dieta* straordinaria e proclamò il figlioletto Ottone III, che aveva appena tre anni, Re di Germania e d'Italia. Poi tornò a Roma dove nel frattempo Benedetto VII era morto e i Quiriti tumultuavano per dargli un successore. Nominò al suo posto Giovanni XIV, ex-cancelliere dell'Impero, ma dopo poche settimane, improvvisamente, a soli ventisei anni, calò nella tomba. Prima di morire, al cospetto di numerosi Vescovi e cardinali, si era confessato. La salma fu rinchiusa in un bel sarcofago istoriato e tumulata nelle grotte Vaticane. Molti secoli dopo Paolo V la riesumò, depose le ceneri dell'Imperatore in un'urna di marmo, e regalò l'arca che le aveva custodite al proprio cuoco che l'adibì a pentolone.

Morto Ottone II, tutto passò nelle mani della moglie, reggente, in nome del figlio Ottone III. Teofania era una donna ambiziosa e autoritaria. Nei gesti e nel carattere ricordava la bizantina Teodora. Si comportò – ha scritto il

Gregorovius – da *Imperatrix* anzi da *Imperator,* e i Romani le si sottomisero. Convocava placiti, nominava Vescovi, indiceva Sinodi. Rimasta vedova, nonostante le pressioni degli amici, non volle rimaritarsi. Andava a pregare ogni giorno sulla tomba di Ottone per la cui anima faceva celebrare quotidiane messe di suffragio. Si circondava di monaci e di santi che a quei tempi pare che fossero a Roma assai numerosi. Morì nel 991 di dissenteria. Sotto il suo materasso furono trovati un cilicio, un *Salterio* o libro dei salmi, e alcune reliquie di martiri trafugate – si racconta – al Pontefice.

I Romani, con Giovanni Crescenzio alla loro testa, rimbaldanzirono, e Giovanni XIV fu costretto a lasciare Roma e a chiedere asilo a Ugo di Toscana che chiamò in Italia Ottone III. Nella primavera del 996 l'Imperatore, che aveva appena compiuto i quattordici anni, varcò le Alpi. I Romani gli mandarono a dire che non vedevano l'ora che arrivasse. Ottone entrò nell'Urbe imbandierata e parata a festa su un cavallo bianco, indossando una corazza d'argento e cingendo sul capo una corona d'oro tempestata di pietre preziose. Aveva al fianco il cugino ventiduenne Bruno, ch'era anche il suo confessore e che nel maggio dello stesso anno, alla morte di Giovanni XIV, assunse la tiara col nome di Gregorio V. Fu il primo Pontefice tedesco. In due secoli e mezzo, su quarantasette Papi, solo due, Bonifacio VI e Giovanni XIV, non erano nati nell'Urbe o nel Ducato Romano.

La prima visita di Ottone a Roma fu breve. Tornò quasi subito in Germania dopo aver bandito Crescenzio e disperso i suoi partigiani. Ma subito dopo la sua partenza, Crescenzio rientrò nell'Urbe scacciandone Gregorio e sostituendolo con un suo protetto.

Ottone, allarmato, abbandonò di nuovo la Germania, minacciata dagli eserciti slavi, e ricalò in Italia. A Pavia Gregorio gli andò incontro e in lacrime lo scongiurò di restituirgli la tiara e cacciare l'Antipapa che i Romani avevano istallato al suo posto. Il giovane Imperatore furente ordinò all'esercito di marciare sull'Urbe e raderla al suolo. Non ce ne fu bisogno perché i suoi abitanti, alla vista dei tedeschi, deposero immediatamente le armi. Crescenzio, abbandonato a se stesso, si barricò in Castel Sant'Angelo, deciso a vender cara la pelle.

Per parecchi giorni Ottone tentò – ma inutilmente – di espugnare la fortezza. Le possenti mura resistevano a tutti gli urti e respingevano ogni assalto. Allora fece costruire un colossale ariete e il 29 aprile del 998 finalmente Crescenzio capitolò. Il ribelle fu condannato a morte, decapitato e precipitato dai merli della torre più alta. Poi il cadavere, maciullato e irriconoscibile, fu appeso a un patibolo eretto sul cocuzzolo di Monte Mario dove per una settimana fu esposto al ludibrio dei Romani. La moglie Stefania, stanata assieme al marito dal castello, fu condotta al cospetto dell'Imperatore, di cui divenne l'amante.

Nel novembre Ottone, divorato dal rimorso per il supplizio inflitto a Crescenzio, scalzo e con indosso un semplice saio, partì pellegrino per il Gargano, ch'era considerato un po' il monte Athos dei cristiani d'occidente. Sulla sua cima il monaco Adalberto insieme con altri religiosi aveva piantato alcune tende e trasformato l'eremo in un luogo di penitenza. Fra le sue mani Ottone depose la corona che teneva nascosta nella bisaccia. Poi scoppiò a piangere e supplicò il Santo di tornare con lui a Roma.

L'Urbe era in festa per la morte di Gregorio, stroncato da un infarto mentre stava leggendo i Padri della Chiesa. I Romani l'avevano sempre detestato perché era avaro e perché era straniero. Il dolore di Ottone per la morte dell'amico fu grande e sincero. Chiamò a succedergli un monaco di Aurillac, Gerberto. Era nato nel sud della Francia da una povera famiglia di contadini. Aveva compiuto i suoi studi a Reims. Più che per la teologia aveva una passione per la matematica e la filosofia, di cui fu insegnante. Ottone II l'aveva conosciuto in Italia ed era stato conquistato dalla vastità della sua cultura e dall'acume del suo ingegno. L'aveva nominato abate di Bobbio e poi l'aveva chiamato presso di sé ad Aquisgrana dov'era diventato precettore del figlio. Salito sul trono, l'ex-allievo l'ordinò Vescovo di Ravenna e, dopo un anno, Papa.

Gerberto cinse la tiara nell'aprile del 999 col nome di Silvestro II e sognò di instaurare a Roma una teocrazia. Adulava il giovane Imperatore, gli diceva che era la reincarnazione di Carlomagno e lo esortava a imitarne le gesta.

L'Urbe dilaniata dalle lotte di parte, dalle beghe del clero e dai tumulti del popolino, aveva tradito la sua missione di *caput mundi* e non rappresentava più nulla. Ma il suo cielo non conosceva le brume che ammorbavano le inospitali contrade tedesche. Per Ottone, cagionevole di salute, l'aria di Roma era proprio quello che ci voleva. Ogni volta che tornava in Sassonia s'ammalava, e una struggente nostalgia dell'Italia lo invadeva. Si faceva chiamare Imperatore dei Romani, Console, Senatore. Dalla madre aveva ereditato tutti i vizi delle Satrapie bizantine. Si vestiva come il *Basileus*, si circondava di eunuchi, imponeva alla Corte la liturgia di un protocollo assai complicato, mangiava da solo, issato su un trono, e si faceva servire dai nobili romani. Gerberto gli aveva insegnato il greco e il latino, che avevano sostituito il tedesco come lingue ufficiali dell'Impero, e l'aveva rimpinzito di classici che l'Imperatore citava in ogni occasione, e spesso a sproposito. Li leggevano per compiacergli persino i cuochi e i camerieri che fra una portata e l'altra declamavano Ovidio e Anacreonte. S'era fatto confezionare dieci corone di metalli e legni pregiati e una di penne di pavone. Quando si recava in Campidoglio indossava una tunica bianca, si cospargeva di profumi, e si ricopriva di gioielli come una matrona. Si faceva fare tre inchini, baciare le piante dei piedi, le ginocchia e la bocca. Solo il santo Adalberto era dispensato da questi omaggi. Anzi, quando l'Imperatore lo riceveva, gli baciava lui le mani e gli portava la bisaccia. Durante la Quaresima indossava il cilicio e si rinchiudeva in una cella del convento di San Clemente in compagnia del Vescovo di Worms, Franco, ch'era un giovane biondo e bellissimo. Ne usciva dopo due settimane, stremato dalle penitenze e dai digiuni.

Nel gennaio del 1001 il governatore di Tivoli Azzolino fu trucidato dagli abitanti ribellatisi ai tedeschi. Ottone con un piccolo esercito marciò sulla città e in ventiquattr'ore la riportò all'obbedienza. Prima di lasciare l'Urbe aveva promesso ai Romani la villa di Adriano, che come una gemma il grande Imperatore aveva fatto incastonare nel cuore di Tivoli. Poi si era pentito e aveva deciso di tenerla per sé. I Romani indispettiti salirono sull'Aventino e cinsero d'assedio il palazzo di Ottone il quale, dopo esservisi ben barricato dentro, si portò sulla torre e, al riparo dei merli, arringò i Romani. Li accusò di ingratitudine ed esaltò il suo amore per l'Urbe che aveva innalzato a capitale dell'Impero. Poi, con voce tremante, puntò il dito sui capi della rivolta. Infiammato dalle sue parole, il popolo si avventò contro costoro e li tagliò a pezzi.

Dopo pochi giorni scoppiarono nuovi tumulti. L'Imperatore decise d'abbandonare la città e rifugiarsi in campagna. La notte del 16 febbraio del 1001, alla chetichella, in compagnia del Papa, partì per Ravenna dove trovò alloggio nel convento di Classe. A Roma, Gregorio di Tuscolo, nipote del grande Alberico, con un colpo di mano s'impadronì del potere e scacciò il partito tedesco. Nel giugno, dopo alcuni mesi di penitenze, Ottone ripartì per l'Urbe ma, non riuscendo a penetrarvi, tornò a Ravenna a pregare.

Qui lo raggiunse la notizia che i tedeschi erano scontenti di lui e volevano deporlo. Allora si mise di nuovo in marcia per Roma, ma a Viterbo fu colto da un accesso di febbre e morì, fra le braccia di Gerberto, dopo aver ricevuto la comunione. Aveva ventidue anni.

Una leggenda narra che fu ucciso da Stefania che lo avviluppò in una pelle di cervo intrisa di veleno. La salma fu portata ad Aquisgrana dove Ottone aveva espresso il desiderio d'essere sepolto accanto a Carlomagno. Era stato un uomo inquieto e confusionario, un miscuglio di idealismo, misticismo e megalomania. I tedeschi l'accusarono d'aver tradito la Germania. I Romani lo tacciarono di despota e gli affibbiarono l'appellativo di *Stupor mundi*.

CAPITOLO QUARANTAQUATTRESIMO
MILLE E NON PIÙ MILLE

Ottone III morì due anni dopo la mancata «fine del mondo». L'avevano annunciata i profeti per la scadenza dell'anno Mille, e una leggenda fabbricata *a posteriori* dice che tutti ci avevano creduto e si erano preparati all'evento. Era stata, si racconta, un'attesa spasmodica. Le chiese si erano riempite di fedeli e i confessionali traboccavano di penitenti. Dai pulpiti i predicatori tuonavano contro le miserie del mondo di qua per magnificare le gioie di quello di là. Si pregava nelle chiese, nelle case, per le strade. Le botteghe di cilici facevano affari d'oro. Chi possedeva una reliquia la teneva nascosta e la mostrava solo agli amici. I moribondi sperando di guadagnarsi un cantuccio di Paradiso donavano le loro sostanze alla Chiesa. Gli omicidi si costituivano, i ladri restituivano la refurtiva, i servi non facevano la cresta sulla spesa, i nemici si rappacificavano, mogli e mariti si perdonavano le reciproche infedeltà. I lupi pascolavano con gli agnelli e i cani giocavano coi gatti.

La notte di San Silvestro, si racconta, i Romani, coperto il capo di cenere, s'ammassarono davanti al Laterano. Impugnavano labari e croci e cantavano i salmi. Da due giorni era stato indetto un digiuno generale. Il 31 dicembre il Papa in triregno s'affacciò a una finestra del palazzo apostolico per impartire l'estrema benedizione.

Quando scoccò la mezzanotte tutti guardarono il cielo e si fecero il segno della croce. Era una notte lucida, e c'era la luna. Le trombe del giudizio non suonarono e la terra non sprofondò. All'alba, stremati dalla veglia e dal digiuno, i Romani tornarono alle loro case. Le mogli ricominciarono a tradire i mariti (e viceversa), i lupi a scannare gli agnelli e i ladri a rubare. I Barbanera seguitarono a compilare oroscopi e il popolino a crederci. L'Europa cristiana tirò un respiro di sollievo e s'abbandonò con frenesia alla *joie de vivre* del Millennio che cominciava.

In cinque secoli, dalla caduta dell'Impero Romano al Mille, la carta geografica dell'Italia era mutata. La Penisola aveva cambiato quattro volte padrone. Alla morte di Ottone III era un coacervo di piccoli potentati locali. Il «Regno di Italia» esisteva ancora, ma solo sulla carta. Era un Regno senza precisi confini, rurale, chiuso e anarchico, senza nessi e refrattario a ogni amalgama: un caleidoscopio di potentati indipendenti, una campagna aspra e sonnacchiosa, punteggiata di monasteri e castelli.

Le città erano governate da Duchi, Marchesi e Conti, vassalli e guardie armate dell'Imperatore. Il loro potere era limitato da quello del Vescovo che era spesso un grande latifondista e aveva alle spalle una cospicua base economica. Il Regno d'Italia non aveva più una capitale, ma una mezza dozzina di capoluoghi, in lotta continua fra loro: Milano, Pavia, Ivrea, Cremona, Bologna, Firenze.

Più che città erano grossi borghi con poche migliaia di abitanti, circondati da alte mura, sulle quali, all'alba, si aprivano le porte che al tramonto richiudevano i battenti. Di notte uno speciale corpo di vigili pattugliava le strade deserte e avvolte nelle tenebre. Non esisteva illuminazione e bisognava far ricorso alle torce. Ma era difficile, col buio, che qualcuno uscisse di casa. A una cert'ora anche le taverne cacciavano fuori gli avventori, e i ritardatari potevano fare brutti incontri. Le guardie non c'erano: solo chi poteva, ne aveva di sue. L'attività riprendeva in tutto il suo fervore la mattina, con la luce. Tutto allora si rianimava intorno alla cattedrale, al palazzo pubblico e al mercato che erano i tre grandi centri propulsori della vita cittadina.

La cattedrale era il centro religioso con il suo Vescovo e la sua curia. Le sue ampie navate potevano ospitare migliaia di fedeli. Le messe si susseguivano senza interruzione, intercalate dalle prediche che di solito venivano tenute dai cosiddetti *monaci vaganti*. La domenica o in occasione delle grandi festività religiose il Vescovo pronunciava l'omelia. Nei giorni di Quaresima i confessionali erano talmente affollati che bisognava far venire preti dal contado. Ogni città aveva il suo santo protettore: Milano aveva S. Ambrogio, Genova S. Giorgio, Venezia S. Marco, in onore dei quali venivano ordinate solenni processioni. Ad essi si ricorreva quando scoppiava una pestilenza o incombeva la minaccia di una carestia. I santi si propiziavano con le novene e il culto delle reliquie. Tutte le cattedrali avevano una speciale bacheca con rari cimeli: denti, capelli, tibie, peroni appartenuti a martiri, apostoli e padri della Chiesa. Si trattava spesso di «patacche», ma il popolino le credeva autentiche e le venerava.

Il palazzo pubblico era il centro politico della città, come oggi il municipio. Vi risiedevano il Conte e i suoi ufficiali con compiti amministrativi, giudiziari e militari. Ad esso facevano capo i vari assessori: all'annona, alle fogne, ai tributi eccetera. Il palazzo s'affacciava su una grande piazza che era l'abituale luogo di convegno della cittadinanza che vi affluiva per ascoltare i bandi, i proclami e le arringhe. In piazza, al cui centro c'era una fontana, venivano eseguite le sentenze di morte che, a leggere le cronache del tempo, dovevano essere piuttosto frequenti.

Poco discosto era il mercato dove si potevano acquistare le merci più disparate, e i generi alimentari che ogni mattina affluivano dal contado. Il commercio locale era fiorente. Non mancavano i prodotti esotici, le sete, i broccati, le spezie. L'importavano in Italia da Costantinopoli, dove avevano i loro *fondachi*, o magazzini, i mercanti veneti. In prossimità del mercato erano disseminate le botteghe dei sarti, dei falegnami, dei calzolai, dei trombai. L'industria non era ancora che piccolo e pulviscolare artigianato. La bottega era ricavata dall'abitazione e il lavoro così s'intrecciava con la vita domestica. I garzoni facevano parte della famiglia del padrone. Mangiavano alla stessa mensa, dormivano nella stessa camera e qualche volta, addirittura, nello stesso letto. Nel Medioevo infatti si viveva nella promiscuità più assoluta.

Le case, di pietra, erano anguste e prive di *comfort*. L'illuminazione era scarsa, e le pareti umide d'inverno e roventi d'estate. Avevano uno o due piani al massimo e a stento i raggi di luce riuscivano a filtrare attraverso le finestrelle asfittiche e sbilenche. Ogni casa aveva almeno due locali molto ampi: la sala da pranzo, che faceva anche da soggiorno, e la camera da letto. La prima era arredata con mobili di legno grezzo intagliato molto sommariamente: panche, sedie, un grande tavolo. Nella stanza da letto era sistemata una cassapanca in cui erano custoditi la biancheria, l'oro, le carte e il denaro, ben chiuso in una borsa di cuoio. I ricchi e i nobili avevano letti di piume, i poveri dormivano in brande di paglia. Le finestre erano prive di vetri, e dalle intemperie ci si riparava con avvolgibili di carta o di tela. I servizi igienici erano assai rudimentali. Gli apparecchi sanitari fondamentali erano due: il bugliolo e la tinozza che faceva da vasca da bagno. Le abluzioni erano rare. San Girolamo aveva consigliato, e ne aveva dato l'esempio, di lavarsi il meno possibile e di evitare, comunque, l'acqua calda per la sua azione eccitante. Ma l'uomo medievale non aveva bisogno di simili raccomandazioni. Un adagio del X secolo diceva: «Lavati spesso le mani, di rado i piedi, mai la testa». Gli escrementi venivano buttati dalla finestra; gli spazzini li raccattavano e li ammucchiavano in enormi bidoni di legno per utilizzarli poi come concimi e fertilizzanti. Le strade, strette, tortuose e sconnesse emanavano mefitici effluvi. Le epidemie di peste e di colera erano la naturale conseguenza della sporcizia in cui nel Medioevo la gente viveva, nelle città come nelle campagne.

Quando, all'alba, le porte della città si dischiudevano, frotte di *villani* a bordo di macilenti ronzini carichi di ceste di ortaggi varcavano le mura per andare al mercato a vendere i loro prodotti. Venivano dal contado, erano mezzadri alle dipendenze di qualche signorotto o abate, abitavano in capanne ai piedi di un castello o all'ombra di un grande monastero che dal castello differiva poco. I castelli s'ergevano su un'altura o sul promontorio di un monte. Erano circondati da un fossato nel quale scorreva un corso d'acqua e da una palizzata, e vi si accedeva attraverso un ponte levatoio. Lungo la cinta erano dislocate numerose torri. All'interno sorgevano l'abitazione del signore, la cappella, il pozzo, le scuderie e il *mastio*, che era la torre principale, di forma circolare e più alta delle altre fortificazioni. Era un comodo punto d'osservazione e l'orizzonte che abbracciava si stendeva a perdita d'occhio in tutte le direzioni. Giorno e notte attraverso i suoi merli le guardie scrutavano il fondo valle di dove, da un momento all'altro, si poteva profilare una minaccia di briganti. Abbarbicate al maniero, le capanne di paglia e di fango dei servi e dei contadini inchiodati alla gleba sembravano tanti pulcini attorno alla chioccia. I duelli, i tornei, le processioni erano gli unici svaghi. I monasteri, simili più a fortezze che a luoghi di penitenza e di preghiera, conferivano al paesaggio un non so che di austero e di romito.

Centri di potere politico, che potessero sprigionare una certa forza di attrazione, non ce n'era. Roma acquistava vieppiù importanza ma come capitale della Chiesa, non di una nazione. Anzi, appunto per questo suo universalismo, dalla nazione si estraniava sempre più. Su di essa vigilava il Papa sul quale, purtroppo, non vigilava nessuno. Il Sud aveva preso altre strade. La Sicilia, entrata a far parte del grande Impero musulmano, per ora era tagliata fuori dall'Italia e dall'Europa. Il fondo dello stivale era conteso fra piccole signorie longobarde e guarnigioni bizantine. Le uniche città in cui cominciava a palpitare un po' di vita erano quelle marinare (Venezia, Genova, Pisa e Amalfi) per due motivi: prima di tutto perché, per difendersi dalle incursioni musulmane dovevano organizzare per conto loro delle flotte, le quali richiedevano equipaggi, e questi, a loro volta, suscitavano una certa solidarietà comunitaria: eppoi perché avevano in mano il commercio che in questa età senza strade si svolgeva tutto per fiumi o per mare.

Queste città marinare erano già delle piccole repubbliche. Erano state tagliate praticamente fuori dalle invasioni dei Goti, dei Longobardi e dei Franchi i quali avevano conquistato l'Italia con gli eserciti e non disponendo di flotte si erano limitati all'entroterra. Nominalmente Venezia e Amalfi erano province bizantine, ma nella realtà erano città indipendenti. Venezia era governata da un *Doge*, contaminazione di *Duca*, che in origine era stato il rappresentante dell'Imperatore d'Oriente. Già nel IX secolo incarnava la suprema autorità civile, politica e militare. Il suo potere era limitato dal *Gran Consiglio*, che era l'assemblea di tutti i rappresentanti, maggiorenni, del patriziato veneto. Più che una repubblica era quindi un'oligarchia. Allo scadere del Mille, Venezia era la più prospera ed evoluta città italiana. La sua potente flotta mercantile deteneva il monopolio commerciale tra il Continente e i porti del vicino e lontano Oriente. I suoi mercanti s'avventuravano sull'Oceano Indiano e i mari della Cina di dove riportavano broccati, stoffe preziose, droghe e aromi, che rivendevano poi in Francia, Germania, Italia. Più grama era la vita di Genova, Pisa e Amalfi. Il Tirreno e il Mediterraneo erano infestati dai corsari musulmani e la navigazione era molto perigliosa. Queste tre repubbliche erano rette da magistrati che col tempo tentarono d'instaurare un potere principesco ereditario.

In un siffatto coacervo di dinastie e di Stati, l'unità era

impossibile. Pochi del resto a essa pensavano, e solo per interessi particolaristici o mire egemoniche. I Signori facevano una politica unendosi, tradendosi e guerreggiandosi. Essi sapevano che esisteva un Sacro Romano Impero diviso in vari Reami uno dei quali si chiamava «d'Italia». Ma ciò non interessava che poche migliaia di persone. I poveri diavoli erano all'oscuro di tutto. Il loro orizzonte era solo quello del podere che coltivavano, o al massimo del borgo che abitavano.

Su questo panorama cala il sipario dell'anno Mille. Non se ne colgono che i grandi lineamenti perché fa ancora buio pesto. Ma l'alba non è lontana.

CRONOLOGIA

250 – Prima azione di guerra dei Goti contro i Romani.

270 – Fine delle incursioni dei Goti.

313 – Costantino promulga l'*Editto di Milano* col quale si riconosce ai cristiani la piena libertà di culto.

325 – Concilio di Nicea contro l'eresia di Ario.

330 – Costantinopoli, nuova capitale dell'Impero.

354 – A Tagaste nasce Sant'Agostino.

364 – Valentiniano I viene eletto Imperatore romano d'Occidente.

374 – Ambrogio è eletto Vescovo dall'imperatore Valentiniano.

379 – Teodosio è proclamato Imperatore d'Oriente.

390 – Strage di Salonicco ad opera di Teodosio.

392 – L'imperatore Valentiniano è ucciso da Arbogaste.

395 – Prime apparizioni degli Unni sulle rive del Danubio.

395 – Alarico è eletto re dei Visigoti.

396 – Sant'Agostino è eletto vescovo di Ippona.

400 – Stilicone è eletto Console.

401-02 – Stilicone sconfigge Alarico a Pollenzo.

408 – Morte dell'Imperatore d'Oriente Arcadio.

408, 23 agosto – Stilicone viene decapitato per ordine di Onorio.

410 – Alarico, re dei Visigoti, invade l'Italia e saccheggia Roma.

429 – Il generale Bonifacio invita i Vandali a varcare lo stretto di Gibilterra e a installarsi in Africa.

431 – Concilio di Efeso contro l'eresia di Nestorio.

433 – Morte di Rua, re degli Unni.

435 – Genserico, re dei Vandali, tratta la pace con l'imperatore Valentiniano.

439 – Genserico s'impadronisce dell'Africa e costruisce una flotta.

444 – Attila è unico re degli Unni, a seguito della morte di Bleda.

447 – Attila conduce le sue orde fin sotto le mura di Costantinopoli.

450 – Morte dell'imperatore Teodosio, cui succede la sorella Pulcheria.

450, 27 novembre – Morte di Galla Placidia.

451 – Concilio di Calcedonia contro l'eresia di Dioscoro.

452 – Attila attraversa le Alpi Giulie e discende sulla pianura veneta dove, sul Mincio, s'incontra con papa Leone I.

454 – L'imperatore Valentiniano uccide il generale Ezio.

455 – La flotta di Genserico giunge nelle acque di Ostia. Roma è saccheggiata e l'imperatrice Eudossia viene fatta prigioniera.

455 – L'imperatore Valentiniano è ucciso in Campo Marzio dai veterani di Ezio.

458 – Teodemiro, re degli Ostrogoti, invade l'Illiria e minaccia la Tracia.

475 – Nasce a Roma lo storico e filosofo Severino Boezio.

476 – Fine dell'Impero d'Occidente.

478 – I Goti si stanziano in Scizia, sulle rive del Mar Nero.

480 – Nasce a Squillace lo storico Cassiodoro.

480? – Nasce a Norcia San Benedetto.

481 – Clodoveo è proclamato re dei Salii.

482 – Nasce Giustiniano a Skoplie, in Macedonia.

488, autunno – Inizia la *lunga marcia* di Teodorico, re dei Goti, verso Occidente.

489, 28 agosto – Le bande di Odoacre si scontrano con l'esercito di Teodorico sulle rive dell'Isonzo.

30 settembre – I due eserciti si affrontano di nuovo a Verona e Odoacre è battuto.

493 – Capitolazione di Ravenna, stremata da due anni di assedio da parte di Teodorico. Odoacre viene ucciso con tutti i suoi familiari.

494 – È completata la conquista gotica in Italia. Teodorico s'installa a Ravenna.

496, 25 dicembre – Clodoveo riceve il battesimo con tutto il suo popolo nella basilica di Reims.

500 – Visita di Teodorico a Roma. Pubblica un editto in 144 articoli.

511 – Morte di Clodoveo.

523 – Clamorosa rottura dei rapporti tra Teodorico, Simmaco e Boezio.

524 – Editto di Giustino contro gli eretici e i manichei.

524, 23 ottobre – Boezio è giustiziato a Pavia. La stessa sorte tocca a Simmaco.

526, 30 agosto – Morte di Teodorico.

527 – L'imperatore Giustino si associa al trono il nipote Giustiniano.

528 – Giustiniano riforma la vecchia legislazione. Pubblica il *Codex constitutionum*, raccolta di 4500 leggi.

529 – Viene ultimata la costruzione del monastero di Montecassino, dove San Benedetto si ritira con i suoi seguaci.

532 – Guerra civile a Bisanzio tra le fazioni dei «Verdi» e degli «Azzurri». Il generale Belisario soffoca la rivolta.

533 – A cura di Giustiniano vengono pubblicate le *Pandectae*, raccolta delle opinioni dei più grandi giuristi romani, e le *Institutiones*.

535 – Amalasunta, figlia di Teodorico, viene uccisa a Bolsena per ordine del cugino Teodato.

535, autunno – Il generale Belisario, reduce dalla vittoria contro i Vandali in Africa, sbarca in Sicilia.

539 – Prima invasione franca nel Nord d'Italia.

540 – Nasce a Roma Gregorio Magno.

548 – Morte di Teodora, moglie di Giustiniano.

554 – Giustiniano emana la *Prammatica sanzione*, con la quale si accorda ai Vescovi italiani una larga autonomia e molti poteri amministrativi.

565, 14 novembre – Muore Giustiniano a 83 anni di età e dopo 38 di regno.

568, primavera – I Longobardi di Alboino muovono verso Occidente, quindi entrano in Italia attraverso le Alpi Giulie.
3 settembre – Capitolazione di Milano. Alboino si proclama *Signore* d'Italia.

569 – Nasce Maometto alla Mecca.

572 – Pavia si arrende all'assedio dei Longobardi. Alboino elegge la città a propria capitale. Nello stesso anno muore Alboino, vittima di una congiura ordita dalla moglie Rosmunda. È acclamato re Clefi.

574 – Prima comparsa dei Ducati.

578 – I Duchi di Spoleto e di Benevento cingono Roma d'assedio, ma si fanno corrompere dall'oro inviato loro da papa Pelagio.

590 – Il re longobardo Autari sposa Teodolinda.

590 – Gregorio Magno è eletto papa.

599 – Spartizione della Penisola nelle tre sfere d'influenza: longobarda, bizantina e romana.

604 – Morte di Gregorio Magno.

610 – Maometto «messaggero di Allah».

613 – Clotario, nipote di Clodoveo, riunifica lo stato e ne allarga i confini: nasce la Francia.

622 – Pipino d'Heristal, capostipite dei Pipinidi, è nominato Maestro di Palazzo.

622, 16 luglio – Fuga di Maometto (*Egira*) dalla Mecca a Medina.

625 – I seguaci di Maometto vengono battuti da Abu Sufyan; il Profeta si rifugia a Medina che si rivela imprendibile.

632, 7 giugno – Morte di Maometto.

636-652 – Regno di Rotari.

643, 22 novembre – Rotari pubblica un Editto in 388 capitoli: un codice di diritto civile e penale.

648 – L'imperatore Costante II emana il *Tipo*, l'editto contro le dispute religiose.

651 – Abu Bekr e altri seguaci di Maometto elaborano il *Corano*. Ha inizio la grande espansione islamica.

652 – Morte di Rotari, cui succede il figlio Rodoaldo, quindi Ariperto, Grimoaldo, Pertarito e Cuniperto.

663 – Costante II invade il Ducato di Benevento ma è volto in fuga dai Longobardi.
5 luglio – Costante entra in Roma e viene portato in trionfo.

668 – Costante II muore in Sicilia.

698 – Cartagine cade nelle mani degli Arabi e tutto il Nord-Africa viene islamizzato.

712 – Sale al trono Liutprando.

726 – L'imperatore Leone III emana l'*Iconoclasmo*, l'editto contro il culto delle immagini.

732 – Carlo Martello, figlio di Pipino, sconfigge i Musulmani a Poitiers.

739 – Liutprando s'impadronisce di quattro città del Ducato Romano.

742 – Le restituisce al Papa insieme alla cittadina di Sutri.

744 – Morte di Liutprando.

746 – Carlomanno figlio di Carlo Martello, si ritira in convento. Il fratello Pipino il Breve rimane l'arbitro della situazione in Francia.

751 – Il re longobardo Astolfo strappa Ravenna ai Bizantini. Capitolano l'Esarcato e la Pentapoli.

753, 13 ottobre – Su invito di Pipino, il pontefice Stefano II parte alla volta della Francia.

754, 6 gennaio – Il Papa s'incontra con Pipino a Ponthion. Franchi e Longobardi si battono a Susa. L'esercito di Astolfo è sconfitto.

756, dicembre – Astolfo cade da cavallo e muore. Gli succede Desiderio, Duca di Toscana.

757, 26 aprile – Morte di Stefano II.

768 – Muore Pipino il Breve, lasciando il trono ai figli Carlomagno e Carlomanno.

771 – Carlomagno ripudia Ermengarda, figlia di Desiderio, che non era riuscita a dargli un erede.

771, 4 dicembre – Muore Carlomanno in circostanze misteriose.

772, 3 febbraio – Muore papa Stefano III, cui succede Adriano I.

772 – Prime controversie tra Franchi e Sassoni. Carlomagno invade il territorio sassone.

773 – I Sassoni incendiano le chiese che Carlomagno aveva fatto costruire nel loro territorio.

773-74, ottobre-giugno – Assedio di Pavia da parte dell'esercito franco comandato da Carlomagno.

774, 16 aprile – Carlomagno, a Roma, s'incontra con papa Adriano I al quale garantisce la difesa del Ducato Romano.

778, 15 agosto – Disfatta dei Franchi a Roncisvalle.

781, aprile – Seconda visita di Carlomagno a Roma accompagnato dalla nuova moglie Ildegarda e dai figli Carlomanno e Luigi. Carlomanno è battezzato, gli viene imposto il nome di Pipino e proclamato re d'Italia.

785 – Vitichindo, re dei Sassoni, si sottomette ai Franchi.

787 – Terza visita di Carlomagno a Roma. Papa Adriano lo spinge ad occupare il Ducato di Benevento.

788 – Conquista della Baviera da parte di Carlomagno.

790 – Carlomagno annienta gli Avari.

795 – Morte di papa Adriano I, cui succede Leone III.

799, 25 aprile – Esplode la lotta tra i «palatini» e gli eredi di papa Adriano. Leone III, aggredito e percosso, si rifugia a Spoleto. *novembre* – Leone III rientra a Roma.

800, 24 novembre – Carlomagno giunge a Roma accolto dal papa.

2 dicembre – Convocazione del Sinodo in San Pietro.

25 dicembre – Incoronazione di Carlomagno in San Pietro.

806 – Carlomagno spartisce l'Impero tra i figli: a Pipino l'Aquitania e l'Italia, a Luigi parte della Baviera e l'Allemagna, a Carlo la Neustria, l'Austrasia, parte della Baviera, la Frisia, la Sassonia e la Turingia.

810, luglio – Muore Pipino, figlio di Carlomagno.

811, dicembre – Muore Carlo, figlio di Carlomagno.

813, – Carlomagno si associa al trono il figlio superstite, Luigi detto il Pio.

814, 28 gennaio – Muore Carlomagno all'età di 72 anni.

817 – Luigi il Pio si associa al trono il primogenito Lotario e spartisce l'Impero tra gli altri figli: a Pipino l'Aquitania, a Luigi il Germanico la Baviera, a Carlo il Calvo l'Allemagna, la Svizzera e la Franca Contea.

827 – Inizia la sistematica occupazione araba in Sicilia.

838 – Muore Pipino, figlio di Luigi il Pio.

841 – Gli Arabi occupano Bari ove rimangono per trent'anni.

843 – Trattato di Verdun: l'Impero è diviso in tre stati: Luigi il Germanico ha le terre tra il Reno e l'Elba, Carlo gran parte della Francia e la Marca spagnola, Lotario l'Italia e il territorio compreso tra il Reno a Est, la Schelda, la Saonna e il Rodano a Ovest.

849 – La flotta musulmana è distrutta nelle acque di Ostia da una tempesta e dai vascelli del papa.

855 – Lotario muore nell'abazia di Prum; lascia tre figli: a Lotario II assegna la Lorena, a Carlo la Provenza, a Luigi II l'Italia.

877 – Muore avvelenato Carlo, figlio di Lotario; gli succedono Luigi il Balbuziente, Luigi III, Carlomanno e Carlo il Grosso.

880-85 – I Normanni devastano Liegi, Colonia, Aquisgrana, Treviri, Amiens. Giunti alle porte di Parigi, Carlo il Grosso tratta la pace.

888 – Carlo il Grosso è deposto. Con lui termina la dinastia carolingia.

893 – Arnolfo, re di Carinzia, cala in Italia su invito di Berengario marchese del Friuli, per spodestare Guido Duca di Spoleto. Guido muore e gli succede il figlio Lamberto.

895 – Papa Formoso lancia un appello ad Arnolfo perché lo venga a difendere contro la fazione spoletina. Arnolfo entra in Roma e libera Formoso che era stato fatto prigioniero.

896 – Muore papa Formoso. I signorotti spoletini proclamano papa Stefano VI.

897 – Processo postumo a papa Formoso; nello stesso anno muore assassinato Stefano VI.

898 – Viene eletto papa Giovanni IX, che riabilita la memoria di papa Formoso.

899 – Mercenari ungheresi si rovesciano sull'Italia del Nord. L'esercito di Berengario è sconfitto.

904 – Viene eletto papa Sergio III, sostenuto dalla fazione spoletina con a capo Marozia.

905 – Berengario sconfigge a Verona Ludovico, re di Provenza.

911 – Corrado, duca di Franconia, viene eletto re di Germania.

914 – Cinge la tiara Giovanni X.

915 – Marozia sposa il conte spoletino Alberico.

918 – Corrado, re di Germania, muore e gli succede Enrico I detto l'Uccellatore.

924, aprile – Berengario è assassinato in una chiesa di Verona.

932 – Ugo di Provenza entra in Roma e sposa Marozia, vedova di Alberico. Il figlio di Marozia, Alberico, fonda a Roma una repubblica popolare. Fuga di Ugo di Provenza.

936 – Alla morte di Enrico l'Uccellatore viene nominato re di Germania il primogenito Ottone.

941 – Berengario, marchese d'Ivrea, si rifugia presso Ottone I.

945 – Berengario discende in Italia e obbliga Ugo di Provenza ad abdicare.

950, 15 dicembre – Berengario è incoronato re d'Italia insieme al figlio Adalberto.

951 – Ottone I scende in Italia.

954 – Muore Alberico, il figlio di Marozia.

960 – Papa Giovanni XII offre a Ottone I la corona d'Imperatore.

964 – I Romani si ribellano a Ottone I.

967 – Ottone II è incoronato Imperatore.

973 – Morte di Ottone I.

982, 13 luglio – L'esercito di Ottone II si scontra a Stilo di Calabria con i Saraceni, e viene distrutto.

988 – Ottone II proclama re di Germania e d'Italia il figlio Ottone III.

996 – Ottone III cala in Italia e sconfigge la fazione capeggiata da Giovanni Crescenzio.

998 – Nuova discesa in Italia di Ottone III, Crescenzio capitola e viene condannato a morte.

1001 – Muore Ottone III.

INDICE DEI NOMI

INDICE DELLE CARTINE

SOMMARIO

BUR
Periodico settimanale: 26 marzo 1997
Direttore responsabile: Evaldo Violo
Registr. Trib. di Milano n. 68 del 1°-3-74
Spedizione in abbonamento postale TR edit.
Aut. n. 51804 del 30-7-46 della Direzione PP.TT. di Milano
Finito di stampare nel mese di marzo 1997
presso Legatoria del Sud
Via Cancelliera 40, Ariccia RM

Printed in Italy

ISBN 88-17-11806-0